영유아 관찰 및 실습(2판)

양옥승 김승옥 류은미 윤지영 공저

신정

/머/리/말/

관찰은 인간이 자신만의 렌즈를 가지고 세계를 보고 해석하며, 이해하고 살아가도록 하는 인간의 기본적인 활동 중 하나이다. 특히 영유아교사에게 관찰은 일상에서 영유아의 행동을 주의 깊게 살펴보고 기록함으로써 영유아의 발달을 이해하고 발달에 적합한 지원을 제공하는 역할을 담당하고 있다. 교사는 개별 영유아들에 대한 정보를 지속적으로 수집하고, 수집된 정보에 기초하여 발달 및 생활 변화를 파악해야 하며, 연령별 영유아의 발달 특성에 대한 이론 및 여러 연구 결과와 비교, 분석하는 절차도 거쳐야 한다. 이러한 과정을 통해서 교사는 비로소 영유아가 보인 행동의 의미를 이해하고 이에 적절하게 반응할 수 있으며, 개별 영유아의 발달 수준에 적절한 의미 있는 교육 경험을 제공할 수 있게 된다. 따라서 영유아교육 현장에서 의미 있는 순간을 포착하여 의미를 재해석하는 능력인 '관찰력'은 교사가 갖추어야 할 전문성의 하나이다. 그러나 이러한 능력은 영유아교사가 되었다고 저절로 생기는 것이 아니라 관찰에 대한 기본적인 소양과 실천적인 지식을 가질 수 있는 관찰 연습의 기회가 적극적으로 제공될 때 발달될 수 있다.

이에 저자들은 영유아교사에게 필요한 관찰에 대한 이론적 지식뿐 아니라 영유아교육 현장에서 관찰을 수행하는 능력을 함양하도록 지원하려는 목적으로 이 책을 집필하였다. 이를 위해, 이 책은 영유아의 행동을 관찰 기록하는 방법을 상세하게 설명하였고, 관찰 기록을 토대로 해석하고 교육 · 보육과정에 적용하는 방법에 대해 사례를 들어 구체적으로 제시하였다. 또한 영유아를 관찰할 때 영유아교육 현장에서 실제로 활용할 수 있도록 다양하고 풍부한 관찰 양식들을 제시하였다. 따라서 예비 교사들이 이 책을 공부하면서 관찰에 대한 기본적인 소양을 기르고 관찰을 유능하게 하도록 교사의 역할을 준비할 수 있을 것이다. 또한 현직 교사들은 영유아교육 현장에서 이 책에 제시된 관찰 양식들을 활용하여 관찰 기록하고 해석하며 교육 ·

보육과정 운영에 반영함으로써 교사의 전문성을 향상시켜 나가기를 바란다.

책의 구성을 살펴보면, 1부 '영유아 평가의 이해'에서는 영유아 관찰을 위해 교사가 기본적이고도 필수적으로 알아야 할 내용을 제시하였다. 2부 '관찰법의 유형'에서는 관찰 유형에 따라 표본식기록, 일화기록, 시간표집법, 사건표집법, 행동목록법, 평정척도법의 관찰 방법을 기술하고 관찰의 실제를 워크숍 형식으로 수행할 수 있도록 제시하였다. 3부 '영유아 수행 평가'에서는 매일의 일과 속에서 적용할 수 있는 포트폴리오 평가와 국가수준교육 · 발육과정 평가를 다루었다. 4부 '영유아 관찰 실제'에서는 영유아교육 현장에서 관찰 실제를 경험할 수 있도록 영유아의 일상생활 활동과 실내외 자유놀이 관찰에 대해 제시하였다. 5부 '영유아 관찰의 활용'에서는 학부모 면담을 통해 관찰 결과를 학부모와 효과적으로 공유하고 가정과 연계하여 영유아의 발달을 지원하는 방안에 대해 안내하였다.

책을 내면서 참고자료와 문헌을 제공해 주신 영유아교육 전문가들께 감사드리며 실제 관찰 사례를 제공해 준 제자들에게도 고마움을 표하고 싶다. 또한 이 책의 출판을 위해 헌신적으로 도와주신 신정출판사 사장님을 비롯한 편집부 여러분께 진심으로 감사드린다. 아울러 오랫동안 책이 완성되기까지 격려하며 기다려 준 가족들에게 감사의 마음을 전하며, 영유아교육의 밝은 미래를 열어가고자 저자들이 협력하여 이 책을 집필할 수 있도록 인도해 주신 하나님께 감사를 올려드린다.

2021년 1월

저자 일동

/차/례/

CAHPTER 07 사건표집법

CAHPTER 08 행동목록법

CAHPTER 09 평정척도법

03 PART
영유아 수행 평가

04 PART

영유아 관찰 실제

05 PART 영유아 관찰의 활용

CAHPTER 14 학부모상담

01

PART

영유아 평가의 이해

CONTENT

01 CHAPTER 영유아 평가의 기초

01 CHAPTER 영유아 평가의 기초

영유아 평가는 영유아의 주변상황, 발달, 행동변화 등에 대해 전반적인 자료를 수집하여 영유아를 이해하고 교육 및 보육과정의 달성 여부를 알아보는 과정을 의미한다. 이 장에서는 영유아 평가란 무엇이며, 왜 해야 하는지, 어떤 유형이 있는지 알아보고 유아교육 현장에서 영유아의 긍정적인 발당을 위해 적절한 평가를 활용할 수 있도록 지원하고자 한다.

1. 영유아 평가의 이해

1) 영유아 평가의 개념

영유아 평가란 영유아의 전인적인 성장과 발달을 돕기 위해 활동을 전개하면서 영유아의 행동변화에 대한 자료를 수집하여 영유아의 발달 상황을 이해하고 교육 및 보육과정이나 프로그램의 실현정도를 알아보는 과정을 의미한다(오채선, 2003; 황해익, 2001). 그리고 영유아 발달이 균형적으로 이루어지고 있는지, 교육 및 보육과정을 수행하는 방법과 수준이 적절한지, 그 효율성을 알아보기 위한 과정이다(교육부, 1993; 서은주, 2009; 임재택, 1996). 영유아 평가는 교육 및 보육과정 평가에서 가장 중요하게 생각되는 영역으로 평가활동의 핵심이라고 할 수 있다(이순자, 2004). 영유아 평가를 통해 교육 및 보육과정은 질적으로 개선되고, 영유아 개개인의 존엄성과 다양성이 존중되며 발달에 적합한 교육이 가능해진다.

따라서 영유아교사는 영유아 평가와 관련하여 무엇을 어떻게 평가하고 활용해야 하는지 평가내용, 방법, 결과활용 등에 대해 제시된 내용을 고려할 필요가 있다.

평가내용	**첫째, 무엇을 평가해야 하는가?** • 영유아 평가는 영유아 발달과 학습과정 및 결과에 대한 내용을 포함해야 한다.
평가방법	**둘째, 어떻게 평가해야 하는가?** • 관찰을 통한 사례연구와 발달의 양상을 볼 수 있는 영유아의 활동결과물, 사진, 동영상, 부모 면담 자료, 교사가 제작한 검사도구, 포트폴리오, 표준화 검사 등의 다양한 방법으로 영유아를 평가할 수 있다. 영유아 평가는 1회성으로 그치기보다는 지속적으로 실시해야 한다.
결과활용	**셋째, 평가결과를 어떻게 활용할 것인가?** • 교사는 영유아 평가결과를 가지고 "이 아이는 어떤 아이야"라고 단정 짓거나 판정하기보다는 영유아의 발달특성과 수준을 이해하여 발달을 긍정적으로 증진시킬 수 있도록 적절한 교수전략을 개별적으로 제공하는 데 활용해야 한다. 또한, 부모와 영유아 발달에 대한 정보를 공유하여 유아교육기관과 가정이 연계하여 영유아의 전인적 성장을 함께 지원하고, 부모와 자녀와의 긍정적인 관계를 증진하도록 지원하는 데 활용해야 한다.

2) 영유아 평가의 필요성과 목적

영유아를 평가하는 일은 다른 영유아와 비교하여 성장과 발달의 서열을 가리기 위한 것이 아니라, 영유아가 지금 무엇을 하고 있으며 어떤 지식과 기술을 가지고 있는지 확인하여 영유아에게 적합한 교수전략을 계획하고 운영하기 위함이다. 결국 영유아 평가의 궁극적인 목적은 영유아에게 적합한 교육·보육활동을 제공하여 그들의 전인적 성장과 발달을 지원하기 위한 것이라 할 수 있다.

영유아의 성장과 발달의 변화를 평가하는 일은 영유아와 교사, 부모 모두에게 필요하다. 영유아를 평가하는 일은 교사가 계획하고 실행한 교육·보육과정이 설정된 목표에 도달하였는지, 만약 제대로 도달하지 않았다면 그 요인은 무엇인지, 또 어떻게 교육 · 보육과정을 수정 · 보완해야 할 것인가에 대한 합리적인 근거를 제공해 주기 때문에 교사에게 필수적인 과정이다. 부모에게는 자녀의 발달과 성취에 대한 정보를 제공해 주어 자녀의 성장을 지원하기 위한 구체적인 노력을 할 수 있도록 지원하기에 부모에게도 필요한 과정이다. 따라서 교사는 영유아의 성장과 발달을 이해하고 교육 · 보육과정 계획과 운영에 반영하기 위하여, 그리고 부모에게 자녀의 성장에 대해 정보를 제공하고 의사소통하기 위하여 각 영유아의 행동을 관찰하여 기록하고 평가하여야 한다.

이상의 영유아, 교사, 부모 측면에서 영유 평가 목적과 필요성을 정리하면 다음과 같다(Decker & Decker, 1992; 이경희 외, 2006).

대상	평가의 목적 및 필요성
영유아	• 영유아의 현재 발달 수준을 파악하여 영유아를 이해하고 이에 적절한 교수활동 및 상호작용을 제공하기 위해 • 특별한 요구가 있는 영유아를 선별하여 적절한 배려를 하기 위해 • 영유아에게 적합한 교육 · 보육목표를 설정하기 위해 • 영유아 개인의 특성, 관심사, 반응, 흥미, 요구 등을 이해하여, 학습의 동기유발 수준을 높이기 위해 • 시간이 경과함에 따라 영유아에게 일어난 변화와 발달의 정도를 알아보기 위해 • 영유아의 문제행동(challenging)의 원인이 무엇인지 파악하고 대처하기 위해 • 영유아에 대한 편견을 줄이고 객관적으로 영유아를 이해하기 위해
교사	• 반 전체 영유아의 현재 상태를 이해하기 위해 • 영유아의 발달과 요구에 적합한 교육 · 보육과정을 계획하고 의사결정에 필요한 정보를 얻기 위해 • 교육 · 보육과정과 교수방법의 효율성을 결정하고 측정하기 위해 • 교육 · 보육과정의 수정, 교수방법의 결정, 학습목표 성취전략의 수정에 필요한 피드백을 얻기 위해 • 교육 · 보육과정 모든 영역의 조화를 유지하기 위해 • 기록된 영유아의 정보는 부모와 의사소통에 유용하게 활용될 수 있기에 부모와의 면담을 위해 • 교사의 교육 · 보육활동의 실제를 평가하여 전문성 계발의 기초를 마련하고 직업적인 전문성 신장을 돕기 위해
부모	• 부모가 자녀의 발달정도를 파악하여 가정에서도 이에 적절한 지도를 하기 위해 • 부모와 자녀의 관계를 증진하고 긍정적인 관계를 증진하기 위해

3) 영유아 평가의 원칙

영유아에 대한 평가는 도덕적이며 가치 있고 신뢰할 만한 것이어야 하고 영유아를 평가하는 데 있어 적절한 방법을 사용하여야 한다. 또한, 영유아 평가 시 발달적 적절성, 문화적이며 언어적인 반응성, 영유아의 일상생활관계, 발달적 지원, 가정과의 연계, 목표와 실천의 연계, 영유아 평가방법의 도덕성을 고려해야 한다. 특히, 평가에서 무엇보다도 아동이 보호되어야 한다는 도덕적인 원칙을 잊지 말아야 한다. Sciarra와 Dorsey(2007)는 영유아 평가에 대해 고려해야 할 원칙에 관한 구체적 내용은 다음과 같다(박찬옥 외, 2011 재인용).

❖ 표 1-1 평가의 원칙과 내용

평가 원칙	내용
발달적 적절성	• 교사는 영유아들의 이해를 돕기 위해 적절한 질문을 사용하는가? • 교사는 각 영유아들이 보여주는 지식과 기술에 대해 알고 있는가? • 영유아들에게 제공되는 경험은 영유아들의 관심과 흥미를 충족시키는가? • 자료의 수준이 모든 영유아들의 요구에 적절한가?
문화적이며 언어적인 반응성	• 교사는 각 영유아의 문화와 친숙하며 교육 · 보육과정을 계획하는 데 영유아의 문화적인 배경을 고려하는가? • 영유아의 언어적 수준에 적절하게 의사소통할 수 있는가?
영유아의 일상생활과의 관계	• 교사들은 기관에서의 일상생활 속에서 영유아들이 학습한 것을 평가하는 방법을 계획하고 수행하는가? • 그 평가 결과를 추후의 일상생활 활동 계획 시 활용하는가?
발달적 지원	• 유아교육기관은 교사들이 발달적인 준거를 배울 기회를 제공하는가? • 교사가 영유아들의 발달적 기준에 적합하게 계획하도록 도울 수 있는 교사의 전문적인 발달이 지원되는가?
가정과의 연계	• 유아교육기관은 각 가정이 프로그램의 목적에 대해 알 수 있는 기회를 제공하는가? • 부모들은 교실을 관찰할 기회를 가지며, 교육 · 보육과정의 목적을 달성할 수 있도록 고안된 것에 대한 정보를 제공받는가?
목표와 실천의 연계	• 평가 방법이 교사들로 하여금 각 영유아에게 적절한 교수전략을 설정하고 수정하기 위한 정보를 제공하는가? • 획득된 정보가 각 가정에 도움이 되는가? • 영유아에 관한 정보가 프로그램의 가치를 말해주는가?

평가 원칙	내용
영유아 평가방법의 도덕성	• 영유아들이 스트레스를 받는 상황에 놓이지는 않는가? • 평가기준이 특정한 사람들을 기준으로 되어 있어 각 개별 영유아들이 공정하지 못한 평가를 받는 것은 아닌가? • 영유아들이 평가 도구에 대해서 배울 기회가 제공되는가? • 영유아들의 발달을 지원하기 위한 계획을 세우는 데 평가의 결과가 영유아들에게 유익하게 작용하는가? • 사용하는 평가 방법이 영유아들에게 다른 중요한 기회를 손상시키는 것은 아닌가?

4) 영유아 평가의 활용

영유아 평가는 교사로 하여금 영유아의 발달을 이해하고, 이를 교육 · 보육과정 계획 시 반영하여 영유아의 발달을 도울 뿐 아니라 부모와의 면담 시 면담 자료로 활용하여 유아교육기관과 부모 간의 신뢰를 형성할 수 있도록 지원할 수 있다.

(1) 영유아 발달의 이해

영유아기는 연령차, 개인차, 개인 내 발달 영역 간 차이 등 다양한 발달차를 보인다. 영유아가 보이는 발달차가 다양한 만큼 발달에 적합한 실제를 제공하기 위해서는 개별 영유아의 발달에 대한 관찰 및 평가가 필수적이다. 교사는 관찰 및 평가를 통해 영유아의 발달수준을 파악하고 분석하며, 개별 영유아에게 적합한 비계 설정이 이루어지도록 한다. 영유아의 발달에 대한 관찰기록은 개별 영유아의 포트폴리오 자료로 활용할 수 있다.

(2) 교육 · 보육과정 계획과 운영에 반영

영유아 관찰 및 평가를 통하여 교육 · 보육과정에 피드백을 할 수 있다. 교사는 영유아 관찰 및 평가 자료를 기초로 주제에 대한 영유아의 이해정도, 반응 및 활동 수준, 교육 · 보육과정 운영의 참여정도 등을 알 수 있으며, 이러한 자료를 바탕으로 한 교육 · 보육과정에 대한 포괄적 평가를 통하여 그 결과를 다음 교육 · 보육과정 계획 수립 및 교수–학습에 반영할 수 있다.

(3) 부모 면담 자료로 활용

영유아 관찰 및 평가 자료를 부모 면담시 기초 자료로 활용할 수 있다. 교사는 영유아 관찰 및 평가 자료를 활용하여 면담을 함으로써, 영유아에 대한 구체적이고 정확한 정보를 제공할 수 있으며, 교사의 평가에 대한 부모의 동의와 신뢰를 획득할 수 있다. 영유아 관찰 및 평가 자료를 공유하면서 부모는 교육 · 보육과정을 통한 자녀의 발달과 성취를 이해할 수 있게 되며 교사와 공감대를 형성하고, 교사는 전문성을 발휘할 수 있다. 영유아 관찰기록을 부모 면담 자료로 활용하기 위한 구체적인 방법은 14장의 '학부모상담' 부분에서 자세하게 다룰 것이다.

2. 영유아 평가 방법

영유아에 대해 객관적이고 신뢰성 있는 자료를 얻기 위해 사용되는 평가 방법에는 관찰법, 검사(표준화 검사, 교사제작 검사), 영유아 작품분석, 포트폴리오, 면접법 등이 있다. 이 밖에도 부모가 제출한 서류를 이용한 평가, 영유아의 흥미영역 활동 실태분석 등도 참고자료로 사용된다. 여기에서는 유아교육기관에서 많이 활용하고 있는 관찰법, 표준화 검사, 포트폴리오 평가에 대해 자세히 알아보고자 한다.

1) 관찰법

관찰이란 사물의 현상이나 대상의 동태 따위를 주의하여 잘 살펴봄을 말한다. 영유아를 대상으로 하는 관찰(observation)은 그 상황이 자연적이든 인위적이든 간에 영유아의 행동이나 반응을 관찰자가 직접 보고 그 특성을 파악하는 것이다(김송이 · 정지나 · 최혜영 · 민성혜, 2009). 영유아 관찰은 영유아의 평가 방법 중 가장 오랜 역사를 지닌 방법 중 하나로 영유아의 행동을 이해하고, 발달수준을 평가하기 위해 일상생활 속에서 가장 자연스럽게 사용할 수 있는 방법이다. 관찰법은 영유아의 행동을 면밀하게 살펴보고 기록하는 평가 방법으로, 관찰 대상이 자신의 생각, 느낌 등을 말이나 글이 아닌 행동으로 나타내는 데 초점을 맞추고 있으므로 의사소통에 한계가 있는 영유아를 대상으로 하는 연구에서 광범위하게 이용되고 있다. 관찰유형에 따른 실제는 4장 표본식 기록법부터 13장 자유선택활동의 평가에 걸쳐 소개될 것이다.

2) 표준화 검사

(1) 표준화 검사 개념

표준화 검사란 특정 행동특성을 측정하기 위해 객관화와 표준화된 절차를 거쳐 작성된 검사를 말하며, 측정에 사용되는 검사, 절차, 채점 방법 등이 표준화된 것을 의미한다. 또한, 표준화 검사는 이미 신뢰도와 타당성이 검증되었고 대규모 규준으로 만들어졌기 때문에 이를 통하여 객관적인 자료를 얻을 수 있을 뿐만 아니라 이를 바탕으로 개별 영유아의 행동이나 성취 비교가 가능하다는 특징이 있다. 즉 교사가 임의로 만들어서 실시하는 시험지와는 달리 누가 사용하더라도 평가의 실시, 채점 및 결과의 해석이 동일하도록 모든 절차와 방법을 일정하게 만들어 놓은 검사를 의미한다. 다시 말하면 표준화 검사는 주로 규준 지향적 검사로 예비조사의 과정을 거치면서 검사의 목적에 적합한 검사를 제작하기 위하여 검사문항의 표집과 구성을 엄격히 하며, 검사실시 조건과 채점방법을 일정하게 정해 놓고, 검사의 결과 해석을 표준화시키며, 규준에 비추어 비교할 수 있도록 규준점수를 제시한다. 여기서 말하는 규준이란 측정 이론적으로 일정한 측정 단위와 기준점을 가지고 있는 자(척도)와 같은 것이다. 즉, 규준은 절대적인 '기준(criterion)'과는 달리 검사 결과 연령이나 지역, 성별 등 배경이 다른 사람들로부터 얻은 원점수를 상대적으로 비교할 수 있도록 해주는 잣대를 의미한다.

〈표준화 검사의 특징〉

① 측정하려는 영역의 내용을 체계적으로 표준화하여 만든 검사로서, 신뢰도와 객관도가 매우 높다.
② 표준화된 검사 내용을 가지고 있다.
③ 객관적으로 채점된다
④ 검사 실시를 위한 일정한 지시와 검사 시간의 제한 및 검사 실시 환경의 표준화가 요구된다.
⑤ 결과를 쉽고도 의미 있게 비교 해석할 수 있는 규준을 가지고 있다.
⑥ 인간의 지적, 정의적 경역의 심리적 특성을 측정하기 위하여 관계 전문가에 의해 제작되기 때문에 심리검사라고도 한다.
⑦ 절차와 규모가 대규모적이며 전문적이다.

(2) 표준화 검사의 종류

표준화 검사는 일반적으로 인성검사, 지능검사, 적성검사, 심리검사 등을 포함한 여러 분야에서 사용되고 있다. 영유아의 발달이나 적응, 행동을 평가하기 위해 현재 사용되고 있는 표준화 검사도구의 평가영역은 발달선별, 시지각 발달, 지능, 학업 및 성취, 언어 발달, 사회성 · 적응 및 기질, 성격, 자아 개념, 행동 평가 등 매우 다양하다.

❖ 표 1-2 영유아 교육현장에서 활용이 많은 표준화 검사

검사 명	대상	평가 영역
유아모니터링체계 (Korea-Ages & Stage Questionnaires: K-ASQ)	생후 4개월 ~60개월	의사소통, 대근육 운동, 소근육 운동, 문제해결, 개인-사회성
유아사회정서모니터링체계 (Korea-Ages & Stage Questionnaires, Social Emotion: K-ASQ, SE)	생후 3개월 ~66개월	자기 조절, 순응, 의사소통, 적응 기능, 자율성, 감정, 사람과 상호작용하기
아동발달검사 (Korean Child Development Inventory: K-CDI)	1개월~42개월	사회성, 자조행동, 대근육, 소근육, 표현언어, 언어이해, 글자, 숫자, 전체발달

유아교육 현장에서 교사가 영유아 평가를 위해 많이 사용하는 표준화 검사도구는 다음과 같다.

① 유아모니터링체계(K-ASQ)

유아모니터링체계(K-ASQ)는 익숙한 환경에서 운동성, 놀이, 일상생활 기술들을 수행하게 하여 영유아의 발달을 확인하는 도구이다. 유아모니터링체계(K-ASQ)는 생후 4개월~60개월 영유아를 대상으로 하며, 월령에 따라 4개월, 6개월, 10개월, 12개월, 18개월, 20개월, 22개월, 24개월, 30개월, 33개월, 36개월, 42개월, 48개월, 54개월, 60개월 영유아를 위한 검사도구로 구분된다. 부모 보고와 검사자의 관찰을 통해 실시하며, 영유아의 발달 지체의 유무를 객관적이고 체계적인 정보를 통해 확인할 수 있다. 평가 가능한 발달영역은 의사소통(필요한 듣기, 말하기와 이해능력 등), 대근육 운동(이동하거나 자세를 유지하기 위한 팔, 몸, 다리의 움직임), 소근육 운동(일상생활을 독립적으로 수행하기 위한 손과 손가락의 움직임), 문제해결(주어진 과제나 상황을 판단하고 해결하는 능력), 개인-사회성(다른 사람의 의도를 파악하고 적절하게 반응하는 능력)이다. 영유아의 점수를 발달영역의 그래프로 제시하여 구분이 명확하게 되어 있으며, 점수가 발달영역에서 막대그래프의 음영부분에 있다면 심도 있는 진단적 평가가 필요하다.

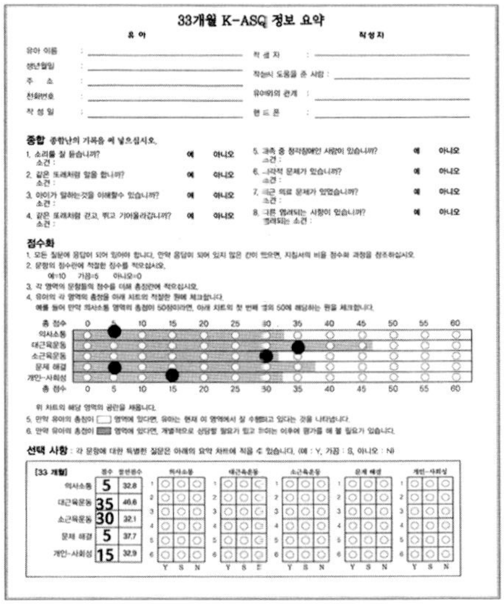

33개월 K-ASQ 정보 요약

유아 / 작성자

유아 이름 :

생년월일 :

주 소 :

전화번호 :

작 성 일 :

작 성 자 :

작성시 도움을 준 사람 :

유아와의 관계 :

핸 드 폰 :

종합

1. 소리를 잘 듣습니까? 예 아니오
2. 같은 또래처럼 말을 합니까? 예 아니오
3. 아이가 말하는 것을 이해할 수 있습니까? 예 아니오
4. 같은 또래처럼 걷고, 뛰고 기어올라갑니까? 예 아니오

점수화

2. 문항의 점수란에 적절한 점수를 적으십시오.

예=10 가끔=5 아니오=0

총 점수	0	5	10	15	20	25	30	35	40	45	50	55	60
의사소통													
대근육운동													
소근육운동													
문제 해결													
개인-사회성													

선택 사항

[33 개월]	점수	
의사소통	5	32.8
대근육운동	35	40.6
소근육운동	30	32.1
문제 해결	5	37.7
개인-사회성	15	32.9

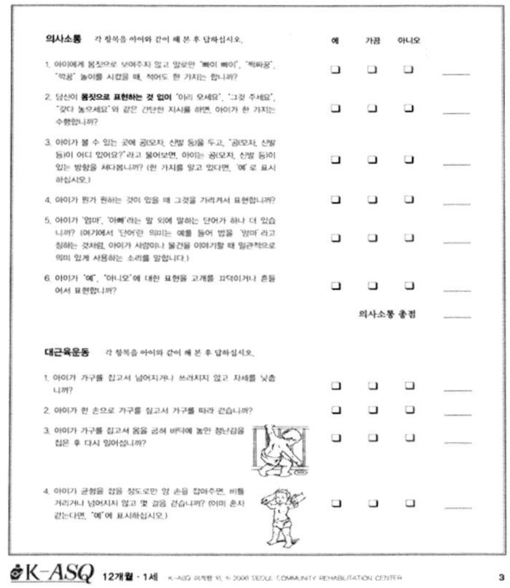

의사소통 각 항목을 아이와 같이 해 본 후 답하십시오.	예	가끔	아니오	
1. 아이에게 몸짓으로 보여주지 않고 말로만 "빠이 빠이", "짝짜꿍", "까꿍" 놀이를 시켰을 때, 적어도 한 가지는 합니까?	☐	☐	☐	___
2. 당신이 **몸짓으로 표현하는 것 없이** "이리 오세요", "그것 주세요", "갖다 놓으세요"와 같은 간단한 지시를 하면, 아이가 한 가지는 수행합니까?	☐	☐	☐	___
3. 아이가 볼 수 있는 곳에 공(모자, 신발 등)을 두고, "공(모자, 신발 등)이 어디 있어요?"라고 물어보면, 아이는 공(모자, 신발 등)이 있는 방향을 쳐다봅니까? (한 가지를 알고 있다면, '예'로 표시하십시오.)	☐	☐	☐	___
4. 아이가 뭔가 원하는 것이 있을 때 그것을 가리켜서 표현합니까?	☐	☐	☐	___
5. 아이가 '엄마', '아빠'라는 말 외에 말하는 단어가 하나 더 있습니까? (여기에서 '단어'란 의미는 예를 들어 밥을 '맘마'라고 칭하는 것처럼, 아이가 사람이나 물건을 이야기할 때 일관적으로 의미 있게 사용하는 소리를 말합니다.)	☐	☐	☐	___
6. 아이가 "예", "아니오"에 대한 표현을 고개를 끄덕이거나 흔들어서 표현합니까?	☐	☐	☐	___
		의사소통 총점		___

대근육운동 각 항목을 아이와 같이 해 본 후 답하십시오.				
1. 아이가 가구를 잡고서 넘어지거나 쓰러지지 않고 자세를 낮춥니까?	☐	☐	☐	___
2. 아이가 한 손으로 가구를 잡고서 가구를 따라 걷습니까?	☐	☐	☐	___
3. 아이가 가구를 잡고서 몸을 굽혀 바닥에 놓인 장난감을 집은 후 다시 일어섭니까?	☐	☐	☐	___
4. 아이가 균형을 잡을 정도로만 양 손을 잡아주면, 비틀거리거나 넘어지지 않고 몇 걸음 걷습니까? (아이 혼자 걷는다면, "예"에 표시하십시오.)	☐	☐	☐	___

K-ASQ 12개월 · 1세 3

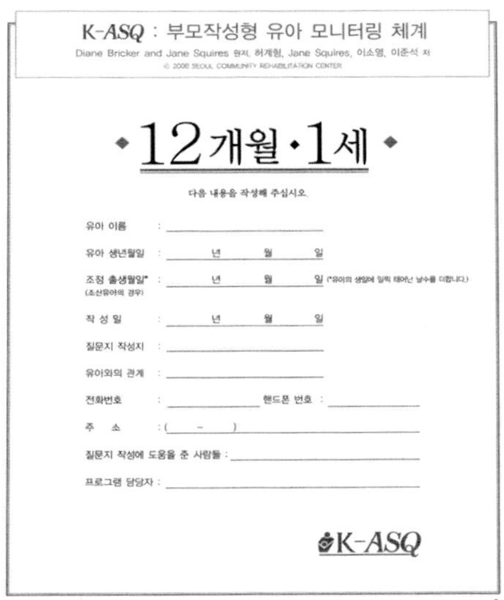

K-ASQ : 부모작성형 유아 모니터링 체계

Diane Bricker and Jane Squires 원저, 허계형, Jane Squires, 이소영, 이준석 저

© 2006 SEOUL COMMUNITY REHABILITATION CENTER

◆ 12개월 · 1세 ◆

다음 내용을 작성해 주십시오.

유아 이름 :

유아 생년월일 : 년 월 일

조정 출생월일* : 년 월 일 (*유아의 생일에 일찍 태어난 날수를 더합니다.)

(조산유아의 경우)

작 성 일 : 년 월 일

질문지 작성자 :

유아와의 관계 :

전화번호 : 핸드폰 번호 :

주 소 : (-)

질문지 작성에 도움을 준 사람들 :

프로그램 담당자 :

K-ASQ

2

❖ **그림 1-1** 유아모니터링 체계(K-ASQ)

② 유아사회정서모니터링체계(K-ASQ. SE)

유아사회정서모니터링체계(K-ASQ. SE)는 환경·시간, 발달, 건강, 가족·문화적 다양성에 따른 안목을 가지고 개발되었는데, 심각한 정서적 장애를 지닌 영유아를 구별해 내는 진단도구이기보다는 심도 있는 진단이 필요한지 혹은 사회적 능력이나 정서적 능력, 혹은 둘 다를 증진시키도록 만들어진 예방 차원의 중재가 필요한지를 구별하는 데 사용된다. 유아사회정서모니터링체계는 생후 3개월~66개월 영유아를 대상으로 한다. 6개월, 12개월, 18개월, 24개월, 30개월, 36개월, 48개월, 60개월의 8종류의 질문지로 구분되어 있으며, 영유아의 주된 양육자가 영유아의 정서 사회적 능력을 평가하여 작성하도록 구성되었다. 질문지 상으로는 구별해 놓지 않았지만 질문지의 문항들은 자기 조절, 순응, 의사소통, 적응 기능, 자율성, 감정, 사람과 상호작용하기의 일곱 개의 행동영역으로 나뉜다.

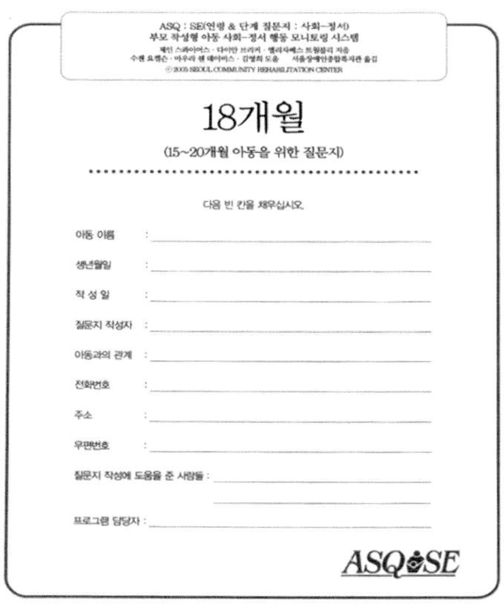

ASQ : SE(연령 & 단계 질문지 : 사회-정서)
부모 작성형 아동 사회-정서 행동 모니토링 시스템
제인 스콰이어스 · 다이안 브리커 · 엘리자베스 트윔블리 지음
수잰 요했슨 · 마우라 샘 데이비스 · 김영희 도움 서울장애인종합복지관 옮김
© 2005 SEOUL COMMUNITY REHABILITATION CENTER

18개월

(15~20개월 아동을 위한 질문지)

다음 빈 칸을 채우십시오.

아동 이름 :
생년월일 :
작 성 일 :
질문지 작성자 :
아동과의 관계 :
전화번호 :
주소 :
우편번호 :
질문지 작성에 도움을 준 사람들 :
프로그램 담당자 :

ASQ:SE

2

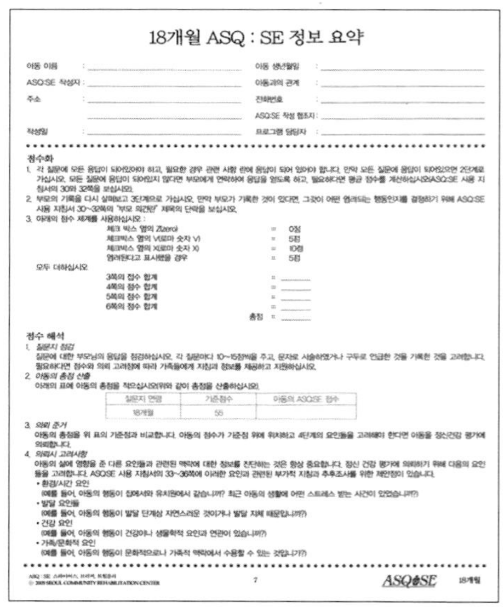

18개월 ASQ : SE 정보 요약

아동 이름 :
아동 생년월일 :
ASQ:SE 작성자 :
아동과의 관계 :
주소 :
전화번호 :
ASQ:SE 작성 협조자 :
작성일 :
프로그램 담당자 :

점수화

1. 각 질문에 모든 응답이 되어있어야 하고, 필요한 경우 관련 사항 란에 응답이 되어 있어야 합니다. 만약 모든 질문에 응답이 되어있으면 2단계로 가십시오. 모든 질문에 응답이 되어있지 않다면 부모에게 연락하여 응답을 얻도록 하고, 필요하다면 평균 점수를 계산하십시오(ASQ:SE 사용 지침서의 30와 32쪽을 보십시오).
2. 부모의 기록을 다시 살펴보고 3단계으로 가십시오. 만약 부모가 기록한 것이 있다면, 그것이 어떤 염려되는 행동인지를 결정하기 위해 ASQ:SE 사용 지침서 30~32쪽의 "부모 의견란" 제목의 단락을 보십시오.
3. 아래의 점수 체계를 사용하십시오 :

체크 박스 옆의 Z(zero) = 0점
체크박스 옆의 V(로마 숫자 V) = 5점
체크박스 옆의 X(로마 숫자 X) = 10점
염려된다고 표시했을 경우 = 5점

모두 더하십시오.

3쪽의 점수 합계 =
4쪽의 점수 합계 =
5쪽의 점수 합계 =
6쪽의 점수 합계 =
총점 =

점수 해석

1. 질문지 점검
질문에 대한 부모님의 응답을 점검하십시오. 각 질문마다 10~15초씩을 주고, 문자로 서술하였거나 구두로 언급한 것을 기록한 것을 고려합니다. 필요하다면 점수와 의뢰 고려점에 따라 가족들에게 지침과 정보를 제공하고 지원하십시오.
2. 아동의 총점 산출
아래의 표에 아동의 총점을 적으십시오(위와 같이 총점을 산출하십시오).

질문지 연령	기준점수	아동의 ASQ:SE 점수
18개월	55	

3. 의뢰 준거
아동의 총점을 위 표의 기준점과 비교합니다. 아동의 점수가 기준점 위에 위치하고 4단계의 요인들을 고려해야 한다면 아동을 정신건강 평가에 의뢰합니다.
4. 의뢰시 고려사항
아동의 삶에 영향을 준 다른 요인들과 관련된 맥락에 대한 정보를 진단하는 것은 항상 중요합니다. 정신 건강 평가에 의뢰하기 위해 다음의 요인들을 고려합니다. ASQ:SE 사용 지침서의 33~36쪽에 이러한 요인과 관련된 부가적 지침과 추후조사를 위한 제안점이 있습니다.
• 환경/시간 요인
(예를 들어, 아동의 행동이 집에서와 유치원에서 같습니까? 최근 아동의 생활에 어떤 스트레스 받는 사건이 있었습니까?)
• 발달 요인들
(예를 들어, 아동의 행동이 발달 단계상 자연스러운 것이거나 발달 지체 때문입니까?)
• 건강 요인
(예를 들어, 아동의 행동이 건강이나 생물학적 요인과 연관이 있습니까?)
• 가족/문화적 요인
(예를 들어, 아동의 행동이 문화적으로나 가족적 맥락에서 수용할 수 있는 것입니까?)

ASQ : SE 스콰이어스, 브리커, 트윔블리
© 2005 SEOUL COMMUNITY REHABILITATION CENTER
7
ASQ:SE 18개월

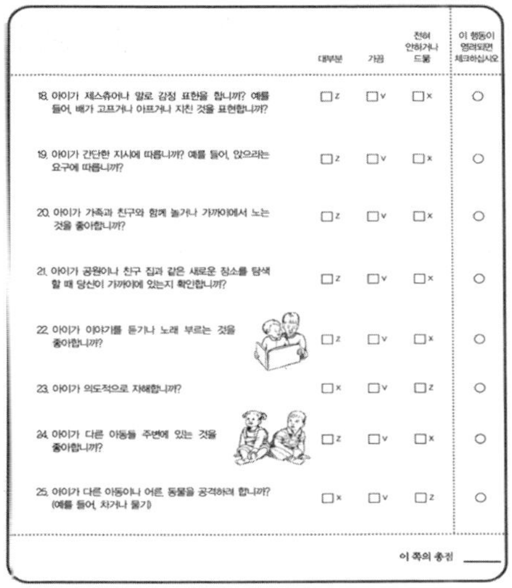

	대부분	가끔	전혀 안하거나 드묾	이 행동이 염려되면 체크하십시오
18. 아이가 제스츄어나 말로 감정 표현을 합니까? 예를 들어, 배가 고프거나 아프거나 지친 것을 표현합니까?	□z	□v	□x	○
19. 아이가 간단한 지시에 따릅니까? 예를 들어, 앉으라는 요구에 따릅니까?	□z	□v	□x	○
20. 아이가 가족과 친구와 함께 놀거나 가까이에서 노는 것을 좋아합니까?	□z	□v	□x	○
21. 아이가 공원이나 친구 집과 같은 새로운 장소를 탐색할 때 당신이 가까이에 있는지 확인합니까?	□z	□v	□x	○
22. 아이가 이야기를 듣거나 노래 부르는 것을 좋아합니까?	□z	□v	□x	○
23. 아이가 의도적으로 자해합니까?	□x	□v	□z	○
24. 아이가 다른 아동들 주변에 있는 것을 좋아합니까?	□z	□v	□x	○
25. 아이가 다른 아동이나 어른, 동물을 공격하려 합니까? (예를 들어, 차거나 물기)	□x	□v	□z	○

이 쪽의 총점 ______

5 ASQ:SE

❖ **그림 1-2** 유아사회정서모니터링체계(K-ASQ. SE)

③ 아동발달검사(K-CDI)

아동발달검사(K-CDI)는 15개월에서 6세 사이의 영유아들, 또는 이와 같은 연령 범위에서 발달적 기능을 한다고 판단되는 그 이상(또는 이하)의 연령을 가진 아동을 대상으로 한다. 현재 영유아의 발달적 기능 수준을 사정하고, 그 결과로서 발달상 문제가 의심되는 영유아는 부가적으로 전문가에게 좀 더 자세한 진단을 의뢰하는 절차로 진행한다. 간편하고 용이하며 선별검사에 적절하고, 규준화된 점수와 시각적으로 아동발달 결과를 프로파일로 제공한다. 하위 측정요인은 사회성, 자조행동, 대근육, 소근육, 표현언어, 언어이해, 글자, 숫자이다.

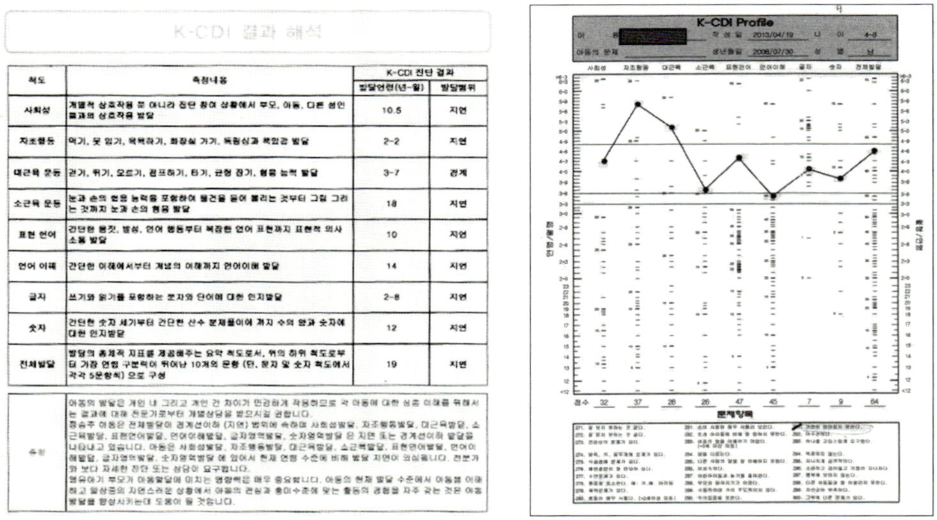

K-CDI 결과 해석

척도	측정내용	K-CDI 진단 결과	
		발달연령(년-월)	발달범위
사회성	개별적 상호작용 뿐 아니라 집단 참여 상황에서 부모, 아동, 다른 성인들과의 상호작용 발달	10.5	지연
자조행동	먹기, 옷 입기, 목욕하기, 화장실 가기, 독립심과 책임감 발달	2-2	지연
대근육 운동	걷기, 뛰기, 오르기, 점프하기, 타기, 균형 잡기, 협응 능력 발달	3-7	경계
소근육 운동	눈과 손의 협응 능력을 포함하여 물건을 들어 올리는 것부터 그림 그리는 것까지 눈과 손의 협응 발달	18	지연
표현 언어	간단한 몸짓, 발성, 언어 행동부터 복잡한 언어 표현까지 표현적 의사소통 발달	10	지연
언어 이해	간단한 이해에서부터 개념의 이해까지 언어이해 발달	14	지연
글자	쓰기와 읽기를 포함하는 문자와 단어에 대한 인지발달	2-8	지연
숫자	간단한 숫자 세기부터 간단한 산수 문제풀이에 까지 수의 양과 숫자에 대한 인지발달	12	지연
전체발달	발달의 총체적 지표를 제공해주는 요약 척도로서, 위의 하위 척도로부터 가장 연령 구분력이 뛰어난 10개의 문항 (단, 문자 및 숫자 척도에서 각각 5문항씩) 으로 구성	19	지연

소견	아동의 발달은 개인 내 그리고 개인 간 차이가 민감하게 작용하므로 각 아동에 대한 심층 이해를 위해서는 결과에 대해 전문가로부터 개별상담을 받으시길 권합니다. 정승주 아동은 전체발달이 경계선이하 (지연) 범위에 속하며 사회성발달, 자조행동발달, 대근육발달, 소근육발달, 표현언어발달, 언어이해발달, 글자영역발달, 숫자영역발달 은 지연 또는 경계선이하 발달을 나타내고 있습니다. 아동은 사회성발달, 자조행동발달, 대근육발달, 소근육발달, 표현언어발달, 언어이해발달, 글자영역발달, 숫자영역발달 에 있어서 현재 연령 수준에 비해 발달 지연이 의심됩니다. 전문가와 보다 자세한 진단 또는 상담이 요구됩니다. 영유아기 부모가 아동발달에 미치는 영향력은 매우 중요합니다. 아동의 현재 발달 수준에서 아동을 이해하고 일상중의 자연스러운 상황에서 아동의 관심과 흥미수준에 맞는 활동의 경험을 자주 갖는 것은 아동발달을 향상시키는데 도움이 될 것입니다.

❖ **그림 1-3** 아동발달검사(K-CDI)

이외에 상담전문가에 의해 실시되는 대표적인 표준화 검사는 다음과 같다(박찬옥, 2011).

구분	검사도구명	대상	주요 특징	개발자
발달검사	베일리 영아 발달 검사 (Bayley Scale of Infant Development)	생후 1개월 ~42개월	BSID-II는 정신척도와 운동척도 그리고 행동평가 척도로 구성. 정신척도는 총 178문항으로, 운동척도는 신체 조절 정도와 대근육 및 소근육의 협응 능력을 측정하는 총 111문항으로, 행동평가 척도는 총 30문항으로 구성되어 있는데, BSID의 세 가지 척도 중 미래의 기능을 가장 잘 예측해 주는 것으로 보고되고 있음.	Bayley (1969년 1판, 1993년 2판)
	한국판-덴버발달 선별검사 (K-DDST)	생후 2주 ~6년 4개월	덴버발달선별검사의 한국판으로 유아의 발달 상태를 알아보기 위한 104개의 검사항목이 4개의 발달영역으로 구분되어 구성되어 있음.	이근 (1990년)

구분	검사도구명	대상	주요 특징	개발자
지능검사	한국 웩슬러 유어 지능 검사 (K-WPPSI)	만 3세 ~7세 3개월	한국형 K-WPPSI는 교육, 치료연구 등을 위해 지능을 특정할 때와 특별한 교육이 필요한 아동(영재/지체)을 발견하는 데 사용.	박혜원, 이경옥 (2015)
	카우프만 아동용 검사 (Kaufman Assesment Battery for Children: K-ABC)	2.5세 ~12.5세	검사의 주된 목적은 인지능력과 성취도의 사정이지만 학습장애와 다른 특수아의 심리적, 임상적, 심리·교육적 사정을 목적으로 하기도 함. 인지처리과정 이론을 근거로 하여 만들어졌기에 특정 과제의 내용에 대해 바르게 답했느냐 혹은 틀리게 답했느냐에 관심을 갖는 것이 아니라 답을 하기 위한 인지과정에 초점을 맞춤.	Alan S. Kaufman & Nadeen L. Kaufman
문제행동	아동행동평정척도 (K-CBCL)	4~17세	행동문제의 평가와 동시에 사회능력척도를 제작하여 문제행동증후군척도와 유사한 과정을 통해 표준화 기준을 마련함으로서 정서행동문제뿐만 아니라 아동·청소년의 적응능력의 평가도 병행하였음.	홍강의, 오경자, 이혜련
언어발달	언어이해 - 인지력 검사	3세~6세 미만	언어 이해력 및 인지력을 측정하는 검사로 동일 연령 내에서 언어발달의 개인차를 뚜렷이 변별해내기보다는 언어적 발달지체를 가리기 위해 제작되었음. 일반아동과 정신지체, 청각장애, 언어장애, 자폐장애, 주의력결핍 과잉장애 등의 문제를 가진 아동들에게 적용할 수 있음.	서울장애인 종합복지관
	문장이해력 검사	4세~ 6세11개월	문장이해능력의 수준을 측정하는 것임. 일반아동과 정신지체, 청각장애, 언어장애, 자폐장애, 주의력 결핍 과잉행동장애, 뇌성마비 등의 문제로 인해 언어에 문제가 있는 아동 대상임.	서울장애인 종합복지관 기쁜소식
	취학전 아동의 수용언어 및 표현언어 발달척도	2세~6세	아이들이 좋아하는 그림과 친숙한 장난감들을 이용하여 재미있게 검사에 임하면서 자신의 능력을 최대한 발휘할 수 있도록 도움. 언어발달 지체 및 언어장애를 진단하고 중재계획을 세우는 지침으로 활용될 수 있음.	김영태 서울장애인 종합복지관

(3) 영유아를 대상으로 한 표준화 검사 시행 시 유의점

영유아는 표준화 검사를 실시할 때 주의집중, 동기, 신체적 조건, 불안 등의 여러 가지 내적 요인에 영향을 받기 때문에 영유아의 검사 점수에 대한 타당성과 신뢰성에 문제가 제기되어 왔다. 이에 최근까지 영유아들에게 표준화된 검사는 제한적으로 사용되어 왔다. 따라서 표준화 검사 시행 시 교사는 영유아의 특성, 검사 환경 등을 종합적으로 고려하여 검사가 객관적으로 진행될 수 있도록 유의하여야 한다.

〈영유아에게 표준화된 검사가 사용되기 어려운 이유〉

① 영유아는 쓰기 능력이 제한되어 있기 때문에 집단으로 검사받는 것에 어려움이 있다.
② 영유아는 표준화된 검사에서 사용하는 검사지에 적응하기 어렵다.
③ 질문에 대한 영유아의 대답이 일정하지 않을 수가 있어서 과거의 답과 현재의 답이 다른 경우가 있다.
④ 영유아가 직접 검사 내용을 이해하고 답한 것이 아니라서 영유아의 능력을 객관적으로 정확하게 측정하기 어렵다.

3) 포트폴리오

포트폴리오(portfolio)는 영유아의 변화 과정을 보여줄 수 있는 다양한 자료를 지속적으로 모아 총체적으로 평가하는 방법이다. 포트폴리오는 원래 서류철이나 작품 목록집 등을 의미하나 최근에는 영유아의 성장 발달 기록, 신체계측, 면접내용, 동영상, 사진 등 영유아 삶의 전반에 걸쳐 다양한 자료가 포함된다. 포트폴리오 평가는 어떤 규준에 따라 영유아들을 비교하기보다는 개별 영유아의 발달과 학습을 시간의 흐름에 따라 보여주기 때문에 개별 영유아의 노력이나 발달 혹은 성취 등을 보여주어 개별 영유아를 총괄적으로 평가할 수 있어 최근 가장 적절한 평가방법으로 여겨지며 많은 관심을 모으고 있다(황해익 외, 2009). 포트폴리오 평가에 대한 자세한 설명은 10장 포트폴리오 평가에서 소개하겠다.

02 CHAPTER

영유아 관찰의 기초

CHAPTER 02

영유아 관찰의 기초

영유아 관찰은 일상생활 속에서 자연스런 영유아의 행동을 기록하여 평가하는 방법이다. 영유아기는 발달상으로 자신의 생각과 감정을 말로써 설명하고 이해하는 데 어려움이 있다. 따라서 관찰법은 영유아를 이해하기 위해 오랫동안 사용되어 왔으며, 현재도 가장 광범위하고 보편적으로 사용하고 있다. 이 장에서는 영유아 관찰에 대한 기본적인 이해를 돕고자 관찰의 개념과 종류, 장단점, 관찰의 오류 등에 대해 소개하고자 한다.

1. 영유아 관찰의 이해

1) 관찰의 개념

관찰이라는 말은 '볼 관(觀)', '살필 · 조사할 찰(察)'로써 보면서 살핀다는 것은 사물을 마음에 떠올려 놓고, 찰나 보이는 현상을 면밀하게 지켜보는 것이다. 또한, 눈으로 살피다 또는 조사한다는 말 자체의 의미에 덧붙여 그 내용을 자세히 정확하게 그리고 사실적으로 기록하는 과정이다. 관찰은 영어로는 Observation으로 표기하는데 이 단어의 뜻은 '알아차리고 인식하는 행위 또는 사례', '주의 깊게 관람하거나 지켜보는 행위'를 의미한다(dictionary.com). 즉, 관찰은 영유아의 행동을 더 잘 이해하기 위하여 영유아가 보여주는 여러 가지 상황이나 활동을 과학적인 방법으로 자세히 관찰하고 기록 분석함으로써 영유아의 발달 및 행동에 대한 정보를 수집하여 평가하는 방법이다.

2) 영유아 관찰의 중요성

영유아기는 인생의 그 어느 시기보다 발달의 속도가 빠르며 개인차가 많은 시기이자 영유아마다 경험하고 인식하며 표현하는 방식이 서로 다르다. 또한 영유아는 발달특성상 언어구사 능력이 제한적이고, 주의집중 시간이 짧으며 낯선 상황에서 자신의 능력을 최대한 발휘하지 못할 가능성이 높다. 따라서 영유아교육 현장에서 이루어지는 일상적인 관찰은 교사에게 영유아의 현재 능력과 필요한 도움의 정도를 판단하기 위한 정보를 제공해 준다(Kats & McClellan, 1997). 관찰을 통해 교사는 각 영유아의 학습상태, 발달, 흥미, 특성을 이해하게 된다. 이러한 관찰은 매일 일어나며 교사의 교수전략과 학습 경험들을 풍부하게 하는 기초가 된다. 교사는 자연스러운 상황 속에서 여러 번에 걸쳐 지속적인 관찰을 통해 영유아의 독특한 개성을 발견하고, 개인차를 이해하며 평가하는 데 도움을 받을 수 있다. 또한, 관찰에서 얻어진 자료를 기초로 영유아별로 가장 적절한 교수전략을 세워서 영유아의 긍정적 발달을 지원할 수 있다.

그리고 교사들은 매일, 주별, 월별, 연간에 걸쳐 관찰한 자료들을 기초로 하여 내용 종합과 분석한 정보를 토대로 부모와의 의사소통에 유용하게 활용할 수 있다. 부모와 관찰 결과를 공유함으로써 영유아의 기관 적응, 또래관계, 행동 및 발달 등에 대한 부모의 이해를 돕고, 지도방법을 가정과 공유하고 연계함으로써 가정과의 신뢰가 있는 동반자적 협력관계를 형성하게 한다. 따라서 교사는 영유아 발달 상태에 대해 잘 숙지하고 개별 영유아에 대해 지속적이고, 체계적이며 정확한 관찰이 이루어지도록 노력해야 한다.

3) 영유아 관찰의 목적

영유아의 행동을 자연스러운 상황 속에서 직접 관찰하고 기록하여 객관적 자료를 수집하는 관찰의 목적을 구체적으로 살펴보면 다음과 같다.

첫째, 관찰은 교사에게 영유아 개인의 현재 발달 수준을 상세히 이해할 수 있도록 해 준다. 같은 연령대의 영유아라 하더라도 발달의 특성은 서로 다르다. 예를 들어 만 4세반 어떤 영유아의 신체 발달은 만 5세 정도의 수준을 보이지만, 인지 발달이 만 3.5세 정도의 수준을 보일 수 있다. 이렇듯 교사는 개별 영유아의 발달 특성을 발견하고 장 · 단점을 파악하여 각자의 능력에 맞는 기대를 설정하고 이에 따른 적절한 도움을 줄 수 있다.

둘째, 관찰에서 얻어진 자료는 교육 및 보육 계획의 수립과 실행을 위해 기초자료가 된다. 영유아의 관찰을 통해 개별 영유아의 발달뿐 아니라 학급 전체의 발달 수준, 흥미, 관심사, 경험의 정도나 수준 등을 이해하게 됨으로써 이를 기초로 교육 · 보육과정을 계획하거나 실행하는 데 중요한 자료가 된다. 예를 들어 배변활동에 대한 관찰 기록은 배변훈련의 개별적 활동 수준을 고려하게 되며, 수용언어는 앞서 있지만 표현 언어가 부족한 경우, 또 신체조절능력에 관한 관찰기록 내용은 교육 · 보육과정의 활동 수준을 조정하여 작성하게 한다.

셋째, 관찰은 학급 전체의 발달 상태를 이해하고 도움이 필요한 영유아를 선별하기 위해 필요하다. 동일 연령의 학급에서도 개인은 발달 수준의 차이가 있고, 각각 다른 특성을 가진 것을 발견할 것이다. 어떤 영유아는 적절한 발달을 보이지만 어떤 영유아는 도움을 주거나 전문가의 개입이 필요하다고 판단할 만큼의 부족한 발달 상태를 보이는 것을 관찰하게 될 것이다. 교사는 영유아들의 여러 특성들을 반복적으로 관찰하는 과정을 통해 발달을 지원할 아이를 선별하고, 영유아의 발달을 도울 수 있는 적극적인 개입방법을 찾는 자료로 활용하면 도움이 될 것이다.

넷째, 관찰 자료는 부모와의 상담을 위해 객관화된 자료로 제시할 수 있다. 부모는 유아교육기관에서 내 자녀가 어떻게 지내는지, 어느 정도의 발달과 변화가 일어났는지 궁금하고 이를 알고 싶어 한다. 관찰을 통해 얻은 다양한 자료를 통해 구체적인 내용으로 문제행동의 원인에 대한 필요한 정보를 부모에게 제공함으로 교사와 함께 영유아의 발달을 돕는 데 일관된 방법을 공유할 수 있어 효과적이다.

다섯째, 관찰은 관찰 대상을 이해하기 위해 중요하지만 관찰자 자신을 이해하는 데도 중요하다. 관찰을 통해 영유아의 행동에 대한 이해뿐 아니라 자기 자신의 행동이나 사고도 주의 깊게 살필 수 있는 능력을 가지게 된다. 교사도 자신의 행동, 태도, 능력 등에 대해 반성적 사고를 갖고 스스로 발전할 수 있는 기회가 될 수 있어 전문성 함양에 도움이 된다.

❖ 그림 2-1 관찰의 목적

Tip

관찰의 목적

- 영유아의 발달 수준을 파악하여 적절한 교수활동 및 상호작용을 제공한다.
- 영유아 개인의 특성, 관심사, 반응, 흥미, 요구 등을 이해할 수 있다.
- 영유아의 문제행동의 원인이 무엇인지 파악하고 대처할 수 있다.
- 영유아에 대한 편견을 줄이고 객관적으로 영유아를 이해하게 한다.
- 영유아교사의 교육 활동의 실제를 평가하여 전문성 계발의 기초가 된다.
- 기록된 영유아의 정보는 부모와 의사소통에 유용하게 활용될 수 있다.

2. 관찰의 종류

관찰은 관찰하려는 행동장면을 인위적으로 통제하느냐 하지 않느냐에 따라 자연관찰과 통제관찰로 나눌 수 있으며, 관찰자가 직접 행동장면에 참여하느냐의 여부에 따라 참여관찰과 비참여 관찰로 나눌 수 있다.

1) 자연관찰과 통제관찰

자연관찰(naturalistic observation)은 관찰의 장면을 의도적으로 조작하거나 인위적으로 특별한 자극을 주지 않고 자연적인 상황에서 발생하는 행동이나 현상을 그대로 관찰하는 방법으로 비통제적 관찰이라고도 한다. 이 방법은 자연스러운 상황에서 일어나는 다양한 현상을 아무 제한 없이 관찰할 수 있기 때문에 관찰자가 예상하지 못한 점을 발견할 수 있다는 장점이 있는 반면, 수집된 자료가 우발적이며 단편적인 것에 불과할 수도 있다는 단점이 있다. 따라서 자연적 관찰을 하고자 한다면, 관찰의 구체적인 목적을 설정하고, 목적에 맞는 관찰 장면을 선택해야 하며, 개별적인 행동을 전체 맥락 속에서 관찰해야 한다.

통제관찰(controlled observation)은 관찰 장면에 일종의 통제가 가해지는 관찰방법으로 관찰 시간, 장면, 그 행동을 발생시킨 상황이나 조건 등을 인위적으로 조작해서 같은 행동을 보다 정확하고 엄밀한 조건 아래서 관찰하는 방법이다. 통제적 관찰은 두 가지 의미로 사용되는데 하나는 통제의 의미가 실험적 조작을 뜻하는 것으로 관찰 장면, 시간, 상황 등을 의도적으로 설정한 후 관찰하는 것이다. 예로 관찰자가 밖에서 들여다볼 수 있도록 일방경이 설치된 방 안에서 영유아가 놀이하게 하고 그 행동을 관찰하는 방법으로 실험적 관찰법이라고도 한다. 또 하나는 통제의 의미가 관찰체계의 구조화를 뜻하는 것으로 관찰될 행동, 장면, 시간 등을 미리 정해 놓고 특정한 영역에서의 행동에 대해서만 관찰하는 방법이다. 예로 교사가 자유놀이 시 언어영역에서 쓰기 활동의 빈도에 대해 알아보고자 하는 경우 통제적 관찰이면서도 자연스러운 상황에서 관찰이 이루어지게 된다.

자연관찰 (naturalistic observation)	통제관찰 (controlled observation)
• 자연적 상태에서 일어나는 현상이나 사건을 있는 그대로 관찰 • 조사결과의 일반화가 용이함 • 행동발생시 까지 기다려야함	• 관찰의 시간, 장면, 행동 등을 의도적으로 설정해 놓고 인위적 조건하에서 나타나는 행동을 관찰 • 행동분석, 결과비교 등이 용이함

❖ **그림 2-2** 자연관찰과 통제관찰

2) 참여관찰과 비참여관찰

참여관찰(participant observation)은 관찰자가 관찰 대상의 집단 속에 들어가 그 집단의 구성원이 되어 자연스러운 상황에서 관찰하는 방법이다. 예를 들어 유아교육 현장에서 교사가 영유아의 행동을 관찰하거나 연구자가 보조교사로 참여하여 역할을 담당하면서 영유아의 행동을 관찰하는 것이 이에 해당된다. 영유아교사가 영유아의 행동을 이해하기 위해 주로 사용하는 방법으로 하루에 2~3명 정도 관찰을 실시할 수 있다.

참여관찰은 관찰의 기회가 많고 다량의 정보를 수집할 수 있는 장점이 있다. 반면, 시간소비가 많고, 관찰자가 감정적인 요인에 영향을 받기 쉬워서 주관적 평가가 이루어질 수 있다는 단점이 있다. 경우에 따라서는 관찰자가 그 상황에 들어가는 것 자체가 일상생활을 바꾸어 놓아 관찰 대상자들이 관찰자를 의식하여 일상생활과는 다른 행동을 할 우려가 있다.

비참여관찰(non-participant observation)은 관찰자가 관찰 장면에서 일어나는 활동에 참여하지 않고 관찰만 하는 방법이다. 연구자로 관찰에 참여할 때 많이 사용하는 방법으로 관찰 대상에게 영향을 미치지 않고 관찰할 수 있어 조직적이고 계획적으로 관찰할 수 있다는 장점이 있다. 반면, 관찰의 기회가 적고 심층적인 자료를 얻기 어려우며 관찰이 피상적이 되기 쉬운 단점이 있다. 활동을 방해하지 않고 객관적이고 정확하게 관찰해야 하며 가장 좋은 비참여관찰 방법은 일반경이 설치되어 있는 관찰실에서의 관찰이나 비디오를 통한 관찰방법 등이 있다. 이렇게 얻어진 자료들은 절대 외부로 유출되지 않도록 주의를 기울여 관리해야 한다.

참여관찰 (participant observation)	비참여관찰 (non-participant observation)
• 관찰 대상 집단 내부에 들어가서 그 구성원의 일부가 되어 참여하면서 관찰 • 대상을 자연적 상태에서 파악 가능, 미묘한 감정관계 등 외부로 드러나지 않는 자료 수집 가능 • 용기와 인내가 필요, 감정의 개입으로 객관성 저해 우려	• 조사 대상 집단에 참여하지 않고 제삼자의 입장에서 관찰 • 관찰의 객관성 확보, 조직적, 계획적 관찰 가능 • 심층적 자료확보가 어려움

❖ 그림 2-3 참여관찰과 비참여관찰

〈비참여관찰 시 관찰자의 바른 태도〉

- 교실에서 진행되고 있는 활동을 방해하지 않는다.
- 영유아의 주의를 끌지 않고 관찰 장면을 볼 수 있도록 교실에서 조용히 움직인다.
- 영유아의 활동을 방해하지 않으면서도 활동을 잘 보고 들을 수 있는 위치에 앉는다.
- 평범하지만 편안한 옷을 입고 영유아의 주의를 끌 만한 장신구를 피한다.
- 영유아가 불편하지 않도록 너무 두드러지게 쳐다보지 않는다.
- 놀이영역이나 개인 공간에 들어가지 않는다.
- 만약 영유아가 무엇을 하고 있는지 물어보면 간단하고 정직하게 대답을 한다. 일단 답을 했으면 더 이상의 대화가 진행되지 않도록 자리를 피한다.

출처: 황해익 · 송연숙 · 정혜영 · 유수경(2013)에서 재인용.

그외 관찰유형에 따라 일화기록법, 표본식기록법, 시간표집법, 사건표집법, 행동목록법, 평정척도법 등의 관찰방법이 있다. 관찰유형에 따른 관찰법의 자세한 이해와 실제는 4장에서부터 9장에 걸쳐 소개하겠다.

3. 관찰의 장단점

유아교육기관에서 교사는 개별 영유아의 기분, 건강상태, 의사소통, 사회성, 놀이 등 하루 일과 중 일어나는 다양한 상황 속에서 영유아의 행동을 자연스럽게 관찰해야 한다. 관찰은 영유아를 이해하는 데 매우 좋은 방법이지만 관찰자의 역량에 따라 그 결과가 달라진다. 잘못된 관찰 결과를 바탕으로 어떤 특성을 해석하고 판단한다면 큰 문제가 아닐 수 없다. 영유아 관찰이 보다 체계적이고 객관적으로 진행될 수 있도록 관찰의 장점과 단점을 소개하면 다음과 같다(박도순, 1992; 성태제, 1998; 송인섭 외 2008; 장택수, 2004).

1) 장점

유아교육 현장에서 교사는 영유아의 건강한 발달을 촉진하기 위해 영유아 개개인의 강점과 부족한 점을 발견하기 위해 다양하고 정확한 정보를 수집해야 한다. 자연스러운 상황에서 다양하고 객관적인 정보를 수집하기 위해 이루어지는 관찰의 장점은 다음과 같다.

첫째, 비언어적 행동에 대한 자료 수집이 유용하다. 관찰법을 통해 자료를 수할 수 있는 범위는 언어적인 행동뿐 아니라 움직임, 태도, 얼굴 표정 등 매우 다양하다.

비언어적 행동에 대한 자료를 수집하는 것은 조사연구, 실험연구, 기록연구보다 더 유용하다. 영유아는 언어적 표현 능력이 제한적이기 때문에 연구자의 요구에 따라 표현하기에 어려움이 있어 관찰이 유용하다. 질문지나 실험 연구는 대상자의 솔직한 답변을 듣기 어려운 경우가 있지만, 관찰은 대상의 계속적 행동을 분별하고 비디오녹화 등을 한 경우에는 행동의 전체를 알 수 있다.

둘째, 대상자가 행동하는 것과 동시에 기록할 수 있다. 관찰이 영유아의 행동발생과 동시에 기록되기 때문에 행동 배경 또는 상황과 직접적으로 관련된 자료를 제공해 주며 행동의 자연적 흐름을 방해하지 않는다. 따라서 실험실에서 조작하기 어려운 변인들을 연구해야 할 경우, 윤리적인 제약을 받는 경우, 연구 대상이 어린 유아인 경우에는 자연적인 상황에서 관찰법을 이용하여 자료를 수집할 수 있다. 질문지의 경우 응답자가 답변한 것을 토대로 연구 자료로 쓰기 때문에 응답자 기억의 한계, 기분, 성격 등이 개입하여 사실과 다른 반응을 보일 수 있지만, 관찰은 영유아의 행동을 지켜보면서 유의미한 행동을 발생했을 때 바로 기록하기 때문에 신뢰성이 높다.

셋째, 대상자가 측정을 고의적으로 방해할 수 없다. 질문지의 경우는 응답자가 아무렇게나 응답하거나 고의로 왜곡되게 응답하기도 하지만, 관찰은 대부분 영유아의 놀이 활동 중에 이루어지기 때문에 조건에 영향을 받지 않으며, 능력이 부족하거나 일부러 관찰을 방해하지 않는다. 대체적으로 자연 상황에서 이루어지기 때문에 외적 타당도가 높다. 따라서 연구결과를 일반화할 수 있다.

넷째, 관찰은 대상자의 연령, 교육 정도에 제한을 받지 않는다. 질문지는 글을 모르는 영유아에게는 사용하지 못하지만, 관찰은 놀이 활동 중 영유아의 대화나 행동을 기록하기 때문에 특별한 제한을 받지 않는다. 즉, 관찰 대상자가 자신의 생각이나 느낌을 정확히 모르거나 표현하지 못한다 해도 자료수집이 가능하다. 무의식적인 행동이라든가 연구 대상자가 말이나 글로 자신의 의사를 표시하기 힘들 경우 또는 자신의 생각을 반성적으로 생각할 수 있는 능력이 부족한 영유아에게 관찰은 적절한 자료수집 방법이 된다.

다섯째, 관찰자와 관찰 대상자 간의 친밀성을 유지할 수 있어 심층적인 자료수집이 가능하다. 특히 관찰자가 관찰 대상의 집단 속에 직접 들어가서 구성원의 행위, 대화 내용 이외에 그 저변에 깔린 의식구조, 태도, 가치관 등을 파악하게 해준다. 또한 관찰 대상자의 심리상태에 의해 연구결과가 좌우되지 않는다. 설문지법이나 면접법의 경우는 응답과정에서의 심리상태가 직접 영향을 미치지만 관찰법에서는 행동으로 표현된 것만을 수집하기 때문에 반응과정에서 생길 수 있는 오류를 상당부분 줄일 수 있다.

2) 단점

관찰은 영유아의 자연스럽고 일상적인 행동을 자세히 탐색하고 기록하는 방법으로 유아교육 현장에서 자주 사용되고 있음에도 불구하고 다음과 같은 단점이 있다.

첫째, 관찰행동을 현장에서 포착해야 하므로 통제된 관찰이 아니라면 그러한 행동이 발생할 때까지 기다려야 한다. 어떤 행동은 관찰 불가능한 것도 있다. 예를 들어 교사는 유아들이 자유놀이 영역 중 어느 영역을 가장 좋아하는지 관찰하기는 쉽지만, 친구에게 양보하는 것을 관찰하려면 행동이 발생할 때까지 기다려야 한다. 또한 학급 내에서 친구들에게 인기가 많은 유아가 왜 인기가 있는지 이유에 대해서는 관찰을 통해서 알기는 어렵다.

둘째, 관찰연구에서 얻은 자료에서 양적인 자료를 얻기가 어렵다. 특정한 범위 내에서 수량화(㉮ 빈도)할 수도 있지만 양적 측정이 어렵고, 관찰자의 편견이나 선입견이 개입될 가능성이 높으며 표본의 수가 적어 자료의 객관성을 떨어뜨릴 가능성이 있다. 조사연구나 실험연구처럼 양적 측정방법보다는 양적이지 않은 측정방법을 많이 사용하기 때문이다. 물론 특정 범위 내에서 범주화하여 수량화할 수는 있으나 주로 빈도나 백분율과 같은 기본적 방법에 의존한다. 예를 들어 영유아 개인의 언어발달을 평가하고자 할 때 한 번의 실험연구, 조사연구로 통합적인 자료를 얻기 어렵다. 반면, 하루 일과 중 또래들과 대화하고, 혼잣말, 교사의 지시에 따르기, 물음에 대답할 수 있는지 등을 관찰하여 자료를 얻을 수 있다.

셋째, 관찰은 많은 연구대상을 포함하기 어렵고 시간과 비용이 많이 든다. 물론 실험연구보다는 대상 규모가 크고 조사연구에 비하면 작으나 관찰은 시간 소요가 많이 된다. 따라서 관찰은 적은 수의 연구 대상을 심층 분석하는 데 적합하다. 주로 유아교육 현장에서 교사가 자신의 학급의 영유아의 발달 수준을 파악하고자 관찰이 이루어지기 때문에 특별한 경우를 제외하고 학급 내 영유아의 수만큼 관찰이 이루어지게 된다.

넷째, 관찰연구는 대부분 자연환경에서 이루어지는 현장연구가 주종을 이루는데, 이러한 연구방법은 연구의 승인을 받기가 어렵다. 예를 들면, 연구 기간을 길게 잡고 계속해서 학급에서 관찰해야 할 경우 영유아의 특성상 낯선 사람이 자신의 활동 영역 안에 들어왔을 때 평소처럼 일상생활을 진행하는 데 어려움이 있다. 특히 0~2세의 경우 낯가림이 심한 영아들이 있을 수 있어 연구자의 방문으로 하루 일과에 영향을 받게 된다. 따라서 영유아들의 활동에 방해가 된다는 이유로 연구 승인을 받기 어려울 수 있다.

다섯째, 신뢰도가 낮을 가능성이 있다. 관찰 대상, 즉 표집의 부적절성, 행동에 대한 부정확한 정의, 추리에 의한 행동분류, 여러 가지 변인에 대한 동시적인 관찰, 지나치게 긴 관찰시간, 관찰자의 훈련 부족, 관찰 대상과의 정서적 유대, 즉 라포 형성의 정도, 관찰기준에 대한 이해 부족, 기록 방법에 부정확성, 관찰자 간의 견해 차이 등으로 신뢰도가 낮아질 가능성이 있다.

여섯째, 관찰자의 오류이다. 관찰자는 보다 강한 자극에 집중하는 경향이 있어 약한 자극을 무시하거나 얼굴표정에 집중하거나, 지각 또는 인지적 편견으로 정보의 한 부분을 보지 못하는 오류를 범하기 쉽다.

4. 관찰의 오류

관찰법은 현실 상황을 직접 눈으로 확인하고 기록하는 방법이므로 면접이나 질문지같이 간접적인 방식으로 구하게 되는 자료보다는 신뢰가 있고 실제에 가깝다는 평가를 할 수 있으나 인간의 행동을 인간이 관찰, 기록, 평가하는 절차이니 만큼, 이에 관련된 특수한 문제점들 역시 있기 마련이다. 이렇게 관찰의 정확성을 위협하는 요인들은 크게 관찰상황 그 자체와 관련된 것들과 관찰자에 의한 것들로 나누어 생각해 볼 수 있다.

1) 관찰상황 관련 오류

객관적인 관찰은 관찰자에게 달려있다. 즉 관찰자가 관찰하는 동안 영유아는 자신들이 관찰되고 있음을 인식하게 되어 스스로의 행동에 영향을 미칠 수 있다. 영유아가 관찰자가 만족스럽게 생각하는 방식으로 행동할 우려가 있다. 특히 새로운 관찰자가 있는 교실에 영유아는 관찰자가 존재할 때와 그렇지 않을 때 다른 방식으로 행동하기도 하는데 관찰자가 존재할 경우 성인의 눈에 바람직하게 보이는 방식으로 행동하는 모습을 보이기도 한다. 반면, 평상시에 보이지 않던 초조함과 불안을 나타내기도 하기 때문에 예상되는 관찰자의 영향을 가능한 줄이는 방안을 강구하는 것이 좋다. 한 가지는 관찰 대상 영유아들이 관찰자의 존재에 익숙해지도록 하는 것으로 실제 관찰에 들어가기 전에 관찰 상황에 미리 노출되도록 하는 방법 등이 있다. 또한 한두 번의 방문으로 영유아들이 쉽게 관찰자의 존재에 익숙하게 되지만 연령이 높을수록 새로운 환경에 익숙해지는 데 더 많은 노출 경험이 필요하다. 다른 하나는, 관찰 상황에 자연적으로 친근한 사람, 즉 부모나 교사에 의해 관찰을 수행하게 하는 방법을 사용할 수 있다. 어떤 방식을 택하든 관찰자가 관찰하고 있다는 사실을 관찰 대상 영유아가 알지 못하도록 하는 것이 가장 바람직한데 이를 위해 영상 기록 장치를 활용하는 것도 또 다른 방법이 될 것이다. 그러나 이 방법 또한 카메라의 설치장소에 따라 사각지대가 만들어지고 관찰 대상 아동이 다른 아동이나 장애물에 가려서 제대로 관찰할 수 없는 경우도 발생할 수 있다는 단점이 있다.

2) 관찰자 오류

관찰의 오류 중 심각한 문제는 바로 관찰자 오류이다. 관찰은 관찰자의 판단 또는 평가를 요구하기 때문에 관찰자의 편견이나 선입견에 의한 후광 효과가 나타날 수 있다. 예를 들면, 부모나 교사로부터 어떤 유아가 평소에 공격적이라는 말을 듣게 되면 관찰자도 그 유아를 공격적이라고 평정할 수 있다. 이밖에 관찰, 특히 부호화를 거쳐야 하는 표준화된 관찰방법은 관찰 과정에서 다음과 같은 오류들이 발생할 수 있다.

첫째, 아는 사람에 대해서는 실제보다 높게, 또는 실제보다 낮게 평정하는 것과 같은 관용의 오류(error of lenieney)를 범할 수 있다.

둘째, 엄격의 오류(error of severity)가 있는데, 지나치게 엄격한 기준을 적용하여 평정하는 오류를 말한다.

셋째, 극단적인 항목에 응답하는 것을 기피하고 중앙에 위치한 항목에 편중하여 점수를 부여하는 중앙 집중의 오류(error of central tendency)도 생길 수 있다.

넷째, 논리의 오류(error of logic)이다. 이는 논리적으로 서로 관련되어 있는 것처럼 보이는 관찰 항목에 대해서 유사한 반응을 하는 것을 말한다.

다섯째, 시공간적으로 가까이 있는 관찰 항목들에 대해서는 유사하게 반응하는 근접의 오류(error of proximity)가 나타날 수 있다.

다섯째, 대비의 오류(error of contrast)가 있는데, 지각된 관찰과 다른 측면에서 응답하는 경우가 이에 해당된다.

이상과 같이 관찰자가 범할 수 있는 오류와 관련하여 Kerlinger(1986)가 제안한 해결 방안을 제시하면 다음과 같다.

첫째, 관찰자가 의식하고 있을 때에는 충분한 시간을 두어 관찰자의 존재에 익숙해지도록 만든다. 관찰 대상자의 눈에 띄지 않도록 일방경이 설치된 방을 사용하거나, 숨은 카메라 장치를 이용하는 것도 좋다.

둘째, 관찰자가 관찰 결과에 대해 개인적인 기대를 갖고 있을 경우 자료 수집에서의 편파성이 높아지므로, 관찰자를 훈련시켜 관찰 결과에 대한 기대를 알리지 않고 자료를 수집하는 것이 좋다.

셋째, 관찰자의 익숙해진 경험이 어떤 관찰 현상을 당연한 것으로 여기게 하는 과대 일반화는 어떤 행동의 특성이나 의의를 상실케 하므로 이를 미연에 방지하기 위해서는 관찰법을 사용하여 직접 자료 수집에 대한 훈련을 한다. 이와 마찬가지로 관찰 대상에 대한 예비지식이나 관찰자의 개인적 감정이 관찰 대상의 행동을 과대, 과소평가하는 후광효과도 있다. 예를 들면 교사로부터 한 아이의 지도력을 칭찬하는 말을 들으면 관찰자도 그 아이를 지도력 있는 유아로 과대평가하는 것을 들 수 있다. 관찰자는 자신이 관찰하는 상황에 거의 영향을 미치지 않아야 하므로, 관찰자의 영향력을 최소화하려면 많은 훈련이 따라야 한다.

넷째, 실제 관찰한 행동에 기초한 연구 과정이 논리의 비약이 없는 과학적인 경우여야 관찰 결과는 해당 행동 특성의 설명을 적절하게 해줄 수 있다. 행동 범주를 설정할 때는 조작적 정의, 범주에 제시된 행동의 명료화, 이론적 통합의 3가지 측면이 고려되어야 한다. 이밖에 관찰 내용을 부호화하는 방법과 다양한 유형의 관찰기록 방법 등 기술적인 측면이 고려되어야 한다.

CHAPTER 03

영유아 관찰의 실제

1. 관찰의 절차
2. 관찰자의 태도
3. 관찰도구 검색
4. 관찰의 윤리적 지침

03 CHAPTER 영유아 관찰의 실제

관찰의 기초를 다졌다고 하더라도 관찰방법과 절차를 모른다면 현장에서 체계적이고 정확한 관찰을 하기 어렵다. 따라서 이 장에서는 영유아 관찰의 구체적인 방법과 절차, 관찰도구를 검색하는 실제를 소개하고자 한다.

1. 관찰의 절차

영유아 관찰을 객관적이고 체계적으로 기록하기 위해서 관찰자는 영유아의 행동과 발달, 놀이, 일상생활 활동, 또래관계, 환경, 교사와 영유아의 상호작용 등 모든 면에서 관찰이 이루어지거나 보고자 한 목표 행동을 잘 볼 수 있도록 사전에 치밀하게 계획을 세워야 한다. 사전 계획은 목적이 있어야 하고, 체계적이고, 정확하며, 상세해야 한다. 체계적인 영유아 관찰이 이루어지기 위해서는 관찰 전 활동, 관찰 활동, 관찰 후 활동의 절차를 지켜야 하며 구체적인 내용은 다음과 같다.

관찰 전 활동	관찰 활동	관찰 후 활동
• 관찰목적 설정 • 관찰행동표집 설정 • 관찰장면 설정 • 기록방법 선택 • 관찰매체 선정	• 객관적 기록하기 • 관찰매체 사용하기	• 추론 • 평가 • 결과 활용

1) 관찰 전 활동

영유아를 관찰하기 위해서는 관찰할 행동이 무엇인지에 관해 명료하고 분명하게 결정해야 한다. 이때 관찰자는 목표행동을 가장 잘 대표하는 행동표집을 결정하여 정확하게 관찰해야 하는데 이를 위해 어떠한 목적을 설정하고, 관찰행동의 표집, 관찰 장면 선정, 기록방법 선택에 대한 계획이 필요하다.

대상 영유아의 무엇을 관찰할 것인가?

대상 영유아의 관찰행동을 하루 일과 중 언제 관찰할 것인가?

대상 영유아의 관찰행동을 어디에서 관찰할 것인가?

관찰한 내용을 어떻게 기록할 것인가?

❖ 그림 3-1 관찰 전 계획하기

(1) 관찰의 목적 설정

관찰의 목적으로는 영유아 문제 행동의 원인을 파악하기 위해서, 영유아의 발달 수준을 파악, 영유아의 일반적 행동 특성, 영유아의 또래 관계, 선호하는 놀이 및 놀잇감을 알기 위해서 등 다양한 목적으로 관찰이 이루어진다. 동일한 관찰자와 영유아라도 목적에 따라 관찰의 장면, 상황, 방법, 기간 등이 상이하며 관찰기록, 추론, 해석, 평가는 달라지므로 정확한 목적 설정은 매우 중요하다.

(2) 관찰행동의 표집 설정

관찰자가 관찰계획을 세울 때 우선 관찰할 행동이 무엇인지에 관해 명료하고 분명하게 결정한 후 관찰 대상의 행동을 잘 대표하는 표집을 정하는 일이 중요하다. 관심 있는 행동을 가장 잘 대표할 수 있는 표본을 얻기 위해 시간적 차원에서의 연속성과 공간적 차원에서 대표성을 고려하여 계획을 세워야 한다.

시간적 차원의 연속성은 관찰을 언제 하느냐 또는 얼마나 오랫동안 관찰하는지에 관한 문제다. 공간적 차원의 대표성이란 한 번 관찰할 때 대상의 어떤 행동에 초점을 두며 행동 단위를 얼마나 세분화할 것인가에 관한 문제이다. 즉, 일정한 시간 내에 관찰한 유아의 모든 행동을 기록할 것인가 또는 특정 영역에 관심을 갖고 그 영역의 행동에만 초점을 맞추어 관찰할지를 의미하는 것이다.

(3) 관찰장면의 선정

관찰장면(setting)의 선정이란 관찰목표행동을 관찰자가 어느 곳에서 가장 잘 관찰할 수 있는지, 한 장면을 선택할 것인지 여러 장면을 선택할 것인지에 대한 결정이다. 관찰장면은 어떤 행동이 일어나는 물리적 환경 및 장소를 의미한다. 따라서 영유아의 행동을 쉽게 관찰할 수 있는 교실, 유희실, 실외놀이터 등이 이에 속한다. 영유아를 관찰하기 위해 관찰장면을 선정하는 데에는 세 가지 고려할 요소가 있다. 첫째, 목표행동을 잘 관찰할 수 있는 장소로 몇 곳을 선택할 것인지를 선택해야 한다. 둘째, 목표행동 중 자연스런 장면이 있는 그대로 관찰할 것인지, 아니면 인위적인 상황을 만들어서 관찰할 것인지를 선택해야 한다. 셋째, 영유아의 개별적 발달과 연간 교육 · 보육과정을 참고하여 관찰장면을 미리 선정하고, 특이사항이 있을 경우 관찰장면을 추가로 선정하거나 변경하여 관찰해야 한다. 연간 관찰장면 목록을 기록하면 관찰기록에서 빠진 영유아가 있는지, 관찰이 안 된 영역(분야)가 있는지 등을 확인할 수 있다. 예를 들어, 유아교육기관에서 3월에 신입원아의 적응이 가장 중요한 과제라면 등원 시 부모와 어떻게 헤어지는가에 초점을 두고 기록하거나 간식과 점심은 어떻게 먹는가에 관한 식습관 기록, 낮잠 자는 것에는 문제는 없는지에 대한 낮잠기록 등 미리 관찰장면을 선정해야 한다. 그리고 영유아교사가 관찰하고자 하는 관찰장면 목록을 기록하면 관찰기록에서 빠진 영유아가 있는지, 관찰이 안 된 영역(분야)가 있는지 등을 확인할 수 있다.

❖ **표 3-1** 관찰기록표 예시 1

상황(장면) / 유아명	기본생활			신체운동	사회관계	의사소통(언어)	자연탐구(수,과학)	예술경험(미술,음률 등)
	식습관	수면	배변					
김가가		3/29						
박나나		3/20						

❖ **표 3-2** 관찰기록표 예시 2

상황(장면) / 유아명	등원	언어	수/조작	쌓기/역할	미술	음률	과학	수면	.....	.....
김경상	3/5									
박북도	3/6									

(4) 기록방법 선택

관찰에서 유의할 할 사항은 관찰을 기록하는 형식이다. 관찰을 기록하는 방식에는 서술 형식, 행동목록 형식, 평정척도의 세 가지로 나눌 수 있다. 첫째, 서술 형식(narrative type)로 일정한 양식에 구애됨이 없이 단순히 행동이 일어나는 그대로 이야기체로 기술하는 형식이다. 둘째, 행동목록 형식(checklist type)으로 일정하게 행동한 영역에 대해 사전에 준비된 행동목록표를 사용하여 특정 행동이 출현할 때마다 표하는 방식으로 관찰이 구조화되고 관찰하려는 행동에 대한 정의가 분명할 때 많이 사용된다. 셋째, 평정척도(rating scale)로 관찰자가 자신의 관찰에 기초하여 어떤 특정 영역의 행동에 대해 판단한 후 준비된 척도에 표기하는 방식이다. 관찰 기록에서는 관찰된 사실과 해석을 분명히 구분해야 하며 관찰 그대로 인용하여야 하며, 행동의 서술은 관찰된 사실만을 기록해야 한다. 관찰장면이 선정되면 관찰에 필요한 시간과 적절한 관찰방법을 선택한다.

(5) 관찰매체의 선정

최근에는 여러 가지 관찰도구의 기술적인 발달에 힘입어 관찰의 절차가 세밀해졌을 뿐 아니라 보다 정확해졌다. 녹음기나 비디오카메라, 컴퓨터 등 여러 가지 장비를 이용하여 간편하고 정확하며 신속하게 관찰결과를 기록할 수 있다는 장점이 있다. 또한 계속하여 같은 자료에 대하여 재분석을 실시할 수 있으며 관찰자가 수시로 재관찰을 할 수 있어 관찰자 간의 신뢰도를 높일 수 있다.

2) 관찰 활동

(1) 관찰 활동 이해하기

관찰이란 단순히 보는(see), 주의해서 보기만 하는(look, watch) 수준의 활동이 아니라, 보는 활동을 통해 무엇인가를 깨닫게 되거나 알아져가는 과정(observe)을 말한다(이한영, 2009). 따라서 영유아교사는 현상을 있는 그대로 단순히 보는 수준에서 벗어나 모든 지각(시각, 청각, 후각, 촉각, 미각 등)을 이용하여 영유아의 행동과 상황을 면밀하게 관찰해야 한다.

그후 교사는 관찰 대상을 그대로 주의 깊게 관찰하면서 기록하고 해석하고 평가하는 동안 전적으로 객관적으로 옮겨 담아야 한다. 객관적인 관찰이란 영유아의 행동을 관찰할 때 자신의 생각과 감정 등을 배제한 채 최대한 객관적이며 종합적으로 관찰한 것으로 사전에 충분한 관찰 훈련을 해야 한다. 영유아를 교육·보육하는 상황에서의 기록은 대략적이고 생략된 부분이 많으므로 부족한 내용은 추후 보충하여 기록한다. 기록은 관찰 상황을 보지 않은 사람도 그 장면에 대해 유추가 가능할 정도로 상세히 기록한다. 객관적인 기록을 위해 직접화법으로 구체적으로 기록해야 한다.

체계적인 관찰이 필요하면 보조적으로 기록매체(동영상, 녹음기, 사진)를 활용한다. 영유아교사가 영유아를 교육·보육하는 환경에서 다양한 관찰매체를 사용하여 영유아의 행동을 관찰하는 것은 용이하지 않다. 그러나 관찰장면을 바로 기록하기 어려운 현실을 고려하자면 향후 기록할 때 좀 더 세밀하고 정확하게 기억하여 기록하기 위해서는 사진 사용을 추천한다.

관찰기록은 관찰과 동시에 그 자리에서 즉각적으로 하거나 가급적 해당 일에 기록하도록 한다. 만일 사후에 기록할 경우 관찰장면에 대한 핵심적 어휘를 기록해 둔 후 가능한 신속히 완전한 문장으로 재구성하는 것이 좋다. 관찰한 후 기록하기까지의 시간이 오래 경과되면 관찰기록이 관찰자의 기억에 의존하게 되고 관찰자의 편견이나 기대가 개입될 가능성이 크므로 빠른 시간 내에 이루어질 수 있도록 한다.

Workshop 3-1

● **흰색 팀이 패스한 공의 횟수를 세어라.**

- 동영상 시청을 할 때, 화면에 나오는 흰색 유니폼 팀이 서로 공을 몇 번 패스하는지 정확하게 숫자를 세어보고, 패스한 횟수를 말해 보자.
- 동영상(https://www.youtube.com/watch?v=8RPy-aM8Xek)

- 흰 옷을 입은 팀은 자신의 팀에게 공을 몇 번 패스하였는가?

- 패스하는 사람들 외에 생각지 못했던 것을 발견한 것이 있는가?

- 인간은 불완전한 기억과 생각의 한계를 가지고 있으며, 선택적 지각(경청, 시청)이 가능하기에 영유아교사의 기억에만 의존하는 기록을 신뢰할 수 있는지 다시 한 번 곰곰이 생각해 보자.

(2) 관찰기록의 실제

관찰은 영유아의 행동을 세밀하게 살펴서 그 내용을 정확하고 객관적으로 기록하는 것이다. 이때, 관찰자가 객관적으로 상황을 보고 판단하는 것도 중요하지만 그 내용을 사실적이고 객관적으로 기술하는 것도 매우 중요하다. 그러나 대다수 영유아교사들은 객관적으로 기록하는 것에 어려움을 토로한다. 객관적 기록에 대한 나의 문제점을 점검해 보자.

① 나의 관찰기록 분석하기

가. 현재 상황 관찰하기

- 약 10분~15분 정도 지금 내가 있는 상황을 관찰한다.
- 주어진 시간 내에 관찰한 내용을 10개~15개 문장으로 기록한다(예 내 앞에 컴퓨터가 있다. 옆 선생님이 볼펜을 잡고 무엇인가를 끼적인다 등).
- 상황이 일어나는 순서대로 관찰한 것을 아래 제시된 기록표에 기록한다.

순서대로 관찰하기
1.
2.
3.
4.
5.
6.

7.

8.

9.

10.

11.

12.

13.

14.

15.

나. 기준에 의해 나의 관찰기록 분석하기

- 내가 작성한 관찰기록이 주어진 시간 동안 발생한 일을 관찰한 내용이면 1, 주어진 시간 이전에 발생했던 내용이면 2로 번호 앞에 표기한다.
- 내가 작성한 기록이 관찰한 기록이면 □, 상황을 해석한 기록이면 △로 표기한다.
- 내가 작성한 관찰기록에 사용된 부사와 형용사에 밑줄을 긋는다.
- 내가 작성한 기록이 객관적 관찰기록이면 ○, 주관적 관찰기록이면 ◎로 표기한다.

② 주관적 기록과 객관적 기록 분별하기

Workshop 3-2

● 객관적 기록의 필요성

• 다음 아래 제시된 기록을 읽고 '수아'의 발달에 대해 이야기 해보자.

> 수아는 역할영역에서 책상 위에 놓인 공룡을 가지고 한참 동안 놀고 있다. 수아는 친구가 있는 것 같지 않다. 한참 놀던 수아는 재미가 없어진 듯 바구니에 있는 또 다른 공룡을 가지고 논다. 여러 공룡을 가지고 놀던 수아는 선생님에게 제일 큰 공룡이 대장이라고 말한다. 수아는 선생님의 관심을 끌려하는데 아마 선생님이 수아의 말을 들어주는 유일한 사람이기 때문인 것 같다.

• 위의 기록을 읽고 수아의 발달에 대해 알게 된 사실은 무엇이 있는가?

• 다시 한번 아래 제시된 기록을 읽고 '수아'의 발달에 대해 이야기 해보자.

> 수아는 역할영역에서 책상 위에 공룡 세 마리를 가지고 15분째 놀고 있다. 공룡 세 마리를 책상 위에 크기가 큰 순서대로 세우고 큰소리로 "여기 가만히 있어야 돼"라고 말한 후, 교사에게 간다. "선생님! 저기 보세요." 수아는 가장 큰 티라노사우르스 공룡을 가르키며 "티라노가 대장이예요. 왜냐하면 제일 크니까요. 스테고사우르스가 두 번째로 대장이예요. 왜냐하면 그 다음으로 크거든요."라고 말한다.

• 위의 기록을 읽고 수아의 발달에 대해 알게 된 사실은 무엇이 있는가?

• 두 개의 기록 중에 어떤 기록이 유아의 발달 상황을 더 자세히, 그리고 많이 알 수 있었는가? 그 이유는 무엇일까?

- 가장 중요한 이유는 주관적으로 작성된 기록인가 아니면 객관적 기록인가의 차이이다. **첫 번째 기록**은 영유아교사의 주관적 관찰에 근거한 기록이기에 기록의 내용에 영유아교사의

생각과 느낌이 포함되어 있어서 유아에 대한 발달 평가를 제대로 하기 어렵다. 그래서 첫 번째 기록을 읽고 '공룡을 좋아한다' '교사랑 친하다' 정도의 평가 밖에 내리기 어려웠을 것이다. 그러나 **두 번째 기록**은 가능한 객관적 기록을 유지하고 있기에 더 많은 발달 상황을 발견할 수 있다(예 공룡 좋아한다. 서열화 개념이 있다. 대상에 따른 높임말 사용이 가능하다. 자신의 이야기를 논리적으로 말할 수 있다. 죽어있는 사물을 살아있는 대상처럼 인식한다. 공룡의 이름을 많이 알고 있다. 여기와 저기의 지시대명사를 사용한다 등).

- 두 개의 기록에 소요되는 시간과 기록의 양에 많은 차이가 있을까? 아니다. 두 기록 모두 거의 동일한 시간과 기록의 양을 가지고 있다. 그렇다면, 어떻게 기록하는 것이 좋을지 판단하고 객관적인 기록을 하기 위해 노력해야 한다.

주관적 관찰기록은 여러 사람이 동의하기 어려운 개인적인 생각과 감정 등이 포함된 기록을 말한다(예 그 아이가 좋다, 사랑스럽다, 한참 동안, 높이, 많이, 잘한다 등). 영유아의 동일한 행동을 보고도 교사가 느끼는 생각과 감정 등은 교사에 따라 다를 수 있기에 주의해야 한다. 예를 들어 유아가 두 발을 모아 뛰기를 10cm 정도 했을 경우, 교사에 따라 높이 뛰었다고 생각하거나 평범하다고 생각할 수도 있다. 만약, 교사의 주관적 판단에 따라 이 상황을 "수아가 두 발을 모아 높이 뛰었다."고 기술한다면 유아의 발달상황을 정확하게 이해하기 어렵기에 유의해야 한다.

객관적인 기록은 여러 사람이 동의할 수 있는 요인들(예 눈에 보이는 물체의 색깔, 크기, 모양 등)로 진술되는 것을 말한다(예 오른손으로 빨간 자동차를 가르켰다. 한 발로 뛰면서 박수를 친다). 즉, 관찰 상황을 보지 않은 사람도 기록을 통해서 그 장면에 대해 유추가 가능하며, 기록된 사항을 읽고 행동으로 옮겼을 때 관찰했던 장면과 유사하게 연출되도록 기록해야 한다. 위에 제시되었던 유아의 두발 모아 뛰기 상황을 객관적 기록으로 옮긴다면 "수아가 두 발을 모아 높이 뛰었다."가 아닌 "수아가 두 발을 모아 약 10cm 정도 높이로 껑충 뛰었다."로 기술할 수 있다.

아래에 제시된 문장을 잘 살펴보고, 주관적인 기록에는 '주', 객관적인 기록에는 '객'이라고 표시해 보자.

① 수아가 좋아했다. ______
② 평균대 높이만큼 점프한다. ______
③ 준서가 교실 바닥을 잘 기어 다닌다. ______
④ 장난감을 잡고 "내거야"라고 말한다. ______
⑤ 착한 강한이가 친구에게 자기가 가지고 있던 블록 하나를 빌려주었다. ______
⑥ 그 아이는 말을 잘한다. ______
⑦ 수민이가 리더십을 보이며 놀자고 하자 친구들이 모여든다. ______
⑧ 1에서 10까지 수를 말로 센다. ______
⑨ 동생에게 욕을 한다. ______
⑩ '빙고' 노래에 맞춰 손뼉을 친다. ______
⑪ 스스로 화장실이 급한지 몸을 불안한 듯 움직인다. ______
⑫ 양말의 앞을 두 손으로 잡고 벗긴다. ______
⑬ 놀이 도중 소변이 급하였으나 놀이에 집중하였는지 바지에 실수를 하였다. ______
⑭ 놀이터 곳곳을 탐색하며 놀이기구를 이용하여 즐겁게 신체활동을 하였다. ______
⑮ 쌓기영역에서 집짓기에 대해 자신의 의견을 말하는 것을 즐거워한다. ______

③ 객관적 관찰기록 이해하기

관찰기록은 사실과 사건만을 담고 있는 객관적인 내용이어야 한다. 객관적 관찰기록은 교사의 개인적인 평가, 느낌, 판단은 제외하고 정물을 관찰한 경우에 사진을 찍어서 보여주는 수준으로 기록되어야 한다. 사물을 보지 않은 사람이 기록을 보고 그 물체가 떠오를 수 있도록 기록되어야 한다. 관찰 시에는 관찰 대상 인물의 외모와 행동도 비디오를 찍어서 보여주는 것처럼 기록되어야 한다.

여러 명의 사람들이 모였을 때 "오른 손을 번쩍 들고 반짝인다."를 행동으로 옮겨 보자. 그리고 나의 반응과 주변의 반응을 비교해 보자. 결과가 어떻게 나왔는가? 대다수의 주변 사람들이 나와 유사하게 행동했을 것이다. 이와 같이 기술된 내용을 행동으로 옮겼을 때 대부분이 유사한 반응을 보였다면 객관적으로 기록했다고 할 수 있다.

객관적 관찰기록을 위해 고려해야 할 사항은 다음과 같다.

1. **관찰 대상자가 행동한 것만을 기록한다.**
   ㊞ 1: 좋아했다. 신났다. → 입을 크게 벌리고 깔깔 소리 내어 웃었다. 어깨를 들썩이며 흥얼거렸다.
   ㊞ 2: 짜증냈다. → 자동차를 집어 던지며 소리를 질렀다.
2. **부사는 주의해서, 형용사는 적절하게 사용한다. 모호한 '부사'와 '형용사' 표현을 가급적 자제한다. 표준화된 수치(㊞ 분, cm 등)로 표현하기 어려우면 비표준화된 수치(㊞ 무릎 정도, 두 뼘, 한 팔 등)로 표현할 수 있다.**
   ㊞ 한참 동안 놀았다. → 약 15분 정도 놀았다.
   높이 뛰었다. → 유아 무릎 정도로 높이 뛰었다.
3. **대화는 직접화법으로 기록한다.**
   ㊞ 밥을 달라고 말한다. → "맘마"
   자동차라고 말한다. → "빠방~~~"
4. **관찰된 행동은 육하원칙에 맞게 기록한다. 누가, 언제, 어디서, 무엇을, 어떻게 했는지 상세히 기록한다.**
   ㊞ 역할영역에서 한참 놀고 있다. → 수아가 현수랑 역할영역에서 15분 째 공룡놀이를 하며 놀고 있다.
5. **행동은 질의 표현을 상세히 하도록 한다.**
   ㊞ 울다. → 엎드려서 소리를 내고 운다. 뒤로 넘어져서 발버둥 치며 운다. 소리를 내지 않고 눈물만 흘린다.

④ 행동의 질 표현 연습하기

객관적인 관찰 내용에서 보다 정확한 정보를 추출하기 위해서는 행동의 질을 정확하고 상세하게 표현하는 것이 중요하다. 이는 심리적인 부분들을 정확하게 해석할 수 있는 단서가 되고 관찰하는 영유아의 행동이 다른 영유아의 행동과 어떻게 구분되는지를 정확하게 설명해 줄 수 있다. 교사가 완벽하게 객관적일 수는 없으나 관찰 대상이 되는 사람들이 일상생활 속에서 무엇을 어떻게 하고 있는지 그 행동의 질을 설명하기 위한 노력을 잘 할수록 누구나 공감할 수 있는 해석과 평가를 끌어낼 수 있을 것이다. 예를 들면 '울다.'의 경우 '엎드려서 소리를 내고 운다.', '징징거리면서 운다.', '소리를 내지 않고 눈물만 흘린다.' 등으로 행동의 표현을 상세히 기술한다면 관찰 대상의 상황이나 특성에 대한 해석이 보다 객관적일 수 있다. 행동의 질을 잘 표현하기 위해서는 행동을 나타낼 수 있는 적절한 동사를 선택하여 잘 사용하는 것도 하나의 방법이다.

Workshop 3-3

● 행동의 질을 기록하기

- 다음에 제시된 행동을 나타내는 동사를 보고, 다양한 행동으로 표현되도록 동사 1개당 3개의 행동의 질을 기록한다. 이때, 유의할 것은 행동 자체에 초점을 두고 다양한 표현을 해야 한다. 예를 들어 '본다'의 경우 '주시한다', '한쪽 눈을 감고 본다', '실눈 뜨고 본다'의 경우는 행동의 질을 표현하는 것이나 '책을 본다', '나무를 본다'와 같은 경우는 목적이 되는 대상을 보는 행위를 기술하는 것이지 행동의 질을 표현하는 것은 아니므로 유의하여 기술한다.

웃다	
말하다	
걷는다	
뛴다	
본다	

⑤ 관찰된 내용과 해석된 내용 구분하기(관찰: O, 해석: I)

다음 제시된 문장을 보고 관찰된 내용이면 O, 해석한 내용이면 I로 표시한다.

번호	내 용	O/I
①	수아가 비행기를 잡고 "위웅~~" 소리를 내며 거실을 돌아다닌다.	
②	친구들과 함께 게임하기, 조작하기 등의 활동을 통해 자연스럽게 소근육과, 수학적 지식을 형성할 수 있다.	
③	그림책 속의 코끼리를 가리키며 "응"이라 소리 낸다. 교사가 "응, 코끼리 있어?"라고 말한다. 세현이는 "코"라고 말한다.	
④	교사가 "머리가 젖을 수도 있으니깐 샤워 캡을 쓰고 하면 좋겠다."라고 하자 준기는 샤워 캡을 두 개 가져와 하나는 준기가 쓰고 하나는 교사를 건네준다.	
⑤	준서는 형에게 자신의 장난감을 빌려주는 등 사회성이 잘 발달되어 있다.	
⑥	"이건 엄마야"라고 말하며 색연필을 이용해 왼손으로 그림을 그린다. 동그란 얼굴에 눈, 코, 입을 그렸다. 몸통은 없고 얼굴에 바로 손과 발을 붙여서 그렸다.	
⑦	현준이가 오른쪽 양말 끝을 두 손으로 잡고 벗으려 하나 양말 벗겨지지 않고 길게 늘어진다.	

⑥ 객관적 기록 문장 연습하기

다음 제시된 관찰기록에서 주관적인 부분을 지적하고 객관적인 기록으로 수정 기록한다.

Workshop 3-4

- **객관적 기록 문장 연습하기**

[객관적 기록연습 1]

수아가 가방을 메고 문 앞에서 서성이며 엄마를 쳐다본다. 걸어가기 싫은 모양이다. 어린이집 정문에서 보육실까지 보통은 곧장 잘 걸어 다니는 편이지만 오늘은 걸어가기 싫은지 문 앞에서 서성인다.

[객관적 기록연습 2]

골대에 공 넣기 활동을 하였다. 작은 공을 스스로 골대에 넣어 골인시키고 교사에게 골인했다고 이야기를 하였다. 크기가 큰 공을 넣으려고 하여 교사가 잘 들어가지 않을 것 같다고 알려주었다. 그러자 작은 공을 다시 들어 공 넣기 활동을 반복하고 교사가 조금 멀리서 던져보도록 격려하자 멀리서 또는 가까이서 던지기를 하였다.

3) 관찰 후 활동

영유아의 행동 관찰의 목적은 교사가 영유아의 개별적 발달특성을 이해하여 각각 영유아의 발달수준에 적절한 교수전략을 제공하는 것이다. 또한, 가정에게 영유아의 발달정보를 제공함으로 가정과 유아교육기관이 연계하여 영유아의 건강한 심신의 발달을 도모하고 행복한 삶을 살도록 하는 것에 있다. 이를 위해 영유아교사는 객관적 기록→발달평가→교육 및 보육과정에 반영하여 교수행동을 제공해야 한다.

Workshop 3-5

● **무엇으로 보이나요?**

• 아래 그림을 보고 무엇이라고 생각하는지 말해보자.

• 무엇으로 보이는가?

• 어떤 사람은 '오리'와 같은 조류라고 말하기도 하고, 혹은 그림 속에서 '토끼'를 볼 수도 있다. 만약, 위의 그림의 대상이 '토끼'인데 영유아교사가 그림을 보고 '조류'라고 판단했다면 계속 날아야 한다고 이야기하고, 훈련을 시킬 수 있다. 반면, 그림의 대상이 '조류'인데 영유아교사가 그림을 보고 '토끼'라고 판단했다면 계속 뛰어야 한다고 강조할 수 있다. 이처럼 영유아교사가 영유아 발달특성과 행동의 동기 등을 정확하게 판단하지 못했을 경우, 영유아에게 무리한 요구를 하거나 잘못된 교수전략을 제공할 수 있으니 유의해야 한다.

관찰 후에는 추론단계, 평가단계, 결과활동 단계가 진행된다. 이때 교사는 영유아 발달에 대한 이론적 지식에 근거하여 객관적으로 판단하는 것이 중요하기에 교사는 영유아의 발달을 이해하는 데 지속적으로 노력해야 한다.

(1) 추론

추론은 객관적 기록이 선행되어야 하며 관찰된 행동의 원인, 그 행동을 할 때의 감정들을 추측하는 것으로 어떤 행동이나 사건의 원인, 개인적 동기, 행동의 목적을 설명하려는 시도를 말한다. 기록에 제시되어 있는 것을 넘어서서 행동의 원인, 그 행동의 감정을 등을 추측해 보는 것으로 다양한 증거자료가 누적되었을 때 기록에 나타난 것에 근거해서 이루어져야 한다. 즉, 실제로 보지 못한 상황에 대해 추측하는 단계이다.

이 단계에서는 관찰자의 참여 대상에 대한 사전 정보나 발달이론에 대한 지식이 영향을 미치게 된다. 추론의 단계는 관찰자의 주관이 개입될 위험이 많은 단계이므로 매우 신중하게 이루어져야 한다. 어떤 추론을 내리려면 그러한 추론이 가능한 근거 행동을 명확히 하고 가능하면 한 가지 행동이 아닌 다양한 상황에서 나타나는 행동에 근거하여 추론을 내려야 한다.

(2) 평가

평가는 객관적으로 관찰 기록한 자료의 내용으로 영유아의 어떤 특성에 가치를 부여하는 것이다. 축적된 관찰 자료들을 각 누리과정(표준보육과정)영역별로 그리고 시간 순으로 편집하여 영유아들이 어떻게 발달하고 있는지, 그리고 그 발달의 수준이 어느 정도인지 판단하여 현재의 상태와 앞으로의 방향에 대해 평가를 하는 단계이다.

평가는 관찰에서 가장 주의를 기울여야 할 부분이다. 이는 영유아 행동에 어떤 가치를 부여하는 것이기 때문에 유아의 어떤 행동이 바람직한가 혹은 바람직하지 않은가, 긍정적인가 아니면 부정적인가, 정상적인 발달을 하고 있는가 아니면 발달이 지체되어 있는가를 판단하여 영유아 발달, 교육과정, 면담으로 활용할 수 있다.

(3) 결과 활용

관찰의 마지막 단계는 활용으로 관찰 기록의 내용과 해석을 자료로 영유아의 현재 상태를 평가하고 앞으로의 지도 방향에 대한 결론을 내리는 단계이다. 영유아를 관찰한 결과는 관찰의 목적에 따라 해석되고 평가되며 활용되어야 한다.

영유아의 성장과 변화에 대한 평가는 기관에 처음 들어왔을 때부터 시간이 흐르면서 보여준 변화를 볼 수 있도록 체계화하여야 한다. 특히 영유아교사는 각 영유아가 가지고 있는 독특한 특성을 보여줄 수 있는 다양한 증거를 찾아 분석할 수 있는 목록이나 형식을 사용하여야 한다. 영유아 전체의 평가 결과는 교육과정 계획에 반영하고 개별적인 상호작용의 수준을 정하게 될 것이다. 교육프로그램의 평가나 수정을 하게 되고 이로 인해 교사는 다양한 교수법을 개발할 수도 있다. 더 나아가 관찰을 통한 평가 자료는 부모와의 면담 자료로 이용하거나, 추후 영유아를 다른 기관에 의뢰할 때 기초 자료를 제공하는 등의 방식으로 활용할 수 있다.

- 추론단계(행동의 동기, 원인, 목적 등을 추측): 관찰 후에는 눈에 보이는 행동 이면에 있는 행동의 원인, 감정 등을 추측한다.
- 평가단계(행동에 대한 가치부여): 축적된 관찰 자료(기록+해석)를 바탕으로 현재의 상태와 앞으로의 방향에 대한 평가를 한다.
- 결과활용단계: 자료를 다양한 방면으로 활용한다(교육 및 보육과정에 반영, 영유아평가, 부모면담 자료로 활용).

❖ 표 3-3 관찰단계의 사례

구 분	내 용
관찰기록	영광이가 모래밭에서 성을 쌓고 있다. 놀이터를 돌아다니던 영진이가 영광이 옆으로 온다. 영광이가 영진에게 “영진아, 내가 만든 성이다!”라고 이야기하자 영진이는 “와~! 내가 성으로 들어가야지”라며 손으로 성 안에 들어가는 흉내를 내다가 성을 부순다. 영광이는 화가 나서 영진이를 밀쳤고 영진이는 옆에 있던 기둥에 머리를 부딪친다. 영진이는 울면서 교사에게 달려와 “선생님! 영광이가 저를 밀었어요”라고 이야기한다.

구분	내용
해석 및 추론	영광이는 자신이 만든 성을 영진이에게 자랑하고 싶었던 반면 영진이는 성을 구경하는 것보다 함께 놀이하는 것에 더욱 관심이 있었다. 그래서 성에 들어가려고 했던 것인데 모래성을 부수었다. 자신이 의도한 것은 아니었지만 영광이가 화를 내며 자신을 밀자 교사에게 영광이가 자기를 밀었다고 이야기하며 부정적인 방법으로 대응하였다.
평가	영광이는 화가 났을 때 물리적인 방법으로 해결하기보다는 대화로 해결하는 방법을 배울 필요가 있다. 또한 영진이는 의도적은 아니었지만 친구의 모래성을 무너뜨렸을 때 자신의 행동에 대해 즉각적인 사과를 하는 방법을 배울 필요가 있다.

Tip

영유아 발달 이해를 위한 참고 자료

관찰 후 활동 영유아 발달에 대한 영유아교사의 판단과 적절한 교사의 역할에 대한 이해를 돕기 위해 참고할 자료는 다음과 같다.

- **영아: 보건복지부(2014). 어린이집 표준보육과정에 기초한 영아보육프로그램 운영의 이해**

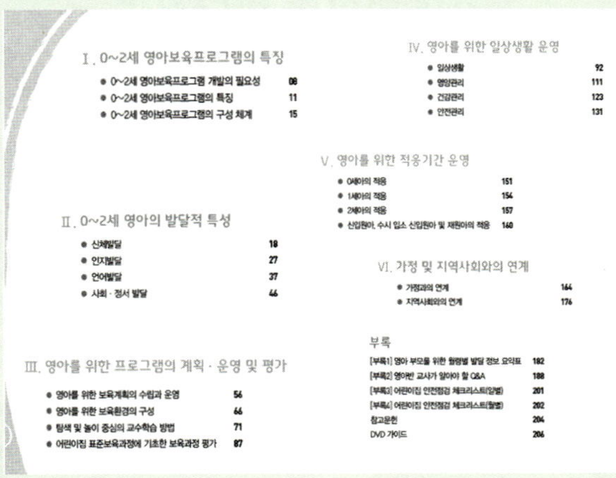
Ⅰ. 0~2세 영아보육프로그램의 특징
- 0~2세 영아보육프로그램 개발의 필요성 08
- 0~2세 영아보육프로그램의 특징 11
- 0~2세 영아보육프로그램의 구성 체계 15

Ⅱ. 0~2세 영아의 발달적 특성
- 신체발달 18
- 인지발달 27
- 언어발달 37
- 사회·정서 발달 46

Ⅲ. 영아를 위한 프로그램의 계획·운영 및 평가
- 영아를 위한 보육계획의 수립과 운영 56
- 영아를 위한 보육환경의 구성 66
- 탐색 및 놀이 중심의 교수학습 방법 71
- 어린이집 표준보육과정에 기초한 보육과정 평가 87

Ⅳ. 영아를 위한 일상생활 운영
- 일상생활 92
- 영양관리 111
- 건강관리 123
- 안전관리 131

Ⅴ. 영아를 위한 적응기간 운영
- 0세아의 적응 151
- 1세아의 적응 154
- 2세아의 적응 157
- 신입원아, 수시 입소 신입원아 및 재원아의 적응 160

Ⅵ. 가정 및 지역사회와의 연계
- 가정과의 연계 164
- 지역사회와의 연계 176

부록
[부록1] 영아 부모를 위한 월령별 발달 정보 요약표 182
[부록2] 영아반 교사가 알아야 할 Q&A 188
[부록3] 어린이집 안전점검 체크리스트(일별) 201
[부록4] 어린이집 안전점검 체크리스트(월별) 202
참고문헌 204
DVD 가이드 206

0~2세 영아의 발달적 특성

신체발달 | 인지발달 | 언어발달 | 사회·정서발달

신체발달단계 총괄표

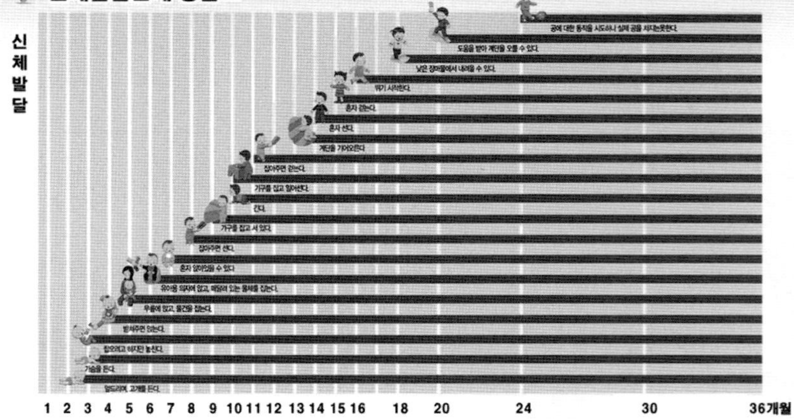

[출처: Santrock 2005. p. 187]

0~2세 영아의 발달적 특성

신체발달 | 인지발달 | 언어발달 | 사회·정서발달

신체발달관련 세부내용 및 교사의 역할

개월	영역	세부내용	교사의 역할
7~12 개월 (0~1세 보육 과정 2수준)	신체운동	◦ 시각, 청각, 촉각, 후각, 미각으로 자극을 느낀다. ◦ 시각, 청각, 촉각, 후각, 미각으로 자극에 반응한다. ◦ 감각기관으로 주변 환경을 탐색한다. ◦ 주요 신체 부분의 움직임을 탐색한다. ◦ 붙잡고서 있기 등의 자세를 취한다. ◦ 누웠다 앉기 등 몸의 움직임을 조절한다. ◦ 눈과 손을 협응하여 소근육을 활용해 본다. ◦ 기기, 걷기 등 이동운동을 시도한다. ◦ 팔 다리 뻗기, 흔들기 등 제자리 운동을 시도한다. ◦ 몸을 활발히 움직인다. ◦ 규칙적으로 바깥환경을 경험한다. ◦ 간단한 기구를 이용하여 신체활동을 시도한다.	◦ 교사는 여러 가지 위치에서 영아를 서거나 앉게 한다. 서는 법을 배우면 책상 위에 놀잇감을 놓아주고 서서 가지고 놀 수 있게 한다. ◦ 이동성과 탐색행동이 보다 확장되는 시기이므로 운율적인 흥얼거림에 맞추어 신체적인 활동을 하거나 탁자 아래 통과하기 등 활발하게 움직일 기회를 준다. ◦ 엄지와 검지를 이용하여 집기, 뚜껑 맞추어 보기, 두드려 보기 등 주변의 용품 등을 이용하여 다양한 소근육 활동을 한다. ◦ 영아는 여러 가지 새로운 기술을 매우 빨리 배우지만 연습하여 익숙해지는 데는 시간이 필요하다. 영아의 여러 가지 도전적 시도에 대한 움직임을 주의 깊게 관찰해야 한다. ◦ 손뼉을 치거나 양손에 물건을 잡고 두드리기, 구멍 안으로 집어넣기 등 소근육 활동을 많이 하게 되는데, 충분히 반복할 수 있도록 자료와 환경을 마련해준다. ◦ 어떤 영아는 아주 잘 기지만 다른 영아는 걷기도 하는 등 개인차가 크게 나타나는 시기이다. 하지만 걷기 전에 기는 행동이 꼭 필수적이지 않으므로 교사는 영아의 특정한 기질을 이해하여 적합한 활동을 시도해 본다. ◦ 의도적으로 용기 안에 물건을 떨어뜨리는 놀이에 흥미를 보인다. 때론 식탁의자에 앉아서도 음식이나 놀잇감을 떨어뜨릴 때가 있으므로 이런 행동을 보일 때는 놀이로 전환하여 적절한 자료와 환경을 제공한다. ◦ 영아가 스스로 걷기 시작하면서 걷는 것에 열중하게 된다. 그러나 아직 몸의 조절이 잘 되지 않아 넘어지거나 다치기도 하고 앞에 장애물을 잘 넘지 못하므로 교사는 주의해서 살펴보아야 한다.
	예술경험	◦ 손발 흔들기와 몸 움직임으로 반응한다.	

어린이집 표준보육과정에 기초한 영아보육프로그램 운영의 이해(보건복지부, 2014)는 보건복지부에서 발행한 영아보육프로그램세트의 제일 앞의 총론에 해당하는 책이다. 이 책은 영아영유아교사라면 한번쯤 읽어야 할 만큼 영아보육프로그램의 특징, 발달적 특성, 프로그램의 계획 · 운영 · 평가, 일상생활 운영, 연령별 적응기간 운영, 가정 및 지역사회와의 연계 등 영아보육의 전반적인 내용을 소개하고 있다. 특히, 영아발달에 대해서는 연령별로 신체, 인지, 언어, 사회, 정서 발달 등 전인적 발달적 특징을 표준보육과정의 영역과 수준을 고려하여 6개월 단위로 세부내용을 소개하고 있으며, 발달에 따른 교사의 전문적 역할에 대해 기술하고 있다. 따라서 영아반 영유아교사는 발달의 세부내용과 교사의 역할을 참고하여 관찰일지의 해석 및 평가, 교수전략을 기술하거나 보육일지의 보육과정 평가를 하는 데 참고할 수 있다.

- 유아

– **경기도유아교육진흥원(2013). 3~5세 연령별 누리과정 평가 예시문**

연령별 누리과정 평가 예시문(경기도유아교육진흥원, 2013)은 3~5세 유아의 누리과정의 영역 및 내용범주와 연결하여 실행수준을 상 · 중 · 하로 구분하여 기술하고 있다. 특히, 발달수준의 '하'에 해당하는 내용에 대한 기록이 사실적이고, 객관적으로 기술되어 있어 부모면담 시 유용하게 사용될 수 있다.

3세 누리과정 내용별 평가예시문 상-중-하 수준비교

I. 신체운동 건강

내용	상	중	하
감각능력 기르고 활용하기	• 여러 가지 감각적 차이를 경험하는 활동에 즐겁게 참여하고 그 느낌을 표현합니다. • 주변 환경을 파악하기 위해서 여러 가지 감각기관을 사용할 수 있음을 알고 활용합니다.	• 여러 가지 감각적 차이를 경험하는 활동에 즐겁게 참여합니다. • 주변 환경을 파악하기 위해서 여러 가지 감각기관을 사용하려고 노력합니다.	• 감각적 차이를 느껴보는 활동에 참여하나, 그 느낌을 표현하는 것에 관심이 부족합니다. • 주변 환경을 파악하기 위해서 다양한 감각기관을 사용하는 경험이 요구됩니다.
신체를 인식하고 움직이기	• 신체의 명칭에 관심을 가지고 각 부분을 움직여 보는 활동에 참여합니다. • 자신의 신체적 능력을 긍정적으로 인식하며 자신감을 가지고 신체활동에 즐겁게 참여합니다.	• 신체의 명칭에 관심을 보이며 각 부분을 움직여 보는 활동에 참여하려고 노력합니다. • 자신의 신체적 능력을 긍정적으로 인식하며 신체활동에 참여합니다.	• 신체의 명칭을 알아보고 움직이는 활동에 적극적인 참여가 요구됩니다. • 자신의 신체를 긍정적으로 인식하나 신체활동 참여가 소극적입니다.
신체조절하기	• 걷거나 서 있을 때 신체 균형을 잘 유지합니다. • 공간, 힘, 시간 등 움직임의 요소를 경험하는 활동에 적극적으로 참여합니다. • 신호에 따라 멈추거나 방향을 바꾸는 등 움직임을 조절할 수 있습니다. • 간단한 퍼즐맞추기 등 눈과 손을 협응하여 소근육을 조절할 수 있습니다.	• 걷거나 서 있을 때 신체 균형을 유지하려고 노력합니다. • 공간, 힘, 시간 등 움직임의 요소를 경험하는 활동에 참여하려고 노력합니다. • 신호에 따라 멈추거나 방향을 바꾸는 등 움직임을 조절하려고 노력합니다. • 간단한 퍼즐맞추기 등 눈과 손을 협응하여 소근육을 조절하려고 노력합니다.	• 걷거나 서 있을 때 신체 균형을 유지하기 어려워합니다. • 공간, 힘, 시간 등 움직임의 요소를 경험하는 활동이 필요합니다. • 신호에 따라 멈추거나 방향을 바꾸는 등 움직임 조절을 어려워합니다. • 간단한 퍼즐맞추기 등 눈과 손을 협응하려고 노력합니다.
기본운동하기	• 선을 따라 걷고 달리기 등 이동운동을 할 수 있습니다. • 제자리에서 구부리기, 뻗기, 흔들기 등의 운동을 할 수 있습니다.	• 선을 따라 걷고 달리기 등 이동운동을 하려고 노력합니다. • 제자리에서 구부리기, 뻗기, 흔들기 등의 운동을 하려고 노력합니다.	• 선을 따라 걷고 달리기 등 이동운동을 어려워합니다. • 제자리에서 구부리기, 뻗기, 흔들기 등의 운동을 어려워합니다.

– **이미화 외(2013). 3, 4세 누리과정 유아관찰척도 개발**

3, 4, 5세 누리과정 유아관찰척도(육아정책연구소, 2013) 역시 3~5세 유아의 누리과정의 영역 및 내용범주와 연결하여 영유아교사가 관찰할 수 있도록 관찰문항을 제시하였다. 실행수준은 우수, 보통, 미흡으로 구분하였으며 영유아고사가 평가준거를 보고 유아에게 해당하는 내용에 체크하도록 제작되었다.

〈표 VI-6-1〉 누리과정 3-5세 신체운동·건강 영역 관찰척도

연령	관찰문항	우수(3)	보통(2)	미흡(1)
3세	1-1. 감각적 차이에 관심을 보인다.			
	1-2. 신체의 명칭을 알고 움직임에 관심을 갖는다.			
	1-3. 자신의 신체적 특성을 긍정적으로 인식한다.			
	1-4. 몸의 균형을 유지하고 신체 각 부분의 움직임을 조절해본다.			
	1-5. 소근육을 조절해 본다.			
	1-6. 기본운동 동작을 한다.			
	1-7. 신체활동이나 바깥놀이에 참여한다.			
	1-8. 운동기구나 시설을 스스로 이용한다.			
	1-9. 자신의 몸과 주변을 깨끗이 한다.			
	1-10. 음식을 골고루 먹는다.			
	1-11. 바른 태도로 식사한다.			
	1-12. 건강한 생활을 한다.			
	1-13. 놀이기구, 놀잇감, 놀이장소, 미디어를 안전하게 사용한다.			
	1-14. 기본교통수칙과 교통수단의 안전한 이용법을 알고, 경험한다.			
	1-15. 위험한 상황에 대처하거나 도움을 요청하는 방법을 안다.			
4세	1-1. 감각적 차이를 구분한다.			
	1-2. 신체의 명칭과 기능을 알고 움직인다.			
	1-3. 자신의 신체적 특성이나 다른 사람과의 차이를 긍정적으로 이해한다.			
	1-4. 균형감과 조절능력을 보이며 대근육을 조절한다.			
	1-5. 눈과 손을 협응하여 소근육을 조절해 본다.			
	1-6. 이동운동과 제자리운동을 한다.			
	1-7. 적극적이고 지속적으로 신체활동이나 바깥놀이에 참여한다.			
	1-8. 운동기구나 시설을 이용한 신체활동을 한다.			
	1-9. 자신의 몸과 주변을 깨끗이 한다.			
	1-10. 몸에 좋은 음식에 관심을 갖고 골고루 먹는다.			
	1-11. 식사예절을 알고 바른 자세로 식사한다.			
	1-12. 건강하고 청결한 일상생활을 한다.			
	1-13. 놀이기구, 놀잇감, 놀이장소, 미디어를 안전하게 사용한다.			
	1-14. 기본교통수칙과 교통수단의 안전한 이용법을 알고 지킨다.			
	1-15. 위험한 상황에 대처하거나 도움을 요청하는 방법을 알고 실천한다.			

(표 VI-6-1 계속)

연령	관찰문항	우수(3)	보통(2)	미흡(1)
5세	1-1. 감각으로 대상이나 사물을 구분한다.			
	1-2. 신체의 명칭과 기능을 알고 활용하여 움직인다.			
	1-3. 자신의 신체적 특성이나 다른 사람과의 신체적 능력 차이를 긍정적으로 이해한다.			
	1-4. 신체 각 부분을 협응하여 신체균형을 유지한다.			
	1-5. 도구를 사용하여 소근육 활동을 수행하고 소근육을 협응한다.			
	1-6. 숙달된 이동운동과 제자리운동을 스스로 한다.			
	1-7. 자발적이고 지속적으로 신체활동이나 바깥놀이에 참여한다.			
	1-8. 운동기구나 시설을 자유롭게 이용하여 신체활동을 한다.			
	1-9. 자신의 몸과 주변을 자발적으로 깨끗이 한다.			
	1-10. 몸에 좋은 음식에 관심을 갖고 적당량의 음식을 골고루 먹는다.			
	1-11. 음식을 소중히 여기고 바른 태도로 식사한다.			
	1-12. 건강하고 청결한 일상생활을 한다.			
	1-13. 놀이기구, 놀잇감, 놀이장소, 미디어를 스스로 안전하게 사용한다.			
	1-14. 기본교통수칙과 교통수단의 안전한 이용법을 알고 적극적으로 실천한다.			
	1-15. 위험한 상황에 대처하거나 도움을 요청하는 방법을 알고 실천한다.			

나. 의사소통 영역 관찰척도

의사소통 영역 3, 4, 5세 유아관찰척도는 다음 <표 VI-6-2>와 같다.

〈표 VI-6-2〉 누리과정 3-5세 의사소통 영역 관찰척도

연령	관찰문항	우수(3)	보통(2)	미흡(1)
3세	2-1. 일상생활과 관련된 친숙한 낱말과 문장을 듣고 이해한다.			
	2-2. 다른 사람의 이야기를 관심 있게 듣는다.			
	2-3. 동요, 동시, 동화를 다양한 방법으로 듣고 즐긴다.			
	2-4. 말하는 사람을 바라보며 듣는다.			
	2-5. 새로운 낱말에 관심을 가지며 간단한 문장으로 말한다.			
	2-6. 자신의 느낌, 생각, 경험을 말한다.			

2. 관찰자의 태도

영유아를 대상으로 관찰연구를 하는 경우에 관찰자가 갖추어야 할 가장 중요한 자세는 개개인의 인권을 존중하고 권리를 보호해 주는 태도이다. 그러므로 영유아를 관찰하는 관찰자는 그 결과를 다른 사람과 공유하는 것에 매우 신중해야 한다. 관찰결과를 이야기할 때 오직 대상 영유아에 대해서만 이야기하도록 주의하고 자료를 공개해야만 하는 경우라면 영유아의 이름과 그 영유아를 식별할 수 있는 표시를 제거해야 한다. 또한 가능한 한 객관적으로 관찰한 영유아의 행동에 주로 초점을 맞

추어 이야기할 수 있도록 한다.

오랫동안 영유아를 관찰하다 보면 많은 정보를 수집하게 되고, 본의 아니게 관찰자가 주관적인 판단을 하게 되는 경우가 있다. 이러한 주관적 판단은 관찰의 큰 오류이므로 관찰시간이 끝날 때까지 관찰자의 본분을 잊지 말고 목표행동에 초점을 맞추어 객관적으로 관찰하도록 해야 한다. 관찰자의 태도를 다음과 같이 다섯 가지로 정리할 수 있다.

첫째, 관찰 시 영유아들의 놀이에 방해하지 않도록 주의해야 한다. 관찰의 목적에 따라 다르겠지만 보통 영유아의 놀이에서 많은 정보를 얻을 수 있기에 영유아들이 자유롭게 놀이할 수 있도록 해야 한다. 이에 관찰자는 사전 소개를 통해 영유아가 성인을 탐색할 수 있도록 하며 관찰을 위해 위치 선정도 중요하므로 영유아의 놀이 계획 및 진행·확장에 방해가 되지 않도록 주의해야 한다.

둘째, 영유아에 대한 주관적 판단보다는 객관성을 유지하는 것이 요구된다. 관찰과 평가 시 교사의 편견을 배제하도록 노력해야 한다.

셋째, 1회 관찰로 영유아를 판단하기보다는 다양한 방법을 이용하여 체계적이고, 지속적으로 관찰하여 영유아를 이해해야 한다.

넷째, 관찰을 하면서 알게 되는 영유아나 가족 관련 모든 정보들이 기관 내 교직원 사이에 가십거리가 되거나 외부에 유출되지 않도록 비밀을 유지해야 한다(※개인정보보호법에 유의).

다섯째, '아는 만큼 보인다.'라는 말처럼 영유아 관찰에 대한 평가는 교사에 발달에 대한 지식과 이해에 기초하므로 영유아 발달을 이해하도록 끊임없이 연구하고 노력해야 한다.

3. 관찰도구 검색

1) 관찰도구 선택 시 고려할 사항

관찰자는 체계적인 절차와 객관적인 기록을 위해 관찰도구와 관찰기법을 선택해야 한다. 영유아를 관찰하기 위해 적절한 관찰도구를 선정한다며 관찰한 행동에 대해 타당하게 설명할 수 있다. 이에 관찰도구를 선택할 때 고려해야 할 내용은 다음과 같다(김지은 · 김진숙, 1999).

<table>
<tr><th></th><th>고려사항</th><th colspan="2">내용</th></tr>
<tr><td rowspan="3">1</td><td rowspan="3">도구는 어떤 목적으로 만들어졌는가?</td><td colspan="2">• 진술한 목적과 일치하는가?</td></tr>
<tr><td colspan="2">• 무엇을 관찰할 것인가?</td></tr>
<tr><td colspan="2">• 특별한 이론적 접근에 의해 절차가 제한되는가?</td></tr>
<tr><td rowspan="4">2</td><td rowspan="4">관찰자 신뢰도는 얻을 수 있는가?</td><td colspan="2">• 관찰하려고 하는 행동은 중복되지 않고 철저한 항목 분류가 되는가?</td></tr>
<tr><td colspan="2">• 두 사람 이상의 관찰자가 관찰한 행동을 같은 항목으로 분류할 수 있을 만큼 항목의 범위가 좁은가?</td></tr>
<tr><td colspan="2">• 관찰자 해석은 필요한가 혹은 필요하지 않는가?</td></tr>
<tr><td colspan="2">• 신뢰도가 제시되었는가?</td></tr>
<tr><td rowspan="2">3</td><td rowspan="2">어떤 도구가 사용되었는가?</td><td colspan="2">• 항목체계: 관찰한 모든 행동의 단위가 열거한 항목의 하나로 분류된다.</td></tr>
<tr><td colspan="2">• 부호체계: 먼저 뽑아 놓은 행동의 단위가 일정시간 동안 관찰될 수 있고, 관찰 안 될 수도 있다.</td></tr>
<tr><td rowspan="3">4</td><td rowspan="3">적절한 표집 절차가 사용되는가?</td><td>표집방법</td><td>• 시간표집: 정해진 시간 내에 행동이 일어났는가를 기록
• 사건표집: 사건이 일어날 때마다 기록</td></tr>
<tr><td>실행가능성</td><td>• 표집대상인 개인을 어떻게 관찰할 것인가?
• 관찰시간
• 정해진 시간과 대상 내에서 자세한 관찰이 가능하가?</td></tr>
<tr><td>기록방법</td><td>• 기록방법이 복합한가?
• 세기표(/) 혹은 부호가 사용되었는가?
• 부호를 사용한다면 기록용지에 부호가 나타나 있는가?
• 기록용지의 작성</td></tr>
</table>

<table>
<tr><th></th><th>고려사항</th><th colspan="2">내용</th></tr>
<tr><td>4</td><td>적절한 표집 절차가 사용되는가?</td><td>대표성</td><td>• 행동의 표집 크기
• 관찰시간
• 대상 크기</td></tr>
<tr><td rowspan="2">5</td><td rowspan="2">타당도는 언급되었는가?</td><td colspan="2">• 관찰한 행동이 추록이나 해석과 관련이 있는가?</td></tr>
<tr><td colspan="2">• 관찰자 편견이 나타나 있는가?</td></tr>
<tr><td>6</td><td colspan="3">관찰도구를 사용하기 위해 훈련기간이 얼마나 필요한가?</td></tr>
<tr><td>7</td><td colspan="3">다른 연구에서 관찰도구를 사용해 보고된 것이 있으면 그 결과는 어떠한가?</td></tr>
<tr><td>8</td><td colspan="3">목적에 맞도록 관찰도구의 어떤 부분을 수정해야 하는가?</td></tr>
</table>

2) 관찰도구 검색

관찰도구를 검색하기 위해서는 관찰목적에 맞는 도구를 찾아야 한다. 이에 인터넷 전자도서관으로 주제어 검색을 통해 국내 도구뿐만 아니라 해외 도구도 손쉽게 찾을 수 있다. 너무 편리해진 방법 때문에 수많은 도구를 속에서 목적에 맞추어 적합하고 신뢰할 만한 도구를 찾아내는 방법을 모색해야 한다.

❖ **표 3-5** 도구와 관련된 국내 · 외 주요 자료 검색 사이트

기관명(웹사이트)	특 징
한국교육학술정보원 (KERIS) (http://www.riss4u.net)	• 국내 1,100개 학회 및 대학부설연구소 발행 학술지에 수록된 논문 64만 건의 원문 및 해외 학술지에 수록된 논문 1,500만 건 검색 가능 • 국내 100여 개 대학도서관 수여 석 · 박사 학위 논문 20만 건 및 내국인의 해외 취득 박사학위논문 2만 건의 원문 제공 • 국내 420여 개 대학/전문도서관이 소장하고 있는 단행본 및 비도서 자료 620만 건(CD-ROM, 비디오 등) • 국내 학술지 35,000여 종과 해외 학술지 67,000여 종의 검색 및 권, 호별 소장정보 확인
국가전자도서관 (http://www.dlibrary.go.kr)	• 7개 참여기관 36종의 데이터 베이스 검색 및 원문 제공 • 국내 · 외 도서관, 유관기관, 국제기구들의 웹사이트 링크

기관명(웹사이트)	특 징
국회도서관 (http://www.nanet.go.kr)	• 석 · 박사학위, 국내학술잡지, 세미나자료, 정기간행물 원문 DB구축 • 단행본, 국내 정부간행물, 신문검색 목록과 외국학술잡지 색인 제공
한국교원대학교 교육연구정보서비스 (http://eris.knue.ac.kr)	• 국내 · 외 교육학 관련 사이트의 자료검색 사이트와 자료실을 링크 • 국내 · 외 학위논문 원문 제공
누리미디어 DBPIA (http://www.dbpia.co.kr)	• 인문/사회/어문/경제, 경영/교육/신학/법학, 행정/의학/예체능/공학/자연과학 11개 분야의 총 285개 학회, 협회 및 출판사에서 발행하는 600여 종의 정기간행물을 창간호에서부터 최근호까지 데이터베이스화
한국학술정보(주) (http://kiss.kstudy.com)	• 80만 편의 국내학술지, 대학간행물, 연구논문집 제공
학지사 학술논문원문서비스 (http://www.newnonmum.com)	• 어문학, 인문과학분야, 사회과학분야, 교육 분야, 기타 분야의 국내 학위, 학술논문 검색과 원문 제공 • 국내 · 외 기관과 학교 도서관 홈페이지 검색 사이트 링크
한국교육개발원 (http://www.kedi.re.kr)	• 교육 관련 세미나, 토론회 자료 한국교육개발원 연구보고서 • 학술지『한국교육』,『교육개발』제공
한국교육과정평가원 (http://www.kece.re.kr)	• 한국교육과정평가원 주요 연구 사업에 대한 연구보고서 초록 및 자료 제공 • 교육관련 세미나 자료 제공 • 기관지『교육광장』과 학술지『교육과정평가연구』제공
교육과학기술부 (http://www.mest.go.kr)	• 교육정책 자료 및 정책연구보고서 제공 • 기관 보고서와 간행물 자료 제공 • 해외주개관의 수집 자료와 대학 입학관련 등의 교육자료 제공
한국학술진흥재단 (http://www.krf.or.kr)	• 재단소개, 학술대회 일정, 이공계 장학금, 연구자 정보 교류 수록
학지사 심리검사 연구소 (http://www.kops.co.kr/psycholohy_test/)	• 심리검사 도구 구입 • 온라인 검사 실시 • 채점프로그램 제공

(1) 한국교육학술정보원(RISS)에서 도구 검색하는 방법

첫째, 한국교육학술정보원 홈페이지(www.riss.kr)에 접속하여 회원가입을 한 후 로그인한다(학교기관으로 등록하는 경우에는 내 정보에서 기관등록란을 작성한다).

둘째, 검색란에 도구와 관련된 주제를 입력한 후 자료를 검색한다. 검색어 입력 시, 검색어 자동완성기능을 제공된다. 검색어 자동완성기능이란, 기재한 검색어와 관련하여 가장 많이 검색되는 단어 및 어구를 자동으로 제시해 주는 서비스이다.

셋째, 검색된 자료의 하단의 원본보기를 클릭하면 Acrobat Reader를 이용하여 모니터로 원문보기를 할 수도 있고, 파일로 저장하거나 프린트할 수 있다.

(2) 출판사 및 연구소에서 도구 검색하는 방법

첫째, 출판사 및 연구소 사이트에서 회원가입을 한 뒤 로그인을 한다.

둘째, 관찰 절차 및 목적에 맞춰 도구를 검색한다.

셋째, 검색된 도구를 클릭하면 도구의 특성, 도구 사용법 등에 대한 설명을 확인하고 구입할 수 있다.

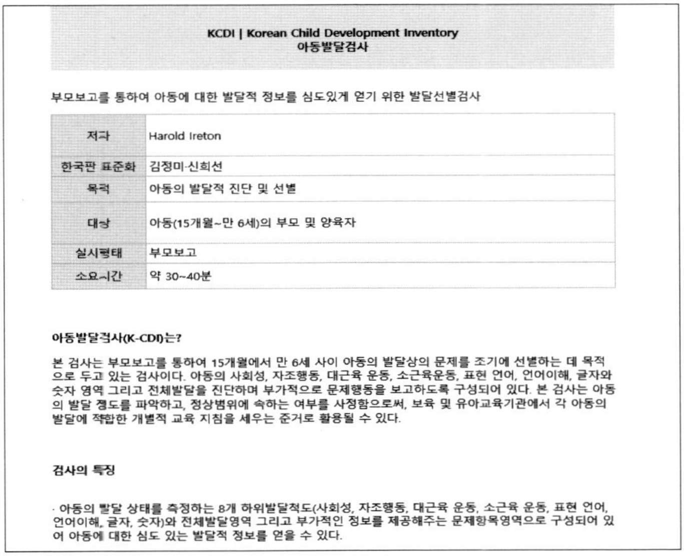

KCDI | Korean Child Development Inventory
아동발달검사

부모보고를 통하여 아동에 대한 발달적 정보를 심도있게 얻기 위한 발달선별검사

저자	Harold Ireton
한국판 표준화	김정미·신희선
목적	아동의 발달적 진단 및 선별
대상	아동(15개월~만 6세)의 부모 및 양육자
실시형태	부모보고
소요시간	약 30~40분

아동발달검사(K-CDI)는?

본 검사는 부모보고를 통하여 15개월에서 만 6세 사이 아동의 발달상의 문제를 조기에 선별하는 데 목적으로 두고 있는 검사이다. 아동의 사회성, 자조행동, 대근육 운동, 소근육운동, 표현 언어, 언어이해, 글자와 숫자 영역 그리고 전체발달을 진단하며 부가적으로 문제행동을 보고하도록 구성되어 있다. 본 검사는 아동의 발달 정도를 파악하고, 정상범위에 속하는 여부를 사정함으로써, 보육 및 유아교육기관에서 각 아동의 발달에 적합한 개별적 교육 지침을 세우는 준거로 활용될 수 있다.

검사의 특징

· 아동의 발달 상태를 측정하는 8개 하위발달척도(사회성, 자조행동, 대근육 운동, 소근육 운동, 표현 언어, 언어이해, 글자, 숫자)와 전체발달영역 그리고 부가적인 정보를 제공해주는 문제항목영역으로 구성되어 있어 아동에 대한 심도 있는 발달적 정보를 얻을 수 있다.

4. 관찰의 윤리적 지침

윤리적인 측면에서 보면, 영유아도 하나의 인격체로서 존중되어야 하므로 관찰을 수행함으로써 영유아에게 신체적 또는 심리적으로 해로운 영향을 끼칠 수 있다는 가능성을 염두에 두어야 한다. 관찰의 궁극 목적이 이론을 정립하거나 인간생활을 개선하기 위함이거나 복지향상을 위한 경우이라도 관찰에 참여하는 영유아들의 인격 및 심리침해가 없어야 하며 특히 관찰 대상자의 인권존중, 비밀을 보장하는 원칙이 필요하다.

인간을 대상으로 하는 연구자는 성인이든 영유아든 피험자의 개인적 권리를 존중하고, 피험자의 권익을 보호해야 한다. 더구나 영유아는 자신의 일에 대한 의사결정 능력이 부족하고, 좌절이나 지나친 긴장 등으로 인해 성인보다 더 심하게 영향을 받을 수 있기 때문에 관찰자의 책임은 더 무거워지고 많은 제한을 받게 된다. 또한 영유아를 대상으로 하는 연구가 성인을 대상으로 하는 연구와 다른 점은, 의사결정능력이 미비하거나 없기 때문에 당사자의 동의를 구할 수 없는 만큼, 부모나 기타 친권을 대리할 수 있는 법정후견인의 대리동의가 필요하다는 것과 각별한 인권 보호요청에 따라서 시험에 따르는 위험과 이익의 형량에 더 엄격한 기준을 요한다는 점이다. 이러한 점을 고려하여 영유아를 대상으로 하는 연구자들은 아동의 권익을 보호할 수 있는 보다 적극적인 방안을 마련해야 한다.

미국 아동발달연구회에서 정한 22가지 윤리적 원칙과 한국아동권리학회(2005)에서 제시한 윤리기준 안(案)을 통합하여 다음과 같이 정리하고자 한다.

① 영유아 심신의 피해가 없어야 한다.

관찰에 참여하는 영유아의 심신의 피해가 없어야 한다. 이는 영유아가 관찰로 인해 건강에서부터 심리적으로 스트레스를 유발하지 않도록 설계되어야 한다. 관찰 시 영유아가 심신의 피해를 입을 수 있다고 판단될 경우 설계를 개선시키며 전문가의 자문을 구하고 다른 방법으로 연구 자료를 수집하여 치밀하게 준비해야 한다.

② 영유아와 부모의 동의를 받아야 한다.

영유아의 발달에 적합하게 구체적이고 평이하며 쉽게 참여의사를 묻고, 영유아가 구두로 동의하도록 해야 하며 이 과정을 참여한 목격자(성인)의 서면동의를 받아야 한다. 자유롭게 읽고 쓰기를 할 수 있는 연령의 유아에게는 서면동의를 받을 수 있다.

영유아의 보호자인 부모에게는 서면동의를 받아야 하는데 서면동의서에는 연구의 목적, 방법, 기간, 장소, 절차, 연구를 통한 부정적 또는 긍정적 영향, 비밀 보장 등을 설명하고 결과를 판단할 수 있어야 한다. 영유아의 목소리를 녹음하거나 영상을 담을 경우에도 부모의 서면동의서가 포함되어야 한다.

③ 영유아와 부모에게 정직하고 충분하게 설명한다.

영유아와 부모에게 관찰에 대해 정확하며 충분하게 설명해야 한다. 혹시 관찰상 불가피하게 영유아를 속여야 할 경우는 자료 수집 후 이를 설명해 줌으로써 영유아의 심리적 피해를 예방해야 한다. 연령이 낮을 경우는 구체적인 설명으로 자세히 알려주며, 설명하고 부정적인 결과를 보일 경우는 전문가 및 부모에게 자문과 동의를 얻어야 한다.

④ 보상은 공정하고 신중하게 이루어져야 한다.

영유아나 부모에게 보상을 할 경우에는 참여 여부에 대한 자발적인 결정에 영향을 미치지 않도록 최선을 다해서 이루어져야 한다. 보상은 교통비, 주차비, 식비 등을 상쇄해 주고 시간적, 심리적인 부분도 보상하는 것이 일반적이다. 또한 언제든지 참여를 중지하여도 보상의 철회나 불이익이 되지 않음을 설명해 주며 보상은 최대한 영유아에게 주도록 한다.

⑤ 신상정보에 대한 익명성과 개인정보는 보장되어야 한다.

관찰에서 얻게 되는 영유아의 모든 신상정보에 대해 익명성을 유지하도록 노력해야 하며 영유아의 신상정보를 알고자 할 경우에는 개인정보보호법에 근거한 범위 내에서만 사용할 수 있다. 또한 영유아와 그의 부모에 대한 정보가 공공에 알려지지 않도록 비밀을 보장해야 한다. 관찰자는 결과 및 보고 과정에서 개인정보가 노출되지 않도록 노력해야 한다.

⑥ 결과는 공정하고 책임감 있어야 한다.

수집된 내용이 조작되거나 왜곡되지 않도록 과학적이며 정확하게 결과보고가 이루어져야 한다. 관찰자의 주관적 해석 및 왜곡은 비윤리적인 행위이며 오류가 발생할 경우는 솔직하게 밝혀 시정해야 한다. 즉 관찰자는 책임감 있는 결과 보고가 이루어지게 노력해야 한다.

연구참여 및 초상권 사용 동의서

본 연구자는 ○○○ 대학교에서 ○○○○년도 「○○○○ 연구」를 수행하고 있습니다. 본 연구의 내용을 읽어보시고 영유아가 연구에 참여할 수 있도록 허락하여 주시기를 부탁드립니다.

[연구 내용]

1. **연구목적**
   다문화 프로그램을 경험하는 영유아에게 질 높은 프로그램을 제공하는 것을 목적으로 합니다. 영유아 발달에 적합한 활동인지를 살펴보고자 합니다. 이를 통해 현장의 질 높은 프로그램을 제공할 것으로 기대합니다.

2. **연구절차**
   본 연구는 만 2~6세를 대상으로 자유놀이(자유선택활동)와 대・소집단 활동 관찰을 통해 프로그램이 발달에 적합한지를 측정합니다. 그 후 놀이 결과와 확장을 통해 현장에 적용하여 보다 나은 프로그램을 보급하고자 합니다.

3. **주의사항**
   대외적으로 영유아의 실제 이름은 공개하지 않으며 정보 기록은 연구에만 사용되며 비밀 유지를 하겠습니다. 또한 연구과정 중 영유아가 불편해하거나 참여를 원하지 않으면 즉시 연구에 참여하는 것을 중단시킬 것을 약속드립니다.

○○○대학교 지도교수 ○○○(02-◎◎◎-△△△△)
○○대학교 연구원 ○○○(02-◎◎◎-△△△△)
20**년 월 일

[연구 동의]

이와 관련하여 프로그램에 참여하고, 참여과정에서 촬영된 초상사진을 「프로그램 개발 연구」 보고서와 프로그램 매뉴얼에 사용하는 데 해당 보호자의 동의를 얻고자 합니다. 귀하의 서명은 귀하가 본 연구에 대해 알고, 자녀가 프로그램에 참여하고, 초상사진을 연구에 사용하는 데 동의함을 의미합니다. 해당 항목에 ○로 표시하고, 확인란에 서명을 해주시기 바랍니다.

영유아 성명	동의합니다	동의하지 않습니다	작성자 확인
			성명: ___________ (인)

문제풀이

59쪽 해답

① 수아가 좋아했다. 주

② 평균대 높이만큼 점프한다. 주

③ 준서가 교실 바닥을 잘 기어 다닌다. 주

④ 장난감을 잡고 "내거야"라고 말한다. 객

⑤ 착한 강한이가 친구에게 자기가 가지고 있던 블록 하나를 빌려주었다. 주

⑥ 그 아이는 말을 잘한다. 주

⑦ 수민이가 리더십을 보이며 놀자고 하자 친구들이 모여든다. 주

⑧ 1에서 10까지 수를 말로 센다. 객

⑨ 동생에게 욕을 한다. 주

⑩ '빙고' 노래에 맞춰 손뼉을 친다. 객

⑪ 스스로 화장실이 급한지 몸을 불안한 듯 움직인다. 주

⑫ 양말의 앞을 두 손으로 잡고 벗긴다. 객

⑬ 놀이 도중 소변이 급하였으나 놀이에 집중하였는지 바지에 실수를 하였다. 주

⑭ 놀이터 곳곳을 탐색하며 놀이기구를 이용하여 즐겁게 신체활동을 하였다. 주

⑮ 쌓기영역에서 집짓기에 대해 자신의 의견을 말하는 것을 즐거워한다. 주

62쪽 관찰된 내용과 해석된 내용 구분하기 해답

번호	내 용	O/I
①	수아가 비행기를 잡고 "위웅~~" 소리를 내며 거실을 돌아다닌다.	O
②	친구들과 함께 게임하기, 조작하기 등의 활동을 통해 자연스럽게 소근육과, 수학적 지식을 형성할 수 있다.	I
③	그림책 속의 코끼리를 가리키며 "응"이라 소리 낸다. 교사가 "응, 코끼리 있어?"라고 말한다. 세현이는 "코"라고 말한다.	O
④	교사가 "머리가 젖을 수도 있으니깐 샤워 캡을 쓰고 하면 좋겠다."라고 하자 준기는 샤워 캡을 두 개 가져와 하나는 준기가 쓰고 하나는 교사를 건네준다.	O
⑤	준서는 형에게 자신의 장난감을 빌려주는 등 사회성이 잘 발달되어 있다.	I
⑥	"이건 엄마야"라고 말하며 색연필을 이용해 왼손으로 그림을 그린다. 동그란 얼굴에 눈, 코, 입을 그렸다. 몸통은 없고 얼굴에 바로 손과 발을 붙여서 그렸다.	O
⑦	현준이가 오른쪽 양말 끝을 두 손으로 잡고 벗으려 하나 양말 벗겨지지 않고 길게 늘어진다.	O

02

PART

관찰법의 유형

CONTENT

04 CHAPTER 표본식 기록법

1. 표본식 기록법의 이해
2. 표본식 기록법 작성방법
3. 표본식 기록법 장 · 단점
4. 표본식 기록법 기록 실제

04

CHAPTER

표본식 기록법(Specimen Record)

표본식 기록은 관찰자가 미리 정해 놓은 관찰 장면에서 나타나는 영유아의 말과 행동의 전체를 자세하고 객관적으로 기록하는 관찰방법이다. 이 장에서는 표본식 기록이 무엇인지 이해하고, 표본식 기록 작성방법과 장단점에 대해 살펴보도록 하겠다. 아울러 표본식 기록의 실제를 경험함으로써 영유아교육 현장에서 표본식 기록을 활용하는 능력을 기르도록 한다.

1. 표본식 기록법의 이해

표본식 기록(Specimen Record)은 관찰자가 미리 정해 놓은 시간이나 활동이 끝날 때까지 관찰 대상이 한 말과 행동을 일어난 순서에 맞추어 자세하고 객관적으로 적는 관찰 방법이다(김희진 · 박은혜 · 이지현, 2014). 따라서 영유아교육 현장에서 관찰자가 참여 대상이나 장면을 미리 정해 놓고 그 장면에서 일어나는 영유아의 모든 행동과 상황을 집중적으로 기술함으로써, 그 상황을 보지 않은 사람이 기록을 통해 그 상황을 재현할 수 있을 정도로 자세히 기술하는 것이 표본식 기록의 특징이다(조윤경 · 김경혜, 2010; 황해익 · 송연숙 · 정혜영, 2008).

이와 같이 영유아의 언어와 행동을 자세하고 객관적으로 기록된 표본식 기록은 영유아의 발달을 여러 측면에서 살펴 볼 수 있으므로 영유아가 가지고 있는 문제를 교사가 해결하려 할 때 유용하게 사용된다(조윤경 외, 2010). 따라서 표본식 기록은 학급 영유아의 행동특성을 알기 어려운 학기 초에 개별 영유아의 행동특성을 파악하기 위해 유용하게 사용할 수 있으며, 문제 행동을 일으키는 영유아에 대해 구체적인 자료를 수집하고 원인을 분석하고자 할 때에도 많은 도움이 된다. 아울러, 표본식 기록법은 자료를 가능한 많이 수집함으로써 나중에 관찰자나 다른 교사가 재분석하기 위해 사용될 수도 있다.

표본식 기록은 그 장면에서 일어나는 영유아의 행동과 상황을 자세하게 기록해야 하므로 교사가 혼자서 학급을 이끌 경우에 교사가 직접 기록하기는 어렵다. 따라서, 보조교사나 다른 관찰자의 도움을 받아서 기록할 수 있고, 비디오를 활용해 동영상을 촬영하여 이후에 동영상을 보면서 관찰기록을 하는 것도 좋을 것이다. 만약 팀티칭 상황이라면 관찰하기 용이한 분주하지 않은 상황에서 교사 한 명이 학급 전체를 관리하고 다른 교사 한 명이 관찰하고자 하는 영유아를 대상으로 표본식 기록을 수행할 수 있다.

이어서 표본식 기록법의 작성방법과 장단점을 살펴보고 표본식 기록의 실제를 경험하도록 하자.

2. 표본식 기록법 작성방법

표본식 기록은 관찰을 계획한 후 실제로 관찰하면서 기록하기와 기록한 후에 관찰기록을 해석하고 발달을 요약하여 교수계획을 세우기로 나누어 볼 수 있다. 따라서 표본식 기록법 작성방법을 '표본식 기록하기'와 '해석, 발달요약, 교수계획 작성하기'로 나누어 살펴보도록 하겠다.

1) 표본식 기록하기

표본식 기록을 하기 위해서는 다음의 사항들을 고려하여 수행하도록 한다(김희진 · 박은혜 · 이지현, 2011; 이정환 · 박은혜, 1995; 조윤경 외, 2010; 황해익 · 송연숙 · 정혜영 · 유수경, 2015; Brandit, 1972).

(1) 관찰에 관한 기본적인 정보들을 기록한다.

표본식 기록을 하기 위해서 먼저 관찰 대상, 관찰 장소, 관찰 시간 등을 미리 선정해 놓아야 하며, 이와 같이 관찰 상황과 관련된 기본 정보들을 기록 양식에 적는다. 즉, 관찰 대상 영유아의 이름, 생년월일, 현재 연령, 성별, 관찰자 이름, 관찰 날짜, 관찰 시간, 관찰 장소 등의 정보를 작성하는 것이다. 이러한 사항들은 관찰 대상 영유아의 행동을 주어진 상황과 관련지어 보다 정확한 해석을 내릴 수 있게 해준다.

(2) 사건이 일어난 순서대로 자세하게 적는다.

관찰자는 미리 정해 놓은 관찰장면에서 일어나는 관찰 대상 영유아의 모든 행동과 상황을 일어난 순서대로 기술한다. 이때 관찰자가 특정 사건만을 뽑아서 기록하는 것이 아니라 관찰자가 미리 정해 놓은 시간이나 활동이 끝날 때까지의 모든 행동을 자세하고 완전하게 기록해야 한다.

표본식 기록은 관찰 대상 영유아의 행동이나 상황을 있는 그대로 가능한 한 많이 수집하려는 것이 목적이다. 따라서 표본식 기록을 수행할 때 오디오 녹음기를 이용하여 관찰 상황의 음성 녹음자료를 활용하거나, 비디오카메라를 이용하여 관찰 대상 영유아들의 활동 장면을 동영상 촬영하여 기록에 활용하는 것도 상황을 자세하고 완전하게 기록하는 데 많은 도움이 될 것이다.

(3) 보고 들은 것을 객관적으로 기록한다.

표본식 기록을 할 때 '기록' 란에 객관적인 사실만 기록하며 관찰자의 해석 및 주관적인 판단은 포함시키지 않아야 한다. 객관적인 사실을 기록하기 위해 관찰자는 관찰 상황이 진행되는 현장에서 기록하며 지금 일어나는 일을 적는 것이므로 현재형으로 기록한다. 또한 관찰상황에 대해 구체적으로 파악하기 위해 관찰 대상 영유아의 언어와 행동뿐 아니라 함께 상호작용하는 교사나 또래 등의 응답이나 반응도 기술한다. 이때 자세, 몸짓, 얼굴표정, 대화 내용 등을 구체적으로 기록하여 그 상황의 분위기를 이해하기 위한 유용한 자료가 되도록 하자.

객관적인 기록을 위해 유의할 사항을 보다 구체적으로 살펴보면 다음과 같다(김희진 외, 2011; 황해익 외, 2015).

① 관찰 대상이 실제로 행동한 것만 기록한다.

관찰자의 해석을 쓰는 것이 아니라 관찰 대상의 실제 행동을 기술한다.

㉮ 다솜이가 행복해 보였다. (×)
다솜이가 크게 웃었다. (○)

② 관찰 대상의 말을 사실 그대로 직접화법으로 기록한다.

관찰 대상이 한 말의 의미를 정확하게 파악할 수 있도록 대화를 인용부호(" ") 속에 넣어 그대로 적는다.

㉮ 주원이가 현우를 이리 오라고 부른다. (×)
주원이가 "현우야! 이리 와봐!"라고 부른다. (○)

③ 관찰 대상의 행동을 구체적으로 기술한다.

관찰 대상의 행동뿐 아니라 관찰 장면이나 상황도 가능한 한 자세하고 구체적으로 기록한다.

㉮ 성윤이가 블록 영역에서 놀고 있다.

→ 성윤이가 블록 영역에서 레고를 가지고 서준이와 다리를 만들고 있다.

④ 행동의 질(특성)을 서술한다.

관찰하는 대상의 행동이 다른 사람의 행동과 어떻게 구분되는지를 정확하게 설명한다.

㉮ 웃는다 → 빙그레 웃는다, 깔깔 웃는다 등

(4) 왼쪽 여백에 시간을 표시해 놓는다.

표본식 기록을 위한 시간은 보통 10~30분 정도 계획하며, 시간의 흐름에 따라 사건이 일어난 순서대로 기록하여야 한다. 기록할 때 기록 용지의 왼쪽 여백에 10분 동안의 기록이면 매 1분마다, 30분 동안의 기록이면 매 5분마다 시간 표시를 해 놓는다. 또는 놀이 영역을 이동하거나 실내에서 실외 등으로 장면이 바뀔 때마다 시간 표시를 해 두는 것도 좋다. 이것은 영유아가 어떤 활동에 특히 관심을 보이는지, 주의집중 시간이 어느 정도 되는지 등을 알아보는 데 유용한 자료가 될 것이다.

위의 내용을 토대로 표본식 기록을 작성한 후 다음의 질문들을 통해 표본식 기록이 적절하게 작성되었는지 분석해 보자.

〈표본식 기록 분석 기준〉

첫째, 관찰기록에 관찰 대상 영유아, 관찰자, 관찰 일시, 장소 등의 상황적인 자료를 기록하였는가?
둘째, 사건이 일어난 순서대로 기록되었는가?
셋째, 관찰 대상 영유아의 모든 행동과 언어를 자세하게 기록하였는가?
넷째, 관찰 대상 영유아의 언어는 직접화법으로 기술하였는가?
다섯째, 관찰 대상 영유아와 상호작용하고 있는 또래나 교사의 언어 및 행동도 서술하였는가?
여섯째, 기록 내용은 구체적이고 객관적으로 기술하였는가?

2) 해석, 발달요약, 교수계획 작성하기

표본식 기록을 객관적으로 작성한 후에는 관찰한 내용에 대해 관찰자는 해석을 내리고 영유아의 발달 정도를 요약한다. 더 나아가 해석과 발달요약을 토대로 하여 앞으로 교육과정에 어떻게 반영할 것인지 교수계획을 세우도록 한다. 표본식 기록의 해석, 발달요약, 교수계획을 작성하는 방법은 다음과 같다(김희진 외, 2011; 이정환 · 박은혜, 1995; 조윤경 외, 2010; 황해익 외, 2008).

(1) 관찰한 내용을 해석하기

관찰기록에서 '해석'이란 눈앞에 보이는 것을 넘어서서 행동의 원인, 그 행동을 할 때의 감정 등을 추측해 보고 기록된 자료의 의미를 찾아보는 과정이다(김희진 외, 2014). 객관적으로 작성한 관찰기록을 읽으며 관찰 대상 영유아가 왜 그렇게 행동했는지를 생각해 보고 영유아의 행동에 대한 동기나 원인, 목적 등이 무엇인지를 추측하여 적어본다.

다음의 기록을 읽고 해석을 작성해 보자.

기록	구름사다리 위에서 주원이가 "현우야! 박현우 이리 와봐!" 하고 부른다. 현우가 아무 반응이 없자 주원이가 "박현우 이리 와봐!"라고 더 큰소리로 부른다. 현우가 구름사다리의 아래쪽에서 "왜에! 지금 중요한 순간인데."라고 말하며 구름사다리에 몸의 앞쪽을 기대며 위에 있는 주원이를 올려다본다. 그러한 자세로 40초가량 놀이터에서 놀이하는 친구들을 쳐다본다.
해석	

(2) 해석한 결과를 토대로 영유아의 행동 특성에 대해 발달을 요약하기

'요약하기'는 객관적으로 작성한 관찰기록을 읽으면서 해석한 결과를 토대로 관찰 대상 영유아의 행동 특성에 대해 발달영역별 혹은 교육과정 영역별(표준보육과정 또는 누리과정 영역별)로 파악하게 된 내용을 간단하게 요약하여 작성한다.

발달영역에 따라 신체 발달, 사회성 · 정서 발달, 인지 발달, 언어 발달의 영역으로 구분하여 작성할 수 있고, 0~2세는 표준보육과정에 따라 기본생활, 신체운동, 사회관계, 의사소통, 예술경험, 자연탐구 영역으로, 3~5세는 누리과정에 따라 신체운동 · 건강, 사회관계, 의사소통, 예술경험, 자연탐구 영역으로 나누어 발달을 요약할 수 있다. 이는 표본식 관찰기록 내용과 해석한 결과를 토대로 영유아의 발달에 대해 결론을 내리는 '평가' 단계라고 볼 수 있을 것이다.

다음의 관찰기록 및 해석에 의거하여 관찰 대상 유아의 행동 특성에 대해 요약해 보자.

기록	구름사다리 위에서 주원이가 "현우야! 박현우 이리 와봐!" 하고 부른다. 현우가 아무 반응이 없자 주원이가 "박현우 이리 와봐!"라고 더 큰소리로 부른다. 현우가 구름사다리의 아래쪽에서 "왜에! 지금 중요한 순간인데." 라고 말하며 구름사다리에 몸의 앞쪽을 기대며 위에 있는 주원이를 올려다본다. 그러한 자세로 40초가량 놀이터에서 놀이하는 친구들을 쳐다본다.
해석	
요약	

(3) 발달을 요약한 내용을 중심으로 교수계획 세우기

영유아의 발달을 요약한 내용을 중심으로 관찰 대상 영유아에게 도움을 줄 수 있는 교수계획을 세움으로써 표본식 기록이 교육과정에 유용하게 적용되도록 한다. 앞에서 발달을 요약한 내용을 중심으로 교수계획을 세워보자.

기록	구름사다리 위에서 주원이가 "현우야! 박현우 이리 와봐!" 하고 부른다. 현우가 아무 반응이 없자 주원이가 "박현우 이리 와봐!"라고 더 큰소리로 부른다. 현우가 구름사다리의 아래쪽에서 "왜에! 지금 중요한 순간인데."라고 말하며 구름사다리에 몸의 앞쪽을 기대며 위에 있는 주원이를 올려다본다. 그러한 자세로 40초가량 놀이터에서 놀이하는 친구들을 쳐다본다.
해석	
요약	
교수계획	

표본식 기록을 수행한 후 위의 내용을 토대로 해석, 발달요약, 교수계획을 작성해 보고 다음의 질문들을 통해 분석해 볼 수 있다.

❖ **표 4-1** 표본식 기록에 대한 해석, 발달요약, 교수계획 분석기준

구분	분석기준
해석	객관적 기록에 근거하여 영유아 행동의 동기, 원인, 목적 등을 적절하게 추측하였는가?
발달요약	해석한 결과를 토대로 영유아의 행동 특성에 대해 발달영역별 또는 교육과정 영역별로 간단하게 요약하였는가?
교수계획	발달 요약한 내용을 중심으로 영유아에게 도움을 줄 수 있는 교수계획을 적절하게 세웠는가?

❖ **표 4-2** 표본식 기록 사례

관찰과 관련된 ▶ 상황적인 자료 기록하기

관찰유아	박현우	생년월일	2010년 11월 10일 (남)
관 찰 자	안민성	관찰날짜	2016년 9월 13일 ○요일
관찰장소	실외놀이터, 화장실, 교실	현재연령	5년 10 개월
관찰시간	오후 1시 00분 ~ 1시 30분		

사건이 일어난 ▶ 순서대로 적기

자세하게 적기 ▶

관찰 영유아의 ▶ 언어는 직접화법으로 기술하기

관찰 영유아와 ▶ 상호작용하는 또래나 교사의 언어 및 행동도 서술하기

구체적이고 ▶ 객관적으로 기술하기

시간	기록	해석
1:10~1:20	현우가 어린이집 놀이터의 구름사다리 위에 서 있다. 교사가 "진수야!"라고 부르며 현우 옆에 서 있는 진수에게 다가간다. 현우가 교사의 얼굴을 바라보고 교사와 눈이 마주친다. 그런 후 1m 정도 높이의 구름사다리의 첫 번째 봉 위에 서더니 그 자리에서 아래쪽으로 뛰어내린다. 무릎을 구부린 후 두발을 바닥에 착지한 후 양 팔의 손바닥으로 바닥을 짚은 후에 재빨리 일어나 양손을 마주치며 손바닥을 턴다. 교사가 "현우야, 그런데 너무 높은 위치에서 뛰어내리면 다칠 수도 있을 것 같은데요."라고 말하자 현우가 고개를 숙인 채 "네." 하며 힘없이 대답한다. 구름사다리 위에 있던 주원이가 "현우야! 박현우 이리 와봐!" 하고 부른다. 현우가 아무 반응이 없자 주원이가 "박현우 이리 와봐!"라고 더 큰소리로 부른다. 현우가 구름사다리의 아래쪽에서 "왜에! 지금 중요한 순간인데."라고 말하며 구름사다리에 몸의 앞쪽을 기대며 위에 있는 주원이를 올려다본다. 그러한 자세로 40초가량 놀이터에서 놀이하는 친구들을 쳐다본다.	높은 위치에서 뛰어내린 다음 무릎을 구부린 후 두 발을 바닥에 착지한 후 양 팔의 손바닥으로 바닥을 짚은 후에 재빨리 일어나는 모습을 볼 때 뛰어서 내릴 때 충격을 완화하는 기술들을 사용할 줄 안다. 주원이가 불러도 아무 반응이 없이 다른 곳을 쳐다보는 것을 볼 때 주원이에게 적극적으로 반응하지 않음을 알 수 있다.
1:20~1:30	놀이터에서의 놀이를 마치고 교실로 들어온다. 교사가 "화장실에 가서 손 씻고 오세요."라고 말하자 유아들이 모두 화장실 앞으로 이동하며 줄을 선다. 현우는 언어영역의 교구장 주변을 맴돌며 교구장의 맨 위에 칸에 놓인 바구니를 오른손 검지로 좌, 우를 왔다 갔다 하며 만지고 있다. 교사가 "현우야, 화장실에 가서 손 씻을 준비하세요."라고 말하자 현우가 언어영역에서 나와 화장실 쪽으로 걸어가더니 화장실 앞쪽에 있는 조형영역의 교구장 앞으로 가서 교구장 앞을 왔다 갔다 한다. 유아들이 다 손을 씻은 후 마지막으로 화장실 안으로 들어가서 손을 씻고 손바닥에 물을 모아 고개를 앞으로 살짝 숙인 후 머리에 붓는다. 그렇게 2차례 머리에 물을 붓고 교사가 "우리 현우 손 다 씻었어요?"라고 묻자 수도꼭지의 레버를 아래로 내려 물을 잠그고 수건에 손을 닦은 후에 화장실 밖으로 나와 교실의 안쪽으로 걸어간다. 교사가 "현우야, 신발을 어떻게 할까요?"라고 묻자 다시 돌아와 신발을 정리한다.	손씻기, 신발정리를 하도록 교사가 지시해야 시도하며, 손을 씻을 때 머리에 물을 붓는 모습을 볼 때 청결, 정리정돈 등에 관심이 없고, 손씻기를 바르게 수행하지 못하는 것으로 보인다.

▲ 객관적 기록에 근거하여 영유아 행동의 동기, 원인, 목적 등을 추측하여 적기

요약	• 신체운동 · 건강: - 뛰어서 내릴 때 충격을 완화하는 기술들을 사용할 줄 안다. - 실외활동 후에 교실로 들어갈 때 자신이 해야 할 적절한 행동을 하지 못한다. • 사회관계: - 친구에게 적극적으로 반응하지 않는다. - 청결, 정리정돈 활동을 자발적으로 하지 않으며, 손씻기, 신발정리의 기본생활습관 형성이 잘 이루어지지 못했다.
교수계획	• 현우는 뛰어내리기를 잘하는 것을 볼 때 현우가 다양한 신체활동들도 충분히 경험하게 하여 즐겁게 운동하도록 이끌어야겠다. 하지만 높은 곳에서 뛰어내릴 때 위험한 상황이 발생할 수 있으므로 안전에 주의하도록 이야기를 나누어야겠다. 또한 친구들과 함께하는 신체활동에 참여하게 함으로써 친구에게 관심을 가질 수 있는 기회를 제공해야겠다. • 실외놀이 후 교실로 들어오는 전이시간에 현우에게 개별적인 관심을 가져서 현우가 손씻기, 정리정돈하기 등을 적절하게 할 수 있도록 이끌어야겠다. • 실외활동 후 교실로 들어가는 등 전이시간에 현우가 상황에 적절하게 행동하는지 지속적으로 관찰해야겠다.

◀ 해석한 결과를 토대로 영유아 행동 특성을 발달영역별 또는 교육과정 영역별로 요약하기

◀ 요약내용 중심으로 영유아에게 도움 줄 수 있는 교수계획 세우기

3. 표본식 기록법 장 · 단점

영유아교육 현장에서 관찰자가 참여 대상이나 장면을 미리 정해 놓고 그 장면에서 일어나는 영유아의 행동과 상황을 모두 집중적으로 기술함으로써, 그 상황을 보지 않은 사람이 기록만을 통해 그 상황을 재현할 수 있을 정도로 자세히 기술하는 것이 표본식 기록의 특징이다(조윤경 외, 2010; 황해익 외, 2008). 표본식 기록의 장점과 단점을 살펴보면 다음과 같다(김희진 외, 2011; 양옥승, 1997; 황해익 · 최혜진 · 정혜영 · 권유선, 2014; 황해익 외, 2015)

1) 장점

- 관찰하고자 하는 장면을 자세하게 기록하므로 관찰 대상 영유아에 대해 많은 정보를 제공해 주며, 이러한 정보는 개별 영유아의 발달 특성을 여러 측면에서 파악하게 해준다. 특히 어떤 영유아가 가지고 있는 문제행동의 원인을 파악하여 해결하거나, 학기 초에 교사가 영유아를 이해하는 데 도움이 된다.
- 미리 정해진 구체적인 양식은 필요하지 않으며, 영유아의 행동을 서술할 수 있는 필기도구만 있으면 관찰기록이 가능하므로 관찰자가 편리하게 기록할 수 있다.
- 관찰된 행동이나 사건에 대해 아주 자세하게 표현하고자 하므로 상황 묘사가 풍부하며, 사건의 전후관계에 대해서도 파악할 수 있다.

2) 단점

- 관찰 대상 영유아의 행동이나 상황을 완전하고 자세하게 기록하므로 기록 시간이 많이 걸린다. 아울러, 수집된 자료의 양이 많으므로 자료들을 읽고 해석, 발달요약, 교수계획을 세우는 데에도 많은 시간과 노력이 필요하다. 따라서 자주 사용하기에는 어려움이 있지만 영유아의 문제를 해결하고자 할 때, 학기 초에 영유아를 이해하고자 할 때 유용하게 사용할 수 있다.
- 기록된 자료를 가지고 해석, 발달요약 등의 분석을 할 때 기록을 읽는 사람의 생각에 의해 주관적으로 판단할 가능성이 많다. 주관적 판단을 줄이기 위하여 기록 자료를 팀티칭 교사, 기관장 등과 공유하여 읽고 함께 분석해 보는 것도 좋다.
- 표본식 기록은 보통 한 명의 영유아를 관찰 대상으로 선정하여 기록하게 되므로 한 번에 한 명 밖에 관찰하지 못하며, 여러 명을 대상으로 관찰할 경우에는 영유아들의 중요한 행동이나 말을 놓칠 수 있다.

4. 표본식 기록법 기록 실제

Workshop 4-1

● 다음의 표본식 기록을 분석 기준에 기초하여 평가하고, 수정할 곳이 있다면 지면 위에서 수정해 보세요.

표본식 기록 분석 기준	평가
① 관찰기록에 관찰 대상 영유아, 관찰자, 관찰 일시, 장소 등의 상황적인 자료를 기록하였는가?	
② 사건이 일어난 순서대로 기록되었는가?	
③ 관찰 대상 영유아의 모든 행동을 자세하게 기록하였는가?	
④ 관찰 대상 영유아의 언어는 직접화법으로 기술하였는가?	
⑤ 관찰 대상 영유아와 상호작용하고 있는 또래나 교사의 언어 및 행동도 서술하였는가?	
⑥ 기록 내용은 구체적이고 객관적으로 기술하였는가?	

관찰유아	황승민	생년월일	2014년 5월 10일 (남)
관찰자	박다솜	관찰날짜	2016년 10월 18일 ○요일
관찰장소	어린이집 교실	현재연령	2년 5개월
관찰시간	오전 10시 00분 ~ 10시 15분		

시간	기록
10:00~10:05	쌓기영역에서 승민이가 종이벽돌블록을 10개 정도 사용하여 네모난 모양으로 빙 둘러쌓는다. 승민이가 자기 주변에 종이벽돌블록으로 네모 모양으로 쌓으며 "집. 승민이 집."이라고 말한다. 선생님이 도와주려고 하자 교사의 손을 뿌리친다. 승민이는 교구장으로 빠르게 걸어가서 종이벽돌블록 4개를 양팔로 끌어안고 가져와서 자신이 네모로 만든 구성물 위에 세로로 쌓아올린다. 이때 민주가 쌓기영역에 다가와 승민이가 그동안 만든 구성물을 양 손을 휘둘러서 무너뜨린다. 그러자 승민이가 화가 나서 민주를 보며 소리를 지른다.

10:05~10:10	승민이가 눈살을 찌푸리며 민주에게 가까이 걸어간다. 선생님이 민주에게 다가가는 승민이의 한쪽 팔을 잡자 승민이가 멈춰 서서 계속 눈살을 찌푸리며 선생님을 쳐다본다. 옆에 있던 은서가 선생님에게 "승민이 블록 너무 많아."라고 말한다. 그러자 선생님이 승민이에게 "그래. 승민이 블록 너무 많다. 승민이 친구에게 나누어 줄 수 있어요?"라고 말한다. 승민이가 고개를 움직이며 아니라고 하고 "아!" 하고 크게 소리를 지른다. 그때 미술영역에서 밀가루 점토 놀이하던 승훈이가 승민이에게 자신의 주먹 크기의 노란색 밀가루점토 한 덩이를 가져온다.
10:10~10:15	승민이가 밀가루점토를 3초 정도 바라보다 선생님을 보며 팔찌라고 두 번 반복하여 말하며 오른손을 내민다. 선생님은 "승민이 팔찌하고 싶구나."라고 말하며 밀가루 점토를 가느다랗고 길게 늘여서 승민이 팔목에 팔찌를 해준다. 손목에 밀가루점토 팔찌를 한 채 승민이는 "아!"라고 소리를 지르며 교실을 이리저리 뛰어다닌다. 10초 정도 교실의 여러 영역을 뛰어다니다 밀가루점토 팔찌가 끊어지자 승민이는 선생님에게 다가와 빠졌다고 반복하여 말한다. 선생님이 다시 승민이의 오른쪽 손목에 밀가루 점토로 팔찌를 해주려고 하자 승민이는 왼쪽 손을 내밀며 이쪽에 해달라고 반복하여 말한다.

Workshop 4-2

● 다음의 분석 기준에 기초하여 표본식 기록에 대한 해석, 발달요약, 교수계획을 적어보세요.

구분	분석 기준	평가
해석	객관적 기록에 근거하여 영유아 행동의 동기, 원인, 목적 등을 적절하게 추측하였는가?	
발달요약	해석한 결과를 토대로 영유아의 행동 특성에 대해 발달영역별 또는 교육과정 영역별로 간단하게 요약하였는가?	
교수계획	발달 요약한 내용을 중심으로 영유아에게 도움을 줄 수 있는 교수계획을 적절하게 세웠는가?	

관찰유아	황승민	생년월일	2014년 5월 10일 (남)
관찰자	박다솜	관찰날짜	2016년 10월 18일 ○요일
관찰장소	어린이집 교실	현재연령	2년 5개월
관찰시간	오전 10시 00분 ~ 10시 15분		

시간	기록	해석
10:00~10:05	쌓기영역에서 승민이가 종이벽돌블록을 10개 정도 사용하여 네모난 모양으로 빙 둘러쌓는다. 승민이가 자기 주변에 종이벽돌블록으로 네모 모양으로 쌓으며 "집. 승민이 집."이라고 말한다. 선생님이 승민이에게 종이블록을 하나를 건네주자 교사 손을 뿌리친다. 승민이는 교구장으로 빠르게 걸어가서 종이벽돌블록 4개를 양팔로 끌어안고 가져와서 자신이 네모로 만든 구성물 위에 세로로 쌓아올린다. 민주가 쌓기영역에 다가와 승민이가 그동안 만든 구성물을 양 손을 휘둘러서 무너뜨린다. 그러자 승민이가 눈을 찡그리며 민주를 향해 "야!" 하고 크게 소리를 지른다.	

10:05~10:10	승민이가 민주에게 눈을 찡그리며 가까이 걸어간다. 선생님이 민주에게 다가가는 승민이의 한쪽 팔을 잡자 승민이가 멈춰 서서 계속 눈을 찡그리며 선생님을 쳐다본다. 옆에 있던 은서가 선생님에게 "승민이 블록 너무 많아."라고 말한다. 그러자 선생님이 승민이에게 "그래. 승민이 블록 너무 많다. 승민이 친구에게 나누어 줄 수 있어요?"라고 말한다. 승민이가 고개를 좌우로 흔들면서 "아니야. 아니야."라고 말하고 "아!" 하고 크게 소리를 지른다. 그때 미술영역에서 밀가루 점토 놀이하던 승훈이가 승민이에게 자신의 주먹 크기의 노란색 밀가루점토 한 덩이를 가져온다.	
10:10~10:15	승민이가 밀가루점토를 3초 정도 바라보다 선생님을 보며 "팔찌. 팔찌."라고 말하며 오른손을 내민다. 선생님은 "승민이 팔찌하고 싶구나."라고 말하며 밀가루 점토를 가느다랗고 길게 늘여서 승민이 팔목에 팔찌를 해준다. 손목에 밀가루점토 팔찌를 한 채 승민이는 "아!"라고 소리를 지르며 교실을 여러 영역을 이리저리 뛰어다닌다. 10초 정도 뛰어다니다 찰흙 팔찌가 끊어지자 승민이는 선생님에게 다가와 "빠졌어. 빠졌어."라고 말한다. 선생님이 다시 승민이의 오른쪽 손목에 밀가루 점토로 팔찌를 해주려고 하자 승민이는 왼쪽 손을 내밀며 "이쪽. 이쪽."이라고 말한다.	
요약		
교수계획		

Workshop 4-3

- 다음의 표본식 기록 관찰양식을 활용하여 실제로 표본식 기록을 작성해 보세요(영유아교육기관, 놀이터 등에서 또는 동영상을 시청하면서 영유아를 10분~15분 정도 관찰하고 작성하기).

관찰유아		생년월일	년 월 일 (남/여)
관찰자		관찰날짜	년 월 일 요일
관찰장소		현재연령	년 개월
관찰시간	(오전/오후) 시 분 ~ 시 분		

시간	기록	해석

발달요약	
교수계획	

문제풀이

91~93쪽 풀이 예시

기록	구름사다리 위에서 주원이가 "현우야! 박현우 이리 와봐!" 하고 부른다. 현우가 아무 반응이 없자 주원이가 "박현우 이리 와봐!"라고 더 큰소리로 부른다. 현우가 구름사다리의 아래쪽에서 "왜에! 지금 중요한 순간인데."라고 말하며 구름사다리에 몸의 앞쪽을 기대며 위에 있는 주원이를 올려다본다. 그러한 자세로 40초가량 놀이터에서 놀이하는 친구들을 쳐다본다.
해석	주원이가 불러도 아무 반응이 없이 다른 곳을 쳐다보는 것을 볼 때 주원이에게 적극적으로 반응하지 않음을 알 수 있다.
요약	사회관계: 친구에게 적극적으로 반응하지 않는다.
교수계획	바깥놀이 시에 친구와 함께할 수 있는 신체활동을 제공하여 친구에게 관심을 가질 수 있는 기회를 제공해야 겠다.

97~98쪽 풀이 예시

Workshop 4-1

- 위에서 표본식 기록 분석기준에 기초하여 자신이 수정한 내용을 아래의 예시와 함께 확인해 보세요.

표본식 기록 분석 기준	평가
① 관찰기록에 관찰 대상 영유아, 관찰자, 관찰 일시, 장소 등의 상황적인 자료를 기록하였는가?	○
② 사건이 일어난 순서대로 기록되었는가?	○
③ 관찰 대상 영유아의 모든 행동을 자세하게 기록하였는가?	X
④ 관찰 대상 영유아의 언어는 직접화법으로 기술하였는가?	X
⑤ 관찰 대상 영유아와 상호작용하고 있는 또래나 교사의 언어 및 행동도 서술하였는가?	X
⑥ 기록 내용은 구체적이고 객관적으로 기술하였는가?	X

관찰유아	황승민	생년월일	2014년 5월 10일 (남)
관 찰 자	박다솜	관찰날짜	2016년 10월 18일 ○요일
관찰장소	어린이집 교실	현재연령	2년 5개월
관찰시간	오전 10시 00분 ~ 10시 15분		

시간	기록
10:00~10:05	쌓기영역에서 승민이가 종이벽돌블록을 10개 정도 사용하여 네모난 모양으로 빙 둘러쌓는다. 승민이가 자기 주변에 종이벽돌블록으로 네모 모양으로 쌓으며 "집. 승민이 집."이라고 말한다. 선생님이 도와주려고 하자[1] 교사의 손을 뿌리친다. 승민이는 교구장으로 빠르게 걸어가 (→ 선생님이 승민이에게 종이벽돌블록 하나를 건네주자) 서 종이벽돌블록 4개를 양팔로 끌어안고 가져와서 자신이 네모로 만든 구성물 위에 세로로 쌓아올린다. 이때 민주가 쌓기영역에 다가와 승민이가 그동안 만든 구성물을 양 손을 휘둘러서 무너뜨린다. 그러자 승민이가 화가 나서 민주를 보며 소리를 지른다.[2] (→ 눈을 찡그리며 민주를 향해 "야!" 하고 크게 소리를 지른다.)

1) 선생님의 행동에 대한 의도를 추측하여 기록함으로써 관찰자의 주관적 판단이 포함됨. 관찰 영아와 상호작용하는 교사의 행동이 구체적으로 서술되지 않음.

2) 관찰자가 승민이의 감정을 추측하여 기록함으로써 관찰자의 주관적 판단이 포함됨. 어떤 소리를 냈는지를 직접화법으로 기술하지 않음.

3) 관찰 영유아의 행동이 자세하게 기록되지 않음. 영유아의 말을 직접화법으로 기술하지 않음.

10:05~10:10	승민이가 눈살을 찌푸리며 민주에게 가까이 걸어간다. 선생님이 민주에게 다가가는 승민이의 한쪽 팔을 잡자 승민이가 멈춰 서서 계속 눈살을 찌푸리며 선생님을 쳐다본다. 옆에 있던 은서가 선생님에게 "승민이 블록 너무 많아."라고 말한다. 그러자 선생님이 승민이에게 "그래. 승민이 블록 너무 많다. 승민이 친구에게 나누어 줄 수 있어요?"라고 말한다. 승민이가 고개를 움직이며 아니라고 하고[3] "아!"하고 크게 소리를 지른다. 그때 미술영역에서 밀가루 → 고개를 좌우로 흔들면서 "아니야. 아니야."라고 말하고 점토 놀이하던 승훈이가 승민이에게 자신의 주먹 크기의 노란색 밀가루점토 한 덩이를 가져온다.
10:10~10:15	승민이가 밀가루점토를 3초 정도 바라보다 선생님을 보며 팔찌라고 두 번 반복하여 말하며[4)] → "팔찌. 팔찌"라고 말하며 오른손을 내민다. 선생님은 "승민이 팔찌하고 싶구나."라고 말하며 밀가루 점토를 가느다랗고 길게 늘여서 승민이 팔목에 팔찌를 해준다. 손목에 밀가루점토 팔찌를 한 채 승민이는 "아!"라고 소리를 지르며 교실을 이리저리 뛰어다닌다. 10초 정도 교실의 여러 영역을 뛰어다니다 밀가루점토 팔찌가 끊어지자 승민이는 선생님에게 다가와 빠졌다고 반복하여 말한다.[5)] 선생님이 다시 승민이의 오른쪽 손목에 밀가루 점토로 팔찌를 해주려고 하자 승민이는 → "빠졌어. 빠졌어."라고 말한다. 왼쪽 손을 내밀며 이쪽에 해달라고 반복하여 말한다.[6)] → "이쪽. 이쪽."이라고 말한다.

4) 영유아의 말을 직접화법으로 기술하지 않음.

5) 영유아의 말을 직접화법으로 기술하지 않음.

6) 영유아의 말을 직접화법으로 기술하지 않음.

05
CHAPTER

일화기록법

1. 일화기록법의 이해
2. 일화기록법 작성방법
3. 일화기록법 장 · 단점
4. 일화기록법 기록 실제

CHAPTER 05

일화기록법(Anecdotal Records)

일화기록은 한 가지 행동이나 상황에 초점을 맞추어 기록하는 관찰방법으로, 언제, 어디서나 관찰하고 기록할 수 있어서 영유아교육 현장에서 교사가 가장 많이 사용하는 관찰방법이다. 이 장에서는 일화기록이 무엇인지 이해하고, 일화기록의 작성방법과 장단점에 대해 살펴보겠다. 아울러 일화기록의 실제를 경험함으로써 영유아교육 현장에서 일화기록을 활용하는 능력을 기르도록 한다.

1. 일화기록법의 이해

'일화(anecdote, 逸話)'란 '세상에 널리 알려지지 아니한 흥미 있는 이야기'(국립국어원, 2016)이며, '일화기록'은 한 가지 상황에 초점을 맞춘 짧고 간결한 이야기라 할 수 있다. 즉, 일화기록은 영유아의 생활 및 일화들 중에서 관찰자가 의미 있는 것이라고 생각하는 사건에 대한 간결한 기록이다(송일섭 · 김정원 · 정미경 · 김혜숙 · 신은영 · 박소연, 2001).

이처럼 자연적인 상황에서 특정시간에 일어난 행동이나 사건을 사실적으로 기록하는 일화기록(양옥승, 1997)은 영유아교육 현장에서 매우 유용하게 사용되는 관찰방법으로 일화기록법이 갖는 의의를 살펴보면 다음과 같다. 첫째, 교사는 일화기록을 통해 기록할 만한 가치가 있는 사건, 즉 하나의 구체적인 행동 사례나 사건을 관찰하여 기록으로 남겨둘 수 있으므로(황해익 · 송연숙 · 정혜영 · 유수경, 2013) 교사는 이를 통해 관찰 대상인 영유아의 특성에 대해 쉽고 유용하게 정보 수집을 할 수 있다. 둘째, 교사는 일화기록을 통해 영유아의 다양한 행동의 특성을 발견할 수 있는데, 영유아의 예기치 않은 행동이나 사건 등을 기록할 수 있을 뿐 아니라 영유아의 특정 행동이 아닌 일반적인 행동 특성을 찾아낼 수도 있다. 셋째, 일화기록을 수행할 때 교사는 관찰하고자 하는 상황이나 행동이 발생하는 맥락에 주의를 기울여 기록함으로써 행동이 일어나는 상황이나 배경을 고려하여 영유아 행동을 이해할 수 있게 된다.

일화기록은 특정한 시간과 장소(공간)의 틀에 얽매이지 않고 쉽게 작성할 수 있으므로 영유아교사들이 사용하기 편리하여 영유아교육 현장에서 많이 사용되고 있다. 또한 일화기록은 발달 체크리스트나 부모 면담 등의 다양한 관찰 및 평가 방법들과 함께 사용하여 영유아를 평가할 수 있다(Gober, 2001). 따라서 개별 영유아에 대해 주기적으로 작성된 일화기록은 영유아 행동을 진단하고 평가하기 위한 자료로도 많이 활용된다(양옥승, 1997).

이어서 일화기록법의 작성방법과 장단점을 살펴보고 일화기록의 실제를 경험하도록 하자.

2. 일화기록법 작성방법

일화기록은 관찰자가 관찰 대상 영유아와 관련된 특정 사건이나 상황을 발견하여 일화를 기록하기와, 기록한 내용을 해석하여 영유아의 발달 특성에 대해 평가하기로 나누어 살펴볼 수 있다. 따라서 일화기록법의 작성방법을 '일화 기록하기'와 '해석 및 평가 작성하기'로 나누어 살펴보도록 하겠다.

1) 일화 기록하기

일화기록을 작성하기 위해서 교사는 자연스러운 상황에서 영유아의 한 가지 특정한 행동이나 사건에 초점을 맞추어 관찰하고 기록해야 한다. 일화를 기록하는 방법을 구체적으로 살펴보면 다음과 같다(김희진 외, 2011; 양옥승, 1997; 조윤경 · 김경혜, 2010; 황해익 외, 2015; Brandit, 1972; Gober, 2001).

(1) 관찰에 관한 기본적인 정보들을 기록한다.

일화를 기록할 때 관찰 대상 영유아의 이름, 생년월일, 현재 연령, 성별, 관찰자 이름, 관찰 날짜, 관찰 시간, 관찰 장소 등의 정보를 작성한다. 이러한 관찰 상황과 관련된 기본 정보들은 관찰 대상 영유아의 행동을 주어진 상황과 관련지어 보다 정확한 해석을 내릴 수 있게 해준다.

표본식 기록에서는 관찰 대상, 관찰 장소, 관찰 시간 등을 미리 선정해야 하는데, 이와 다르게 일화기록은 관찰자가 의미 있는 사건이라고 여길 때 특정한 관찰 대상, 장소, 시간 등에 제한받지 않고 언제 어디서나 기록할 수 있다. 예를 들어 흥미영역에서, 실외 자유놀이 시간 중에, 점심을 먹거나 간식을 먹을 때, 낮잠을 잘 때 등 언제, 어디에서든 일화기록을 작성할 수 있다.

(2) 모든 영유아들에 대해 기록하고, 언제 어디에서 작성할지 미리 계획한다.

누리과정(보건복지부 · 교육과학기술부, 2013)에서 유아를 평가할 때 일과 전반에 걸쳐 관찰한 것에 기초하여 유아를 평가하고, 반(학급)의 모든 유아를 고루 포함하여 관찰해야 한다고 제시하였는데, 일화기록 역시 이에 근거하여 이루어져야 할 것이다. 따라서 일화기록은 언제 어디에서나 기록이 가능하지만, 일과 전반에 걸쳐 모든 영유아를 고루 포함하여 관찰하기 위해 교사가 미리 계획을 세워서 실시해야 할 것이 요청된다.

먼저, 학급의 모든 영유아를 골고루 관찰하기 위해서 한 명의 영유아를 1주일에 적어도 1~2회 이상 관찰하는 것이 좋다. 만일 한 반에 5명의 영아들이 있다면 월요일부터 금요일까지 하루에 2명씩 관찰 기록할 수 있으며, 한 반에 15명의 유아들로 구성되어 있다면 하루에 세 명씩 관찰 기록할 수 있을 것이다.

아울러, 하루일과 중 시간을 정해 유아들을 관찰 기록하도록 한다. 이를 위해 다양한 관찰 장소와 시간에 영유아를 관찰할 수 있도록 미리 계획을 세우는 것이 필요하다. 즉 등원, 실내 · 외 자유놀이, 정리정돈, 간식 및 식사, 대 · 소집단 활동, 낮잠 및 휴식, 귀가지도 등의 다양한 일과 활동 시에 영유아를 관찰하도록 계획하여야 할 것이다. 또한 사회적 상호작용에 대한 영유아의 발달을 관찰하고자 한다면 자유놀이 시간에 흥미영역에서 영유아를 관찰하여 기록하고, 식사습관에 대해 관찰하고자 한다면 점심 혹은 간식시간에 관찰하는 등 관찰하고자 하는 목적에 따라 관찰 장소 및 시간을 적절하게 미리 선정하여 관찰하도록 한다.

Tip

일화기록, 언제 어떻게 작성할까?

사건이 관찰된 직후에 적는 것이 가장 좋지만 현실적으로 영유아교사는 영유아들과 긴밀한 상호작용을 주고받는 상황에서 즉시 기록하기 어려운 경우가 많이 있다. 이때에는 관찰 즉시 메모지에 펜으로 상황을 기억하게 해주는 중요한 단어들을 적어 두었다가, 보다 구체적으로 기록 가능한 시간(예 영아의 낮잠 시간, 영유아의 귀가 후 등)에 문장으로 작성하여 일화기록을 완성하도록 한다.
또한 바쁜 일과 속에서 메모지와 펜을 활용하는 것도 한계가 있다면, 카메라를 가까운 곳에 두었다가 사진을 찍어서 관찰기록에 활용하는 것도 좋을 것이다. 사진 촬영 후 기록이 가능한 시간에 사진에 등장하는 인물들, 배경 등을 보면서 일화기록을 작성하도록 한다.

(3) 한 가지 사건에 초점을 맞추어 관찰하고 기록한다.

일화기록을 위해 관찰할 때 영유아의 한 가지 사건에 초점을 맞추어 관찰하여 그 내용을 기록하도록 한다. 이전 장에서 살펴본 표본식 기록법은 미리 정해 놓은 시간이나 활동이 끝날 때까지의 모든 행동을 자세하고 완전하게 기록하는 방법이지만 일화기록법은 자연스러운 상황에서 발생하는 한 가지 사건에 초점을 맞추어 관찰하고 기록한다는 점에서 차이가 있다. 즉, 일화기록은 한 영유아의 사회, 정서, 신체발달 및 언어능력 등을 보여주는 구체적인 예들을 관찰하여 기록하는 것이다.

이와 같이 일화기록법은 특정 행동이나 사건에 초점을 맞추어 관찰하는 방법이므로 일화기록 양식 중 '관찰의 초점'란에 무엇에 초점을 두고 관찰했는가를 적어놓도록 한다. 이때, 보통 영유아를 관찰할 때 초점이 되었던 교육과정 영역(표준보육과정 또는 누리과정 영역)이나 발달 영역이 무엇이었는가를 적어놓는다.

Tip

일화기록과 표본식 기록의 시제 비교

일화기록은 관찰자가 사건이 관찰된 직후에 기록하거나, 즉시 기록하기 힘든 상황에서 약간의 시간이 흐른 후에 작성하게 되므로 과거시제의 문장으로 기록하는 경우가 많다. 한편, 표본식기록은 관찰상황이 진행되는 현장에서 지금 일어나는 일을 기록하는 것이므로 현재형으로 기록한다.

(4) 영유아의 행동을 크게 세 가지 수준으로 나누어 기록하는 것이 적절하다.

첫 번째로 영유아의 행동에 대한 전반적인 측면이나 주요 행동을 기록하고, 두 번째는 주요 행동에 대한 하위 행동을 기록한다. 마지막으로는 영유아의 행동이 어떻게 진행되는지에 대한 상황을 구체적으로 표현한다. 다음의 예를 통해 영유아의 행동을 주요행동, 하위행동, 진행상황으로 구분해 보자.

효민이와 세운이가 병원놀이를 하고 있는 쌓기영역으로 은성이가 다가왔다.	◀ 주요행동
⬇	⬇
효민이가 세운이를 치료하는 흉내를 내는데 은성이가 드라이기로 누워있는 세운이의 머리 말리는 흉내를 냈다.	◀ 하위행동
⬇	⬇
효민이가 "여기가 미용실이냐? 여기는 병원이야."라고 하자 은성이는 "아니야, 미용실이야."라고 대답하며 계속해서 드라이기로 세운이 머리를 말리는 흉내를 냈다. 효민이는 "하지 마!"라고 말하며 교사에게 "여기는 병원인데 은성이가 미용실이래요."라고 말하며 은성이를 가리켰다. 은성이는 세운이 얼굴에 화장품을 발라 주는 흉내를 냈다. 교사가 "은성아, 효민이가 여기는 병원으로 만든 곳이야. 미용실 놀이가 계속하고 싶으면 다른 친구들이랑 미용실을 만들어보자."라고 말했다. 은성이는 고개를 숙이고 가만히 있었다. 교사가 "효민이랑 세운이랑 놀이하고 싶니? 그럼 병원 놀이하다가 다음 시간에 미용실 놀이도 해보자."라고 말하자, 은성이는 드라이기와 화장품을 만지작거리다가 울음을 터뜨렸다.	◀ 진행상황

(5) 영유아의 특정 행동이나 사건을 구체적이고 객관적으로 기록한다.

일화기록을 작성할 때 초점을 가지고 관찰한 영유아의 행동이나 사건을 가능한 구체적으로 기록하도록 한다. 이때 관찰자의 주관적인 편견이 개입된다면 영유아의 행동에 대한 일화기록이 아니라 교사의 일기나 감상문처럼 작성될 가능성이 있으므로 객관적으로 기록하도록 유의한다. 또한 표본식 기록법과 같이 관찰 대상 영유아의 언어와 행동뿐 아니라 가까이에 있는 교사나 또래 등의 응답이나 반응도 기술함으로써 관찰 당시의 분위기를 이해할 수 있도록 돕는다.

일화기록을 객관적으로 작성하기 위한 유의사항은 다음의 표와 같으며, 이에 대한 각각의 예는 앞의 4장 표본식 기록법에 제시된 내용을 참조하도록 하자.

일화기록을 작성한 후 다음의 질문들을 통해 일화기록이 적절하게 작성되었는지 분석해 보자.

〈일화 기록 분석 기준〉

첫째, 관찰기록에 관찰 대상 영유아, 관찰자, 관찰 일시, 장소 등의 상황적인 자료를 기록하였는가?
둘째, 관찰 대상 영유아의 주 행동인 한 가지 행동에만 초점을 두고 관찰 기록하였는가?
셋째, 관찰 대상 영유아의 언어는 직접화법으로 기술하였는가?
넷째, 관찰 대상 영유아와 상호작용하고 있는 또래나 교사의 언어 및 행동도 서술하였는가?
다섯째, 행동은 세 가지 수준(주요행동, 하위행동, 진행상황)으로 표현되었는가?
여섯째, 기록 내용은 구체적이고 객관적으로 기술하였는가?

영아의 일화관찰 기록을 통한 평가 지침은 다음의 Tip을 참조하자.

Tip

영아의 일화관찰 기록을 통한 평가 지침 예시

① 관찰 대상이 골고루, 정기적으로 관찰되고 있는가?
② 관찰 내용이 주관적이지 않고 객관적으로 서술되고 있는가?
③ 관찰 장소, 관찰 시간 등이 분명하게 명시되어 있는가?
④ 우유 먹기, 기저귀 갈이, 이유식 먹기, 잠자기(수면시간 중 영아의 위치, 수면 시 움직임 등) 등 일상 양육에 대한 내용과 특별한 행동 등을 시간대별로 구체적으로 기록하고 있는가?
⑤ 다양한 흥미영역에서의 놀이, 행동 특성, 또래 간 상호작용 등을 고루 포함하고 있는가?
⑥ 실내, 실외, 견학이나 행사 등 일과의 모든 장소와 시간 중 영아가 나타나는 반응이나 행동을 포함하고 있는가?
⑦ 발달체크리스트(출처 명시)를 활용할 경우, 발달 체크와 함께 적절히 해석 또는 평가기록을 하고 있는가?

출처: 보건복지부(2013). (어린이집 표준보육과정에 기초한) 영아보육프로그램 운영의 이해. p. 89.

2) 해석 및 평가 작성하기

영유아의 행동이나 사건을 사실대로 기록한 '일화'에 대한 교사의 '해석 및 평가'는 명확하게 구분하여 기록해야 한다. 만약 실제 관찰된 내용과 해석을 구별하여 작성하지 않는다면 영유아의 행동에 대한 객관적인 해석이나 진단을 내리기 어렵게 된다.

(1) 관찰한 내용을 해석하기

'해석'은 눈앞에 보이는 것을 넘어서서 행동의 원인, 그 행동을 할 때의 감정 등을 추측해 보고 기록된 자료의 의미를 찾아보는 과정이다(김희진 외, 2011). 이때 '추측'이란 '미루어 생각하여 헤아림'의 뜻이며, 해석이란 '미루어 생각하여 논함, 어떠한 판단을 근거로 삼아 다른 판단을 이끌어 냄'이라는 의미의 '추론'과 같은 맥락에서 이해할 수 있을 것이다. 따라서 해석(추론)을 할 때에는 일화를 객관적으로 작성한 관찰기록을 읽으며 관찰 대상 영유아가 왜 그렇게 행동했는지를 생각해 보고 영유아의 행동에 대한 동기, 원인, 목적 등을 추측하여 적도록 한다.

다음의 기록을 읽고 해석을 작성해 보자.

기록	효민이와 세운이가 병원놀이를 하고 있는 쌓기영역으로 은성이가 다가왔다. 효민이가 세운이를 치료하는 흉내를 내는데 은성이가 드라이기로 누워있는 세운이의 머리 말리는 흉내를 냈다.
해석	

(2) 영유아의 행동 특성을 평가하기

'평가'란 축적된 관찰 자료를 바탕으로 현재의 상태와 앞으로의 방향에 대한 결론을 내리는 단계이다(김희진 외, 2014). 하지만 한두 번의 기록으로는 정확한 평가를 내릴 수 없으므로 유사한 행동이나 사건에 대한 일화를 여러 번에 걸쳐 기록, 수집하여 종합적으로 평가를 내리도록 해야 할 것이다. 아울러 일화를 기록하고 해석을 한 후에는 영유아를 보다 잘 지도하기 위한 교수계획을 세움으로써 일화기록이 교육과정에 반영되도록 함이 필요하다. 다음의 기록과 해석을 토대로 영유아의 행동 특성을 평가해 보자.

기록	효민이와 세운이가 병원놀이를 하고 있는 쌓기영역으로 은성이가 다가왔다. 효민이가 세운이를 치료하는 흉내를 내는데 은성이가 드라이기로 누워있는 세운이의 머리 말리는 흉내를 냈다.
해석	
평가	

일화 기록을 수행한 후 위의 내용을 토대로 해석 및 평가를 작성해 보고 다음의 질문들을 통해 분석해 보자.

◎ 일화기록에 대한 해석과 평가 분석기준

구분	분석 기준
해석	객관적 기록에 근거하여 영유아의 행동의 동기, 원인, 목적 등을 적절하게 추측하였는가?
평가	객관적 기록에 근거하여 영유아의 행동에 대해 적절하게 가치를 부여하고 교수계획을 세웠는가?

❖ 표 5-1 일화기록 사례

관찰유아	이은성	생년월일	2011년 4월 12일 (남)
관 찰 자	정다은	관찰날짜	2016년 9월 23일 월요일
관찰장소	어린이집 교실(쌓기영역)	현재연령	5년 5개월
관찰시간	오전 10시 10분~10시 30분	관찰의 초점	사회관계 영역
기록	효민이와 세운이가 병원놀이를 하고 있는 쌓기영역으로 은성이가 다가왔다. 효민이가 세운이를 치료하는 흉내를 내는데 은성이가 드라이기로 누워있는 세운이의 머리 말리는 흉내를 냈다. 효민이가 "여기가 미용실이냐? 여기는 병원이야."라고 하자 은성이는 "아니야, 미용실이야."라고 대답하며 계속해서 드라이기로 세운이 머리를 말리는 흉내를 냈다. 효민이는 "하지 마!"라고 말하며 교사에게 "여기는 병원인데 은성이가 미용실이래요."라고 말하며 은성이를 가리켰다. 은성이는 계속해서 세운이 얼굴에 화장품을 발라주는 흉내도 냈다. 교사가 "은성아, 효민이가 여기는 병원으로 만든 곳이야. 미용실 놀이가 계속하고 싶으면 다른 친구들이랑 미용실을 만들어보자."라고 말했다. 은성이는 고개를 숙이고 가만히 있었다. 교사가 "효민이랑 세운이랑 놀이하고 싶니? 그럼 병원 놀이하다가 다음 시간에 미용실 놀이도 해보자."라고 말하자, 은성이는 드라이기와 화장품을 만지작거리다가 울음을 터뜨렸다.		
해석	효민이와 세운이가 병원놀이 하는 곳에 은성이가 와서 세운이의 머리를 드라이기로 말리는 흉내를 한 것은 은성이가 효민이, 세운이와 함께 놀이하고 싶은 마음을 표현한 행동인 것 같다. 하지만 효민이와 세운이는 이미 병원놀이를 하고 있었기 때문에 은성이의 놀이를 받아들이기 어려웠던 것으로 보여진다. 교사가 미용실 놀이는 다음에 하자고 제안했을 때 은성이가 고개를 숙였다가 울음을 터뜨리는 것으로 보아 은성이는 효민이, 세운이와 미용실놀이를 못하게되어 속상한 자신의 감정을 울음으로 표현한 것 같다.		
평가	은성이는 함께 놀이하고 싶은 또래의 놀이에 참여할 때 어떻게 말하고 행동해야 하는지 잘 모르는 것 같다. 따라서 은성이에게 또래와 함께 놀이하고 싶을 때 어떻게 다가가야 하는지에 대해 알려 주는 것이 필요하다. 또한 친구의 말을 무시하거나 교사의 제안에 고개를 숙여 회피하기, 울기와 같은 의사표현보다 말로써 자신의 의견을 전달할 수 있도록 지도해야겠다.		

◀ 관찰과 관련된 상황적인 자료 기록하기

◀ 한 가지 행동에 초점 맞추기
◀ 관찰 영유아의 언어는 직접화법으로 기술하기
◀ 관찰 영유아와 상호작용하는 또래나 교사의 언어 및 행동도 서술하기
◀ 구체적이고 객관적으로 기술하기
◀ 행동은 주요행동, 하위행동, 진행상황으로 표현하기

◀ 객관적 기록에 근거하여 영유아 행동의 동기, 원인, 목적 등을 추측하여 적기

◀ 객관적 기록에 근거하여 영유아 행동에 가치부여하고, 영유아에게 도움 줄 수 있는 교수전략 세우기

① 해석과 평가를 통합하여 서술한 사례

관찰유아	박소미	생년월일	2014년 1월 10일 (여)
관 찰 자	이현주	관찰날짜	2016년 12월 17일 월요일
관찰장소	교실의 언어영역	현재연령	2년 11개월
관찰시간	오전 9시 5분 ~ 9시 10분	관찰의 초점	사회관계 영역
기록	소미가 언어영역에서 토끼 손인형을 가지고 혼잣말을 하며 놀이하고 있다. 아현이가 등원하여 교실로 들어오자 소미는 토끼 손인형을 가지고 가서 아현이에게 토끼 손인형을 준다. 아현이가 환하게 웃으며 토끼 손인형을 받아서 손에 끼우자 소미는 다시 언어영역으로 가서 오리 손인형을 자신의 손에 끼운다. 아현이가 언어영역으로 오자 소미는 "토끼야, 안녕?"이라고 말한다.		
해석 및 평가	소미가 등원한 아현이에게 손인형을 가져다 주는 것을 볼 때 또래에게 친사회적인 행동을 통해 친밀감을 표현할 수 있음을 알 수 있다. 소미가 또래에게 먼저 시도하는 상호작용이 즐겁게 지속될 수 있도록 계속 관찰하며 지원해야겠다.		

해석 및 평가를 통합하여 서술함으로써 해석에 근거한 교수계획이 자연스럽게 작성됨 ▶

② 일화기록이 일지안에 포함된 사례(해석과 평가를 통합하여 서술함)

이름	생년월일	관찰내용	해석 및 평가
김미라	14.05.08	* 시간: 오전 09시 30분 ~ 09시 35분 * 장소: 교실 안 다연이가 바구니에서 친구들의 사진이 붙어있는 이름막대를 하나씩 꺼내자 미라가 옆에서 바라본다. 그때 미라의 이름막대가 나오자 미라가 다연이에게서 그 막대를 뺏으며 "내꺼야."라고 말한다. 미라는 다른 한 손으로 바구니에서 민성이 이름막대를 찾아서 들고는 역할영역에서 놀이하는 민성이에게 가져다 준다.	미라가 자신의 이름막대를 다연이에게서 뺏는 행동을 볼 때 자신의 물건을 다른 친구와 공유하기 힘든 것 같다. 또한 민성이에게 이름막대를 가져다 주는 것을 볼 때 친구의 사진을 보고 친구들을 짝지어 찾아 줄 수 있다. 이름막대를 가지고 인사하고 대화 나누는 놀이를 통해서 친구들과 자연스럽게 이름막대를 공유하며 놀이할 수 있도록 유도해 보아야겠다.
송다연	14.03.13		
호민성	14.07.16		

관찰 대상 영유아를 선정하여 일지에 그 영유아에 대해 관찰하여 기록한 후, 해석 및 평가를 작성함 ▶

③ 일과의 모든 시간에서 영유아가 나타내는 행동을 고루 포함한 일화기록 작성양식

영유아 관찰기록

결재	담임	원장

관찰 기간 : 20 년 월 일 ~ 월 일

이름		○○○	성별	
생년월일			기록자	
구분		관찰내용		해석(평가)
기본 생활 관찰	식습관			
	배변습관			
	수면습관			
교육과정 영역별 활동	신체운동			
	의사소통			
	사회관계			
	예술경험			
	자연탐구			
비 고				

작성 Tip

- 관찰은 모든 흥미영역에서의 놀이나 활동, 일상생활, 실내외 공간, 견학이나 행사, 또래간 상호작용 등 일과의 모든 시간에서 영유아가 나타내는 반응이나 행동을 고루 포함한 내용을 기록한다.
- 관찰된 내용을 날짜와 함께 해당 칸에 기록한다. 개별 영유아의 관찰기록을 기초로 영유아를 지도한다.
- 관찰기록은 부모 면담 시 기초 자료로 활용한다.
- 비고에는 차후에 중점을 두어 지도해야 할 내용이나 참고해야 할 사항을 기록할 수 있다.
- 교육과정 영역별 관찰은 연령 및 수준에 따라 칸을 조절할 수 있다.

3. 일화기록법 장 · 단점

한 가지 행동이나 상황에 초점을 맞추어 기록하는 관찰방법으로, 언제, 어디서나 관찰하고 기록할 수 있어서 영유아교육 현장에서 교사가 가장 많이 사용하는 관찰방법인 일화기록의 장점과 단점을 살펴보면 다음과 같다(김희진 외, 2011; 양옥승, 1997; 황해익 외, 2014; 황해익 외, 2015).

1) 장점

- 일화기록을 기록할 때 하나의 상황에 초점을 맞추어 영유아들이 어떻게 말하고 행동하는지 기록함으로써, 기록 당시의 상황을 좀 더 명확하고 분명하게 기록으로 남길 수 있다.
- 일화기록은 시간과 장소에 제한을 받지 않고 언제, 어디서나 관찰하고 기록할 수 있으며, 메모지와 펜만 있으면 관찰기록이 가능하다. 따라서 다른 관찰기록 방법에 비하여 실시하기가 가장 간편하다는 장점이 있다.
- 일화기록은 표본식 기록, ABC 사건표집법 등과 같은 서술식 기록이지만, 한 가지 상황에 초점을 맞추어 간결한 형태로 기록하므로 기록하는 데 시간이 많이 소요되지 않는다.
- 교사가 지속적으로 수집한 일화기록은 행동목록법 등의 다른 관찰방법들과 비교하여 활용될 수 있으며, 이를 통해 교사는 영유아의 독특한 발달패턴, 변화, 흥미, 능력, 필요 등을 이해하는 데 도움을 받을 수 있다.

2) 단점

- 영유아교육 현장에서 직접 기록할 시간이 부족하여 상황이 발생한 후 시간이 지나서 일화기록을 작성하고자 할 때에는 교사의 편견이 들어가거나 교사가 당시의 상황을 잊어버리는 경우가 발생할 수 있다. 이를 보완하기 위해 기록하고자 하는 상황에서 중요한 내용을 간략하게 메모지에 메모해 놓거나, 사진을 찍어서 증거가 될 수 있는 자료를 남기는 것이 좋다. 그리고 가능한 빠른 시간 내에 자세하게 기록을 완성하도록 한다.
- 일화기록은 한 가지 사건에 초점을 맞추어 기록하므로 표본식 기술에 비교할 때 상황 묘사가 상대적으로 적으며, 사건의 전후 맥락에 대해서도 구체적으로 알기 어렵다.
- 일화기록은 서술식으로 기록하는 방법이므로 약호나 기호를 가지고 수행하는 관찰방법인 행동목록, 평정척도보다는 기록하는 데 시간이 많이 소요된다.
- 일화기록은 유아들의 행동 중 교사가 의미 있다고 판단한 영유아의 부분적인 행동만을 기록하기 때문에 해석 및 평가시에 영유아에 대해 바르게 판단하지 못할 가능성이 있다. 특히 영유아의 바람직하지 못한 행동을 자주 관찰하여 기록하게 되었을 때, 교사는 그 행동이 관찰 대상 영유아의 모든 것을 대표하는 것처럼 판단할 수 있다.

4. 일화기록법 기록 실제

Workshop 5-1

● 다음의 일화기록을 분석기준에 기초하여 평가하고, 수정할 곳이 있다면 지면 위에서 수정해 보세요.

일화 기록 분석 기준	평가
① 관찰기록에 관찰 대상 영유아, 관찰자, 관찰 일시, 장소 등의 상황적인 자료를 기록하였는가?	
② 관찰 대상 영유아의 주 행동인 한 가지 행동에만 초점을 두고 관찰 기록하였는가?	
③ 관찰 대상 영유아의 언어는 직접화법으로 기술하였는가?	
④ 관찰 대상 영유아와 상호작용하고 있는 또래나 교사의 언어 및 행동도 서술하였는가?	
⑤ 행동은 세 가지 수준(주요행동, 하위행동, 진행상황)으로 표현되었나?	
⑥ 기록 내용은 구체적이고 객관적으로 기술하였는가?	

관찰유아	김정민	생년월일	2013년 11월 22일 (남)
관 찰 자	최민지	관찰날짜	2016년 9월 20일 금요일
관찰장소	실외놀이터	현재연령	2년 10개월
관찰시간	오전 10시 50분~10시 55분	관찰의 초점	사회관계 영역
기록	바깥놀이터에서 슬아, 태우, 송이, 민준이가 시소를 타고 있다. 슬아와 태호 건너편에 송이와 민준이가 앉아 있다. 시소가 위로 아래로 움직이자 태우가 기분이 좋아서 자신의 뒤에 앉아 있는 슬아에게 재미있다고 한다. 그것을 지켜보던 정민이가 태우에게 다가와 태우 티셔츠를 잡아당긴다. 태우가 하지 말라고 이야기했지만 정민이는 계속 태우의 티셔츠를 잡아당긴다. 태우 뒤에 있던 슬아가 정민이에게 시소를 양보하자 정민이는 태우 뒷자리에 올라타더니 화가 풀리지 않았는지 태우를 주먹으로 한 대 때린다.		

Workshop 5-2

● 다음의 분석기준에 기초하여 일화기록에 대한 해석과 평가를 적어보세요.

구분	분석 기준	평가
해석	객관적 기록에 근거하여 영유아의 행동의 동기, 원인, 목적 등을 적절하게 추측하였는가?	
평가	객관적 기록에 근거하여 영유아의 행동에 대해 적절하게 가치를 부여하고 교수계획을 세웠는가?	

관찰유아	김정민	생년월일	2013년 11월 22일 (남)
관 찰 자	최민지	관찰날짜	2016년 9월 20일 금요일
관찰장소	실외놀이터	현재연령	2년 10개월
관찰시간	오전 10시 50분~10시 55분	관찰의 초점	사회정서발달 (사회관계)
기록	바깥놀이터에서 슬아, 태우, 송이, 민준이가 시소를 타고 있다. 슬아와 태우 건너편에 송이와 민준이가 앉아 있다. 시소가 위로 아래로 움직이자 태우가 활짝 웃으며 자신의 뒤에 앉아있는 슬아에게 "재미있다."라고 말한다. 그것을 지켜보던 정민이가 태우에게 다가와 태우 티셔츠를 잡아당긴다. 태우가 "하지 마!"라고 이야기했지만 정민이는 계속 태우의 티셔츠를 잡아당긴다. 태우 뒤에 있던 슬아가 "정민아! 여기 타."라고 하며 시소에서 내려오자 정민이는 태우 뒷자리에 올라타더니 입술을 씰룩거리며 태우를 주먹으로 한 대 때린다.		
해석			
평가			

Workshop 5-3

● 다음의 일화기록 관찰양식을 활용하여 실제로 일화기록을 작성해 보세요(영유아교육기관, 놀이터 등에서 또는 동영상을 시청하면서 영유아를 관찰하고 작성하기).

관찰유아		생년월일	년 월 일 (남/여)
관 찰 자		관찰날짜	년 월 일 요일
관찰장소		현재연령	년 개월
관찰시간	(오전/오후) 시 분 ~ 시 분	관찰의 초점	
기록			
해석			
평가			

문제풀이

113~114쪽 풀이 예시

기록	효민이와 세운이가 병원놀이를 하고 있는 쌓기영역으로 은성이가 다가왔다. 효민이가 세운이를 치료하는 흉내를 내는데 은성이가 드라이기로 누워있는 세운이의 머리 말리는 흉내를 냈다.
해석	효민이와 세운이가 병원놀이 하는 곳에 은성이가 와서 세운이의 머리를 드라이기로 말리는 흉내를 한 것은 은성이가 효민이, 세운이와 함께 놀이하고 싶은 마음을 표현한 행동인 것 같다.
평가	은성이는 함께 놀이하고 싶은 또래의 놀이에 참여할 때 어떻게 말하고 행동해야 하는지 잘 모르는 것 같다. 따라서 은성이에게 또래와 함께 놀이하고 싶을 때 어떻게 다가가야 하는지에 대해 알려 주는 것이 필요하다.

120쪽 풀이 예시

Workshop 5-1

● 일화기록 분석기준에 기초하여 자신이 수정한 내용을 아래의 예시와 함께 확인해 보세요.

구분	분석 기준	평가
기록	① 관찰기록에 관찰 대상 영유아, 관찰자, 관찰 일시, 장소 등의 상황적인 자료를 기록하였는가?	○
	② 관찰 대상 영유아의 주 행동인 한 가지 행동에만 초점을 두고 관찰 기록하였는가?	○
	③ 관찰 대상 영유아의 언어는 직접화법으로 기술하였는가?	X
	④ 관찰 대상 영유아와 상호작용하고 있는 또래나 교사의 언어 및 행동도 서술하였는가?	X
	⑤ 행동은 세 가지 수준(주요행동, 하위행동, 진행상황)으로 표현되었나?	○
	⑥ 기록 내용은 구체적이고 객관적으로 기술하였는가?	X

1) 관찰자의 주관적 판단이 포함됨.
2) 직접화법으로 기술되지 않음.
3) 직접화법으로 기술되지 않음.
4) 또래의 언어 및 행동이 구체적으로 서술되지 않음.
5) 관찰자의 주관적 판단이 포함됨.

관찰유아	김정민	생년월일	2013년 11월 22일 (남)
관찰자	최민지	관찰날짜	2016년 9월 20일 금요일
관찰장소	실외놀이터	현재연령	2년 10개월
관찰시간	오전 10시 50분~ 10시 55분	관찰의 초점	사회관계영역
기록	바깥놀이터에서 슬아, 태우, 송이, 민준이가 시소를 타고 있다. 슬아와 태호 건너편에 송이와 민준이가 앉아 있다. 시소가 위로 아래로 움직이자 태우가 기분이 좋아서[1] 자신의 뒤에 앉아 → 활짝 웃으며 있는 슬아에게 재미있다고 한다.[2] 그것을 지켜보던 정민이가 태우에게 다가와 태우 티셔츠를 → "재미있다."라고 말한다. 잡아당긴다. 태우가 하지 말라고[3] 이야기했지만 정민이는 계속 태우의 티셔츠를 잡아당긴다. → "하지 마!"라고 태우 뒤에 있던 슬아가 정민이에게 시소를 양보하자[4] 정민이는 태우 뒷자리에 올라타더니 → "정민아! 여기 타."라고 하며 시소에서 내려오자 화가 풀리지 않았는지[5] 태우를 주먹으로 한 대 때린다. → 입술을 씰룩거리며		

06

CHAPTER

시간표집법

06 CHAPTER 시간표집법(Time Sampling)

시간표집법은 미리 관찰하려고 선정한 행동을 정한 후 일정한 시간 간격에 따라 행동의 출현 유무를 관찰하는 방법이다. 시간표집법은 짧은 시간에 나타나는 행동을 기록하므로 빈번히 발생하는 행동에 한정되어 관찰 가능하다. 이 장에서는 시간표집법의 특성 및 활용, 적용과 실례를 살펴본다.

1. 시간표집법의 이해

영유아교육기관에서 교사는 사용하기 쉬운 시간표집법을 활용하여 영유아의 행동적 특성과 발달을 관찰할 수 있다. 예를 들어 학기 초 초기적응을 하는 영유아의 경우 기관에 등원하여 우는 행동을 자주 관찰할 수 있다. 이때 교사가 영유아의 우는 행동이 얼마나 자주 빈번하게 나타나는지를 알고 싶은 경우 시간표집법을 활용하여 우는 행동의 빈도에 대해 조사할 수 있다. 즉, 시간표집법을 활용하여 관찰을 하려는 경우 교사는 유아가 교실 내에서 자주 나타내는 특정 행동을 선정하여야 한다.

따라서 시간표집(time sampling)이란 시간을 표집해서 관찰하는 방법으로 관찰자가 관찰하고자 하는 특정 행동이 정해진 짧은 시간 내에 얼마나 자주 일어나는지의 행동 출현 빈도를 수집하는 방법이다. 비교적 짧고 일정한 시간 사이에 행동이 얼마나 발생하는가를 양적으로 측정하는 방법이며, 이를 빈도표집이라고도 한다. 예를 들면 특정 영유아의 공격적 행동을 관찰하고자 할 때, 미리 계획을 세워 1분 관찰 후 30초 기록하는 방식으로 15분 동안 10회의 관찰을 할 수 있다.

이러한 방법의 변형으로 반복표본법(method of repeated samples)이 있는데, 이것은 한 영유아를 1분 관찰하고 30초 기록한 다음, 다른 영유아를 1분 관찰하고 30초 기록하는 방법으로 참여 대상을 바꾸어 가면서 관찰하는 방법이다. 이렇게 하면 한 영유아를 계속해서 관찰하는 것보다 일반적인 행동 경향을 발견하는 데 효과적이다(황정규, 1999).

시간표집은 미리 선정된 행동을 정해진 시간 동안 관찰하며, 관찰도 한 번에 끝나는 것이 아니라, 시간 간격에 맞추어 여러 번 반복하여 실시한다. 따라서 시간의 간격은 관찰하고자 하는 행동의 유형, 관찰 시간, 그리고 관찰 결과를 기록하는 시간에 따라 달라진다. 그리고 짧은 시간 내에 일정한 간격으로 여러 번 관찰하기 때문에 시간표집의 참여 대상 행동은 자주 일어나지 않으면 사용 가치가 없다. Arrington(1943)은 평균 15분에 한 번 정도 발생하는 행동에 시간표집을 사용해야 된다고 주장하였다.

시간표집의 역사를 살펴보면, 1926~1927년 사이에 유아의 신경증적 행동을 연구하기 위한 목적으로 미네소타 대학의 Olson에 의해 최초로 개발되었다(Irwin & Bushnell, 1980). 그는 유아의 신경증적 행동을 손가락 빨기, 손가락 깨물기와 같은 구강적 행동, 콧구멍 후비기나 코 긁적거리기와 같은 코를 만지는 행동, 머리카락을 잡아당기거나 꼬는 행동, 눈을 비비거나 깜박거리는 행동, 귀를 잡아당기거나 누르는 행동, 성기를 만지작거리는 행동 등 6개의 범주로 나누어 5분간 20회에 걸쳐 관찰하였다. 이 관찰연구에서 시간표집을 한 결과 신경증적 행동이 남녀에 있어 차이가 있는 것으로 나타났다. 즉, 여아가 남아보다 더 많은 신경증적 행동을 보이는 것으로 밝혀졌다.

유아교육 분야에서 시간표집을 이용한 대표적인 연구는 Parten(1932)의 놀이에 대한 연구이다. Parten은 유치원에 다니는 유아를 대상으로 자유놀이시간에 일어나는 놀이에 대해 연구하였다. Parten은 놀이행동을 혼자놀이, 병행놀이, 연합놀이, 협동놀이로 나누었으며, 비놀이 행동은 비참여행동과 방관행동으로 구분하여 이를 사회적 놀이수준으로 정의 하였다.

Parten이 구분한 놀이범주인 사회적 놀이수준은 오늘날에도 많이 활용되고 있다. 혼자놀이는 가장 낮은 놀이수준이며 협동놀이는 가장 높은 수준의 사회적 놀이이다. 연령이 낮은 2~3세 유아는 혼자놀이에 많이 참여하는 반면, 5~6세 유아는 연합놀이와 협동놀이를 많이 한다. 사회적 놀이수준은 유아의 연령과 밀접한 관계가 있어 연령이 높을수록 높은 사회적 놀이 수준을 나타낸다. 높은 사회적 놀이 수준인 연합놀이와 협동놀이는 유아의 사회성 발달과 밀접한 관계가 있다. Parten의 놀이유형 중 연합놀이와 협동놀이를 구분하기 쉽지 않아 최근에는 이를 집단놀이로 분류하여 사용하기도 한다(Rubin, Fein & Van denberg, 1983).

2. 시간표집법 작성방법

시간표집법의 작성방법은 다음과 같다.

첫째, 관찰하려고 하는 행동에 대한 조작적 정의를 내린다. 시간표집에서는 관찰하고자 하는 행동이나 사건을 설명하는 데 쓰이는 용어가 분명하게 정의되어야 한다. 이는 관찰자나 관찰 결과를 읽는 사람들이 각 용어가 어떤 의미로 사용되었는지를 분명히 이해하고 있어야만 정확한 의사 전달이 가능하기 때문이다. 그리고 관찰자는 각 관찰범주의 정의를 충분히 이해하고 대표적인 예를 기억해야 한다. 만일 쌓기놀이 영역을 시간표집으로 관찰한다면 쌓기놀이 영역에서 나타나는 행동에 대하여 블록 들고 다니기, 블록 쌓기, 설계하기, 복잡한 구성물 만들기 등으로 범주화하고, 조작적 정의를 내려야 한다.

❖ 표 6-1 쌓기놀이 영역의 행동 범주 및 조작적 정의

범주	조작적 정의
블록 들고 다니기	블록을 쌓는 목적이 아니라 그냥 들고 다니거나 다른 목적으로 사용하는 단계
블록 쌓기	여러 개의 블록을 수평 또는 수직으로 배열하는 단계
설계하기	블록을 대칭, 또는 평행되게 배열하거나 꾸미는 단계
복잡한 구성물 만들기	다양한 조형물을 입체적으로 만드는 단계

둘째, 시간표집법에서는 관찰 대상 수 및 관찰 시간 간격(time interval)을 결정하는 것이 필요하다. 관찰 시간 간격은 관찰하려는 관찰 대상 영우아의 수, 행동의 발생 빈도와 특성에 따라 다르다. 시간의 길이는 5초에서 20분까지 다양하지만 아동발달 연구에서는 대체로 5분 이하의 간격을 이용한다. 또한 관찰시간과 기록시간을 분리할 수 있다. 예를 들면, 모래놀이영역에서 또래에 대한 신체적 공격행동을 관찰하고자 하였을 때, 신체적 공격행동은 짧은 시간에 빠르게 자주 일어나므로 공격 행동의 관찰 시간 간격은 짧게 잡는 것이 좋다. 10초 관찰 후 5초 기록, 혹은 15초 관찰 후 5초 기록 등으로 정할 수 있다.

또한, 관찰하고자 하는 영유아의 수가 적거나 기록방법이 간단한 경우 관찰 시간 간격은 짧아도 되지만, 관찰하고자 하는 영유아의 수가 많거나 기록방법이 복잡한 경우에는 관찰 시간 간격을 충분히 둘 필요가 있다.

셋째, 관찰횟수와 총 시간 수를 결정해야 한다. 일정한 시간 간격으로 몇 회 관찰할 것인지를 결정하는 것은 대표적인 행동표집을 얻는 데 필요하다고 생각되는 총 시간 수에 따라 달라진다. 일반적으로 행동의 변화가 크거나 아직 연구되지 않은 행동에 대해서는 보다 많은 관찰 횟수가 필요하며, 또래 간의 신체적 공격성 등 이미 많이 밝혀진 분야의 행동은 적은 횟수로 결정할 수 있다.

넷째, 관찰자는 관찰행동을 어떠한 부호나 빈도 표시 방법으로 기록할 것인지 결정해야 한다. 시간표집은 서술적 기록이 아니므로 사전에 제작된 특별한 관찰기록 용지가 필요하다. 관찰기록 용지는 관찰행동의 발생여부, 출현 빈도, 행동의 지속성

등을 신속하게 부호화하여 표시할 수 있도록 고안되어야 한다. 일반적으로 관찰 용지에는 가로줄과 세로줄이 그어져 있으며 각각의 줄은 행동범주와 관찰 간격을 의미한다. 우리말로 행동 범주체계를 표시할 때 첫 글자를 따거나 축약어를 사용하여 관찰자가 빨리 기억할 수 있도록 해야 한다. 예를 들면, 단독놀이는 '단', 연합놀이는 '연', 협동놀이는 '협' 등으로 표시할 수 있다. 부호화의 방법에는 세기표(///, 正)하기, 체크표(✓)하기, 지속시간 표기하기 등 다양하다. 다음의 〈표 6-2〉는 시간표집법의 다양한 부호화 방법의 예시이다.

❖ 표 6-2 시간표집법의 부호와 방법의 예

행동의 출현 유 · 무 표시 방법

	1회	2회	3회	4회	5회
블록 들고 다니기	✓				
블록 쌓기			✓		
설계하기		✓			
⋮					

행동의 빈도 표시 방법

	1회	2회	3회	4회	5회
블록 들고 다니기	//				
블록 쌓기		//			/
설계하기			/		
⋮					

행동의 지속시간 표시 방법

	1회	2회	3회	4회	5회
블록 들고 다니기	/[10]				
블록 쌓기			/[30]		
설계하기		/[20]			
⋮					

* 행동의 지속시간을 초 단위로 나타내며, 세기표 우측 상단에 표시한다.

Tip

시간표집법을 위한 지침

1. 관찰하고자 하는 행동에 대한 조작적 정의를 분명히 함으로써 관찰행동의 범주를 구체화해야 한다.
2. 짧은 시간 내에 빈번하게 발생하는 행동인가를 확인해야 한다.
3. 관찰하려는 행동의 특성과 발생 빈도에 따라 시간 간격을 결정하고, 관찰시간과 기록시간, 관찰의 전체 횟수를 결정한다.
4. 관찰된 행동을 어떠한 부호체계를 이용하여 기록할 것인지 결정한다.
5. 관찰기록지를 사전에 만들어 둔다.

시간표집법은 관찰목적에 따라 다양한 종류의 관찰 양식이 있다. 시간표집법의 양식지 예시는 다음과 같다.

❖ **표 6-3** 시간표집법 양식지 1

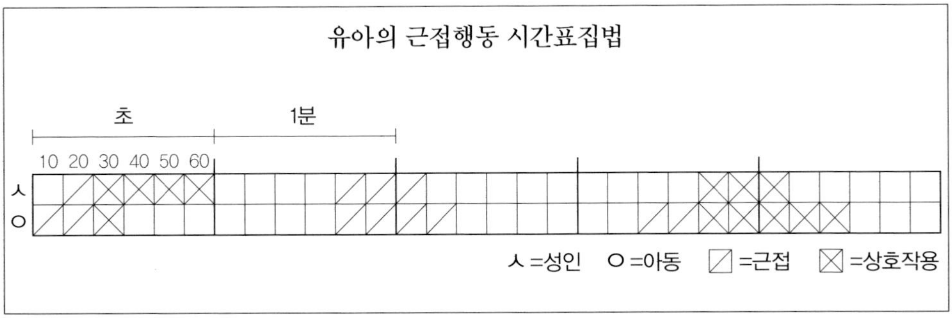

▶ 위의 표는 4세 유아를 대상으로 근접 행동에 대한 강화의 효과를 시간 표집법으로 관찰한 결과이다. 이 표는 전체 관찰 시간을 5분으로 정하고 10초 간격으로 관찰한 결과를 제시한다. 기록지의 윗줄은 5분 동안 성인에 대한 4회의 근접과 7회의 상호작용을 보여주고 아랫줄은 5분 동안 다른 아동에 대한 8회의 근접과 6회의 상호 작용을 나타낸다. 특히 처음 3분 20초 동안 다른 아동과의 상호 작용은 단 한 번뿐이었으나 마지막 1분 30초 동안 6번의 상호 작용을 함으로써 다른 아동과의 상호 작용은 전체 관찰 시간의 끝부분에 증가되었음을 알 수 있다.

❖ **표 6-4** 시간표집법 양식지 2

쌓기놀이의 발달단계 시간표집법

관찰유아	최현석	생년월일	2010. 4. 17	관찰일 현재 유아 연령	만 3세
관 찰 자	이은진	성별	남	관찰시간	10:15 ~ 10:20
				관찰일자	2013. 6. 19. (수)

단계 / 시간	1단계 나르기	2단계 쌓 기	3단계 다리 만들기	4단계 울타리 만들기	5단계 패턴과 대칭 만들기	6단계 구조물에 이름 붙이기	7단계 표상화 및 역할놀이 하기	메모 (Memo)
15초	V							
15초	V							
15초		V						
15초 (1분)				V				
⋮								
15초					V			
15초							V	
15초							V	
15초 (5분)							V	
합계 Total	4	6	3	1	2	1	3	20

▶ 유아를 15초 관찰하고 5초간 기록한다. 15초 내에 관찰한 행동이 어느 단계에 속하는지를 평가하여 적합한 항에 V로 표시한다. 만약 관찰 유아가 15초 동안 여러 단계에 속하는 놀이 행동을 나타내면 나타난 여러 단계 놀이행동 중 가장 길게 놀이한 항에 V표시한다.

3. 시간표집법 장 · 단점

정해진 시간 간격 동안 특정 행동이 나타나는지 유무, 혹은 빈도를 표시하는 시간표집법은 다음과 같은 장단점을 가지고 있다.

1) 장점

- 관찰하고자 하는 시간의 한계가 분명하고 관찰하려고 하는 행동에 대한 정의가 분명하기 때문에 신뢰도와 객관성이 높다.
- 한꺼번에 많은 수의 대상을 관찰할 수 있기 때문에 비교적 짧은 시간에 다량의 자료를 수집할 수 있어 효율적이다.
- 관찰을 부호화하여 기록하기 때문에 시간, 노력, 경비 등을 절약할 수 있다.
- 빠르게 일어나는 행동을 체계적으로 관찰하는 데 가장 적합한 방법이며, 개인 혹은 집단을 모두 관찰할 수 있다.
- 정해진 시간에 특정 행동의 발생유무를 기록하므로, 쉽게 빈도를 확인할 수 있고, 수량화하여 통계적 분석이 가능하다.

2) 단점

- 시간이 특수한 행동만을 그 대상으로 하고 있기 때문에 시간표집에서 얻어진 연구 결과를 토대로 사건의 전모나 상호작용 패턴, 행동의 인과관계를 파악하는 것은 어렵다.
- 시간표집은 자주 발생하는 행동에 국한된다는 점이다. 일반적으로 15분에 한 번 정도 나타나야 시간표집을 사용할 수 있으므로 관찰행동을 선정하기 전에

예비관찰을 통해 어떤 행동이 자주 규칙적으로 일어나는지를 살펴보는 것이 중요하다.

- 시간표집은 시각적으로 관찰이 가능한 행동(외현행동)에는 적합하나 내면의 감정이나 생각들을 관찰하기에는 부적합하다.
- 시간표집에서 수집되는 자료는 양적 자료일 뿐 질적 자료가 아니다.
- 시간표집은 사전에 행동을 정의하고, 범주화하며, 기록방법을 결정하는 것이 실제 기록 당시에는 간편성이라는 장점으로 작용하지만 사전 준비가 많다는 단점이 되기도 한다.
- 관찰현장에서 관찰 시간단위에 따라 신호를 줄 초시계나 신호음 등의 도구를 사용해야 하는 불편함이 있다.
- 본대로 기록하는 것이 아니라 미리 제시된 유목에 끼워 넣으려는 시도로 중요한 행동임에도 유목에 없다고 간과되는 경우도 있다.

4. 시간표집법 기록 실제

1) 사회적 놀이 수준

Parten의 연구에서 나타난 놀이범주인 사회적 놀이수준은 오늘날 많이 활용되고 있다. 연구에 의하면 사회적 놀이수준은 연령 및 사회성 발달과 밀접한 관계가 있으며, 성별에 따른 차이는 관찰하기 어렵다. 사회적 놀이수준의 구체적 범주와 조작적 정의는 〈표 6-5〉와 같다.

❖ **표 6-5** 사회적 놀이수준

	사회적 놀이수준 범주	조작적 정의
놀이행동	혼자놀이 (solitary play)	또래와 떨어져 친구가 사용하는 놀잇감과는 다른 놀잇감으로 혼자서 놀이함
	병행놀이 (parallel play)	주변의 다른 유아들 근처에서 같은 놀이를 하지만 다른 유아들과는 어떤 상호작용이 없이 놀이함
	연합놀이 (associative play)	친구와 비슷한 활동에 참여하지만 특정한 목적이나 생산물에 대한 의도는 없음
	협동놀이 (cooperative play)	생산물을 만들기 위한 목적을 가지고 그룹을 지어 활동함. 역할놀이나 규칙을 가지고 있는 형식적 게임도 포함됨
비놀이행동	비참여 (unoccupied)	또래를 바라보거나 자신의 몸을 만지작거리는 행동을 반복함
	방관 (onlooker)	다른 유아의 놀이를 지켜보지만 놀이에 참여하지 않음

사회적 놀이수준을 활용한 많은 놀이 연구는 시간표집법을 활용하고 있다. 유아의 사회적 놀이수준을 관찰하기위한 관찰지는 〈표 6-6〉과 같다. 관찰지에 기록된 내용을 토대로 관찰자는 6명의 유아를 1인당 25초씩 관찰한 것을 알 수 있다. 유아 1인당 25초 관찰과 5초의 기록을 통해 유아 6명을 모두 관찰하는 데는 180초, 즉 3분이 소요된 것을 알 수 있다. 관찰과정에서 관찰자는 이○원은 혼자놀이를, 김○건과 이○연은 병행놀이를 유○린은 연합놀이를, 문○현은 방관행동을, 이○선은 혼자놀이를 한 것을 관찰할 수 있다.

❖ **표 6-6** 유아의 사회적 놀이수준 시간표집 관찰지의 예

유아의 사회적 놀이수준

관 찰 자	주○정	관찰날짜	2016년 6월 30일(금)
관찰장소	가온반 교실	관찰시간	
참여대상	이○원 / 김○건 / 이○연 / 유○린 / 문○현 / 이○선		
현재연령	만 3세		
관찰장면	오전 자유놀이장면		
관찰행동	사회적 놀이행동		

이름	놀이행동				비놀이행동	
	혼자놀이	병행놀이	연합놀이	협동놀이	비참여	방관
이○원	/					
김○건		/				
이○연		/				
유○린			/			
문○현						/
이○선	/					

지침:

1. 관찰자는 관찰 시작 전에 관찰행동의 조작적 정의에 대해 익힌다.
2. 관찰 대상 유아 6명을 선정 후 무작위로 대상유아의 이름을 기술한다.
3. 관찰지에 처음 적혀 있는 유아 1을 25초간 관찰한 후 관찰한 행동이 어느 범주에 속하는지를 판단하여 5초 안에 관찰지에 세기표(/)로 표시한다.
4. 만일 관찰 대상 유아가 1개 이상 범주에 속하는 행동을 보이면 대표행동을 표시한다.
5. 유아 1의 관찰과 기록이 끝나면, 유아 2의 놀이수준을 25초간 관찰하고 5초간 기록한다.
6. 유아 이름이 적힌 순서대로 돌아가며 관찰한다.
7. 모든 유아에 대한 1회 관찰이 끝나면 2회 관찰을 시작한다.

Workshop 6-1

● 다음의 시간표집 양식을 사용하여 유아의 사회적 놀이 수준을 관찰해 보자.

유아의 사회적 놀이수준

관 찰 자		관찰날짜	
관찰장소		관찰시간	
참여대상			
현재연령			
관찰장면			
관찰행동			

이름	놀이행동				비놀이행동	
	혼자놀이	병행놀이	연합놀이	협동놀이	비참여	방관

2) 인지적 놀이 수준

Piaget(1962)는 유아의 인지발달을 감각운동기, 전조작기, 구체적 조작기, 형식적 조작기의 네 단계로 구분하고, 유아의 놀이도 연습놀이, 역할놀이, 게임의 형태로 유아의 인지발달 단계에 따라 변화한다고 주장하였다. Piaget가 제시한 인지발달 단계에 따른 유아의 놀이유형을 토대로 Smilansky(1986)는 놀이의 유형을 기능놀이, 구성놀이, 역할놀이, 규칙이 있는 게임의 네 가지 형태로 구분하였고 이를 인지적 놀이수준이라 하였다. 인지적 놀이수준의 범주와 조작적 정의는 〈표 6-7〉과 같다.

❖ **표 6-7** 인지적 놀이수준

인지적 놀이수준 범주	조작적 정의
기능놀이 (functional play)	기능적인 즐거움을 위해 반복적으로 되풀이하는 단순한 놀이
구성놀이 (constructional play)	놀잇감을 이용하여 무엇을 만들고 창조하는 놀이
역할놀이 (dramatic play)	눈앞에 없는 무엇인가를 상징하기 위해 사물이나 사람을 이용해 시간, 공간, 사물, 역할을 표상하여 행하는 놀이
규칙이 있는 게임 (games with rules)	미리 정해진 규칙에 따라 행하는 놀이

〈표 6-8〉에 제시된 관찰지의 기록을 통해 가온반의 관찰 대상 유아는 7명이었으며 관찰은 각 유아당 30초씩 이루어져 1회 관찰에는 210초가 소요되었다. 이○원은 기능놀이를, 김○건과 이○연은 구성놀이를, 유○린은 기능놀이를, 문○현과 김○서는 역할놀이를, 이○선은 구성놀이를 한 것을 알 수 있다.

❖ **표 6-8** 유아의 인지적 놀이수준 시간표집 관찰지의 예

유아의 인지적 놀이수준

관 찰 자	주○정	관찰날짜	2016년 10월 20일(목)
관찰장소	가온반 교실	관찰시간	
참여대상	이○원 / 김○건 / 이○연 / 유○린 / 문○현 / 이○선 / 김○서		
현재연령	만 3세		
관찰장면	오전 자유놀이장면		
관찰행동	사회적 놀이행동		

이름	기능놀이	구성놀이	역할놀이	게임
이○원	/			
김○건		/		
이○연		/		
유○린	/			
문○현			/	
이○선		/		
김○서			/	

지침:

1. 관찰자는 관찰 시작 전에 관찰행동의 조작적 정의에 대해 익힌다.
2. 관찰 대상 유아 7명을 선정 후 무작위로 대상유아의 이름을 기술한다.
3. 관찰지에 처음 적혀 있는 유아 1을 30초간 관찰한 후 관찰한 행동이 어느 범주에 속하는지를 판단하여 관찰지에 세기표(/)로 표시한다.
4. 만일 관찰 대상 유아가 1개 이상 범주에 속하는 행동을 보이면 대표행동을 표시한다.
5. 유아 1의 관찰과 기록이 끝나면, 유아 2의 놀이수준을 30초간 관찰하고 기록한다.
6. 유아 이름이 적힌 순서대로 돌아가며 관찰한다.
7. 모든 유아에 대한 1회 관찰이 끝나면 2회 관찰을 시작한다.

Workshop 6-2

● 다음의 시간표집 양식을 사용하여 유아의 인지적 놀이 수준을 관찰해보자.

유아의 인지적 놀이수준

관 찰 자		관찰날짜	
관찰장소		관찰시간	
참여대상			
현재연령			
관찰장면			
관찰행동			

이름	기능놀이	구성놀이	역할놀이	게임

3) 언어 상호작용 분석

시간표집을 사용하여 수업을 분석한 Flanders의 언어 상호작용 분석법을 살펴보면 다음과 같다. Flanders의 언어 상호작용 분류에서는 10가지 분류 항목에 따라 교실에서 이루어지는 교사와 유아의 말을 분류하게 되는데, 상호작용분석 카테고리(FIAC)는 〈표 6-9〉와 같다.

❖ **표 6-9** 상호작용 분석 카테고리

상호작용 분석 범주			조작적 정의
교사의 발언	비지시적 발언	1. 감정의 수용	비위협적인 방법으로 영유아의 감정적 색조, 태도를 수용하거나 명료화한다.
		2. 칭찬, 격려	영유아를 칭찬하거나 격려한다. "으흠", "그렇지"라고 말한다. 긴장을 완화시키는 농담을 한다.
		3. 영유아 아이디어 수용	영유아의 말을 인정한다. 영유아의 아이디어에 기반을 두어 질문을 명료화하며 묻는다.
		4. 질문	영유아가 대답할 것을 기대하는 의도로 교사의 아이디어에 기반을 두고 내용 또는 절차에 대해서 질문을 한다.
	지시적 발언	5. 강의	내용이나 절차에 대해서 사실이나 의견을 제시한다. 교사 자신의 아이디어를 표현, 설명하고 영유아가 아닌 다른 권위자의 의견을 인용한다.
		6. 지시	"놀잇감을 가져오세요", "발을 구르자" 등이 속한다.
		7. 영유아 비평	영유아의 수용할 수 없는 행동양식을 수용할 수 있는 행동양식으로 변화시킬 의도의 진술이다.
유아의 발언		8. 영유아 반응	교사의 질문이나 제안에 대한 영유아의 반응으로 영유아가 자신의 아이디어를 표현할 자유가 제한된다.
		9. 영유아 주도	영유아가 자발적으로 또는 교사의 유도에 의해 영유아의 아이디어를 주도하거나 표현한다.
기타		10. 침묵, 혼란	관찰자가 교사와 영유아의 의사소통을 이해할 수 없는 잠깐의 정지, 침묵, 혼란, 교사나 영유아의 언어 중 어느 항목에 속해야 할지 모르는 상황.

출처: 황해익 외(2013).

이 표집은 교사와 상호작용을 하는 유아 집단을 대상으로 관찰하는 방법으로 진행되며, 보통 3초 단위로 기록표의 □에 표시하게 되어있다. 예를 들어, 교사가 15초 동안 설명하고 3초 동안 질문하였으며, 이에 대한 유아의 단순답변이 6초 동안 있었다면, 설명의 분류항목은 5인데 15초 동안 강의하였으므로 55555이고, 질문은 분류항목 4인데 3초 동안이었으므로 4, 유아의 단순답변은 분류항목 8인데 6초 동안이었으므로 88로 기록한다. 즉, 55555488로 기록된다.

❖ **표 6-10** 언어 상호작용 시간표집 관찰지의 예

언어 상호작용 분석

관 찰 자	주○정	관찰날짜	2016년 11월 14일(월)
관찰장소	가온반 교실	관찰시간	
참여대상	이○원 / 김○건 / 이○연 / 유○린 / 문○현 / 이○선		
현재연령	만 3세		
관찰장면	이야기나누기장면		
관찰행동	언어 상호작용 행동		

분류 기록표

5	5	10	10	10	1	1	4	9	9	2	2	2	8	9	9	6	4	3	3
6	4	9	9	9	3	3	3	5	5	10	10	10	9	9	3	3	6	4	4

분석결과

	교사의 발언							유아의 발언		기타	합계
	비지시적 발언				지시적 발언						
범주	1	2	3	4	5	6	7	8	9	10	
빈도	2	3	7	4	4	3	1	1	9	6	40
백분율	5.0	7.5	17.5	10.0	10.0	7.5	2.5	2.5	22.5	15.0	100
	40.0				20.0			2.5	22.5	15.0	100
	60.0							25.0		15.0	100

결과 해석

1. 이야기 나누기 시간 2분 동안 3초마다 관찰한 기록이다.
2. 전체적으로 보면 **교사의 발언 : 유아의 발언 : 침묵, 혼란 = 60 : 25 : 15**이다. 즉, 교사가 리드하는 수업의 형태이며, 교사의 발언이나 유아의 발언 어느 쪽으로도 정의되지 않은 활동도 15%나 된다.
3. 유아의 발언에 대해 살펴보면 **단순답변 : 주도적 답변 = 2.5 : 22.5**로 유아의 적극적이고 자발적인 참여가 이루어지고 있음을 알 수 있다.
4. 교사의 발언에 대해 살펴보면 **비지시적 발언 : 지시적 발언 = 40 : 20**으로 교사는 유아를 수용하는 형태의 수업을 진행하고 있음을 알 수 있다.

Workshop 6-3

● 다음의 시간표집 양식을 사용하여 언어 상호작용을 관찰해보자.

언어 상호작용 분석

<table>
<tr><th>관 찰 자</th><td></td><th>관찰날짜</th><td></td></tr>
<tr><th>관찰장소</th><td></td><th>관찰시간</th><td></td></tr>
<tr><th>참여대상</th><td colspan="3"></td></tr>
<tr><th>현재연령</th><td colspan="3"></td></tr>
<tr><th>관찰장면</th><td colspan="3"></td></tr>
<tr><th>관찰행동</th><td colspan="3"></td></tr>
</table>

분류 기록표

분석결과

<table>
<tr><th rowspan="2"></th><th colspan="7">교사의 발언</th><th colspan="2" rowspan="2">유아의 발언</th><th rowspan="2">기타</th><th rowspan="2">합계</th></tr>
<tr><th colspan="4">비지시적 발언</th><th colspan="3">지시적 발언</th></tr>
<tr><td>범주</td><td>1</td><td>2</td><td>3</td><td>4</td><td>5</td><td>6</td><td>7</td><td>8</td><td>9</td><td>10</td><td></td></tr>
<tr><td>빈도</td><td></td><td></td><td></td><td></td><td></td><td></td><td></td><td></td><td></td><td></td><td></td></tr>
<tr><td rowspan="3">백분율</td><td></td><td></td><td></td><td></td><td></td><td></td><td></td><td></td><td></td><td></td><td></td></tr>
<tr><td colspan="4"></td><td colspan="3"></td><td></td><td></td><td></td><td></td></tr>
<tr><td colspan="7"></td><td></td><td></td><td></td><td></td></tr>
</table>

07 CHAPTER

사건표집법

CHAPTER 07

사건표집법(Event Sampling)

사건표집법은 관찰 대상의 특정한 행동이나 사건이 생길 때 기록하는 방법으로 현장에서 많이 사용하는 관찰법이다. 사건표집법에는 ABC 서술식 사건표집법과 빈도 사건표집법이 있다. 이 장에서는 사건표집법의 특징을 이해하고 작성방법을 살펴보고자 한다.

1. 사건표집법의 이해

사건표집법은 미리 선택된 행동 범주인 사건을 기록하는 방법으로, 특정 행동이 일어나는 빈도보다는 특정 행동이나 사건이 발생하는 이유에 대하여 이해하고자 할 때 많이 사용된다. 사건표집법은 Horn(1915)에 의해 처음 사용되었으나 널리 사용되지 못하였다. 그러나 Dawe(1934)가 미취학 아동의 다툼을 사건표집법을 사용하여 연구한 이후 널리 사용되기 시작하였다. Dawe는 다툼이 시작되는 시간과 끝나는 시간을 확인하고, 싸움의 상황 및 양상을 자세히 기록하였으며, 싸움의 대화를 기록함과 동시에 지속시간, 횟수, 원인, 관찰 대상의 특성 등에 대한 사항도 함께 작성하였다(곽덕영, 1986; 김지은 · 김진숙, 2006; 황해익 외, 2011).

이와 같이 사건표집법은 사건(event)이라 불리는 어떠한 행동의 발생유무뿐만 아니라 행동이나 사건이 발생하게 되는 원인이나 횟수를 기록하는 방법이다. 따라서 사건표집법은 관찰하고자 하는 행동이나 사건이 얼마나 자주 나타나는지 그리고 왜 나타나는지를 가장 직접적이고 정확하게 반영할 수 있으므로 현장에서 유용하게 사용할 수 있는 관찰법 중의 하나이다. 사건표집법은 대부분 한 유아를 대상으로 관찰을 진행하지만 경우에 따라서 여러 명의 유아를 대상으로 활용할 수도 있다. 이때 관찰자는 관찰 시 구체적인 관점을 가지는 것이 중요하며, 이러한 의식적인 관찰은 관찰 대상에 대한 가치 있는 정보의 획득 및 문제 행동의 수정을 위한 기초자료를 제공할 수 있다(Essa, Hilton, & Murray, 1990).

사건표집법은 두 가지 유형이 있다. 하나는 어떠한 행동이나 사건의 원인을 알고자 하는 경우에 사용되는 ABC 서술식 사건표집법이고, 다른 하나는 어떠한 행동이나 사건이 얼마나 자주 일어나는지 빈도를 파악하고자 할 때 사용되는 빈도 사건표집법이다. 이때 빈도 사건표집법의 경우 시간표집법과는 달리 관찰 단위가 시간이 아닌 사건이나 행동 자체에 있다. 즉 사건표집법은 특정 사건이나 행동이 발생할 때에만 관찰하는 방법으로, 관찰 목적에 적합한 관찰법을 사용해야 한다. 사건표집법은 특정 사건이나 행동을 기록하며, 필요에 따라 사건이나 행동의 이전, 이후 상황을 기록하기도 한다. 관찰자가 선택하는 사건이나 행동의 범위는 특별히 제한적이지 않으며, 관찰 시간 및 관찰 장소 선정은 관찰하고자 하는 사건이나 행동 특성에 따라 각기 다르게 적용된다. 사건표집법을 활용하기에 적절한 영유아의 행동은 또래 간 갈등, 공격적 행동, 문제행동, 자조행동 등 다양하다.

2. ABC 서술식 사건표집법

영유아의 특정 행동에 대한 원인과 결과를 알아내는데 효과적인 관찰법은 ABC 서술식 사건표집법이다(Bell & Low, 1977). 이 방법은 관찰하고자 하는 사건이나 행동이 일어나기 전의 상황(Antecedent event: A), 관찰하고자 하는 사건이나 행동(Behavior: B), 사건이나 행동이 일어난 이후의 결과(Consequence: C)를 순서대로 기록하여 분석한다.

ABC 서술식 사건표집법은 영유아의 부정적인 행동의 분석에 많이 사용되며, 이는 영유아의 문제행동에 대한 원인을 파악하여 문제행동 수정에 도움들 준다. 예를 들어 공격적인 성향의 준서의 때리는 행동을 ABC 서술식 사건표집법으로 기록하는 방법은 다음의 [그림 7-1]과 같다. 교사는 준서의 때리는 행동이 나타날 때마다 ABC 서술식 사건표집법으로 순서대로 관찰하고 분석함으로써 준서의 때리는 행동에 대한 원인을 알 수 있으며, 이를 통한 교수전략을 수립함으로써 준서의 공격적인 문제행동의 지도에 긍정적인 영향을 미칠 수 있게 된다. 이와 더불어 주변 상황에 대한 상세한 기록은 관찰자에게 영유아에게 나타나는 문제행동의 원인뿐만 아니라 발생빈도 및 단서를 제공함으로서 영유아의 행동을 폭넓게 이해할 수 있는 자료를 제공해준다.

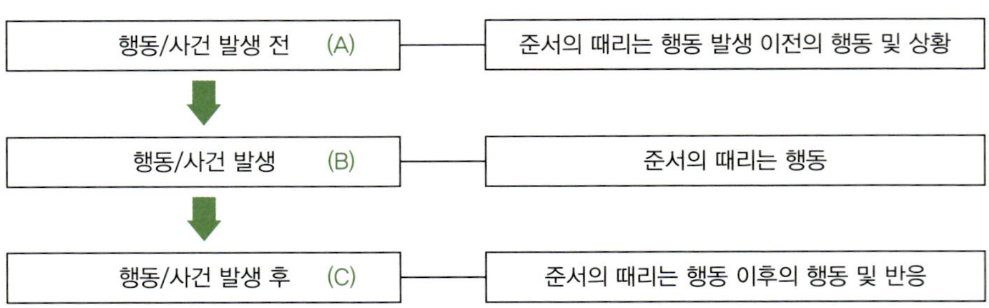

❖ 그림 7-1 ABC 서술식 사건표집의 예

1) ABC 서술식 사건표집법의 작성방법

ABC 서술식 사건표집법의 작성방법을 살펴보면 다음과 같다.

첫째, 관찰하려고 하는 사건이나 행동을 명확히 정하고, 정해진 사건이나 행동에 대한 조작적 정의를 내린다. 사건표집법에서 관찰하고자 하는 행동이나 사건을 설명하는 데 쓰이는 용어가 분명하게 정의되어야 하며, 관찰자는 각 관찰범주의 정의를 충분히 이해하고 관찰해야 한다. 예를 들어 싸움놀이행동을 사건표집으로 관찰한다면 싸움놀이행동에 대하여 범주화하고, 조작적 정의를 내릴 수 있다.

❖ **표 7-1** 싸움놀이 행동의 범주 및 조작적 정의

범주	조작적 정의
때리거나 차기	손이나 팔에 힘을 주지 않고 유아가 장난으로 다른 유아의 신체 부위를 가볍게 치거나 차는 척하는 행동
잡거나 조르기	한 유아가 다른 유아를 부여잡거나 신체를 이용해 조르는 행동. 적어도 3초 이상 지속될 때
갑자기 달려들기	한 유아가 갑자기 달려와 다른 유아를 안거나 다른 유아에게 매달리는 행동
치고 달리기	한 유아가 다른 유아를 치고 도망가는 행동
장난으로 부딪치기	유아들이 장난으로 신체부분(머리, 어깨, 배, 엉덩이 등)을 부딪히는 행동
맞붙어 싸우기	유아들이 서로 맞잡거나 밀어내면서 힘을 겨루는 행동. 적어도 3초 이상 지속될 때
싸우는 척하기	유아가 허공에 대고 팔을 휘두르거나 발로 차며 입으로 기합소리를 내거나 하는 행동
장난으로 물기	유아가 장난감이나 다른 유아의 신체 부위를 물거나 무는 척하는 행동

출처: 장우주(2011).

둘째, 관찰하고자 하는 행동특성에 대하여 이해를 하고난 이후, 관찰하고자 하는 행동이나 사건이 잘 관찰될 수 있는 장소와 시간 및 상황을 정한다. 관찰자는 예비관찰 및 문헌연구를 통해 관찰하고자 하는 사건이나 행동이 가장 잘 관찰될 수 있는 장소와 시간에 대한 정보를 수집하는 것이 필요하다. 이러한 과정을 통해 관찰자는 관찰 대상의 행동에 대하여 충분히 이해할 수 있게 된다.

셋째, 기록하고자 하는 자료의 종류를 결정하고 기록용지를 준비한다. 관찰자는 관찰 대상의 행동이나 사건의 전후 상황에 대한 기술에 따라 행동특성을 파악하기 위한 기록용지를 사용해야 하므로 사용하기 편리한 관찰 양식지를 미리 준비하도록 한다. 이때 관찰용지는 충분히 기록할 수 있는 여백을 두어 작성하기에 편리하도록 만든다.

넷째, 관찰자는 관찰결과를 기록하기 위한 음성녹음 및 비디오 녹화 등 보조매체를 활용한다. 관찰자는 관찰 대상 영유아의 행동이나 사건의 특성을 자세하게 기록할 필요가 있다. 따라서 현장의 생생한 기록을 위하여 녹음기를 활용한 음성녹음이나 비디오 녹화 등 영상기록매체를 활용하여 관찰결과 기록에 사용할 수 있다.

Tip

사건표집법을 위한 지침

1. 관찰하고자 하는 행동이나 사건에 대한 조작적 정의를 분명히 함으로써 관찰행동의 범주를 구체화해야 한다.
2. 관찰하고자 하는 행동이나 사건에 대한 충분한 이해가 필요하다.
3. 기록하고자 하는 정보에 따른 관찰 양식을 결정한다.

2) ABC 서술식 사건표집법의 장단점

(1) 장점

- 관찰 대상의 자연적 상황에서 나타난 사건이나 행동 및 전후 맥락을 기록하므로 관찰행동 및 사건의 배경을 파악하기 용이하다.
- 관찰행동 및 사건의 범위 제한이 없으므로, 자주 발생하지 않는 사건이나 행동도 관찰하여 기록할 수 있다.
- 관찰 대상을 개별적으로 관찰하므로 개별화된 교수전략 수립에 도움을 준다.

- 관찰자가 관심을 가지는 영유아의 행동 및 사건에 대한 질적인 정보를 제공한다.

(2) 단점

- 한 번에 한 명 이상을 관찰하는 것이 어려우므로 시간과 노력이 많이 소요된다.
- 관찰된 정보는 수량화하기 어려우며, 때로는 수량화할 수 없는 자료도 있을 수 있다.
- 수량화가 어려운 자료는 신뢰도를 측정하는 데 어려움이 있으므로 자료의 신뢰도 측면에서 의문을 제기할 수 있다.
- 표본식 기록에 비하여 사건 및 행동 발생의 연속성이 결여될 수 있다.
- 관찰행동 및 사건이 발생할 때까지 기다려야 하므로 관찰 시간을 예측하기 어렵다.

3) ABC 서술식 사건표집법의 기록 실제

❖ **표 7-2** ABC 서술식 사건표집법 관찰지의 예 1

교실 내 무는 행동

관찰대상	박진희 (여)	연령	만 2세
관찰장소	누리반교실	관찰행동	친구를 무는 행동
관 찰 자	○○○		
시간	사건 전(A)	사건(B)	사건 후(C)
4월 20일	자유놀이시간에 진희가 소프트 블록 위에 앉아서 운전놀이를 하고 있는데, 뒤에 경희가 와서 앉는다.	진희가 경희를 밀다가 갑자기 경희 팔을 문다.	경희가 소리를 지르며 울었고, 교사가 달려가서 진희를 제지하고 경희의 상처를 치료한다.

시간	사건 전(A)	사건(B)	사건 후(C)
4월 24일	간식을 다 먹은 현석이가 진희의 간식 그릇을 본다.	진희가 현석이의 손을 물려고 입을 가져가고, 그것을 본 교사는 큰 소리로 "안 돼."라고 외친다.	진희가 두 손을 흔들며 "안 돼."라고 따라 한다. 교사는 왜 안 되는지 이야기해 준다.
	자유놀이시간에 민재가 자동차를 끌고 다닌다. 진희가 민재에게 가서 자동차를 빼앗으려고 하지만 민재가 놓지 않는다.	진희가 민재 팔 쪽으로 입을 가져가고 이를 본 교사가 제지한다.	교사는 진희가 자동차를 가지고 놀기 위해 어떻게 해야 하는지 이야기해 준다.
4월 25일	배변 훈련을 하는 경훈이 옆에 진희가 다가간다.	변기를 잡고 있는 경훈이 팔을 진희가 문다.	경훈이가 소리를 내며 울고, 교사는 경훈이를 치료한다. 그리고 진희에게 경훈이의 상처를 보여주며, 왜 경훈이가 아픈지에 대해 이야기한다.
5월 3일	바깥놀이터에서 자동차를 타고 있던 혜민이가 자동차에서 내린다. 그것을 본 진희가 자동차에 타려 하고, 혜민이도 자동차를 다시 뺏으려 한다.	진희가 자동차를 끌어당기며 혜민이의 볼을 문다.	교사는 혜민이를 응급처치하고, 진희와 이야기한다.
5월 10일	자유놀이시간에 교사가 민재에게 책을 읽어주자 진희는 교사 옆에 앉으려 한다.	민재가 비켜 주지 않자 진희가 민재 팔 쪽으로 입을 가져간다.	교사가 제지하고, 진희가 바른 언어사용을 하도록 지도하고 자리를 마련해 준다.
요약	사회관계 • 자신의 감정, 정서를 조절하는 데 어려움을 보임		
추론 및 평가	• 아직 언어적으로 미숙하여 자신의 부정적인 감정을 언어로 표현하는 데 어려움이 있다. • 다른 친구들과 갈등이 있을 때 무는 행동으로 갈등을 해결하려고 시도한다. • 무는 행동이 잘못된 행동이라는 것을 인식하고 있으나, 화가 나는 상황에서 자신의 감정을 통제하지 못한다.		
교수 계획	• 갈등 시 어떻게 문제를 해결해야 하는지 바른 해결방법을 지도한다. • 자신의 감정을 언어로 표현하는 방법을 지도한다. • 친구를 물었을 때 친구가 얼마나 아플지, 친구의 기분은 어떨지 생각해 볼 수 있도록 지도한다.		

출처: 홍순정 · 최석란(2012).

Workshop 7-1

● 다음의 ABC 사건표집법의 관찰 내용을 보고 요약 및 평가, 교육계획을 수립해 보자.

때리는 행동

관찰대상	고준서 (남)	연령	만 2세
관찰장소		관찰행동	공격적인 행동
관 찰 자	○○○		
시간	사건 전(A)	사건(B)	사건 후(C)
10월 7일	점심 먹기 전 손을 씻고 화장실에 다녀오라는 교사의 지시가 있었고, 화장실 앞에 지운이가 다른 아이들과 함께 줄을 선체 순서를 기다리고 있다.	준서가 다가가 지운이를 때리고 화장실 안으로 먼저 들어간다.	교사가 개입하여 준서를 화장실에서 나오게 하고 줄을 서서 기다려야 들어갈 수 있다고 충분히 설명한 후, 다시 줄을 서도록 지도하자 준서가 울며 줄 서기를 거부한다.
10월 8일	등원 후 자유롭게 자유선택활동을 하고 있다. 남현이가 공룡모형 놀잇감을 가지고 놀이하고 있다.	준서가 달려와 남현이를 때리며 "준서 꺼."라고 하며 공룡을 빼앗는다.	교사가 준서에게 가서 "공룡은 남현이가 먼저 가지고 놀고 있었으니까 남현이에게 돌려주자."고 이야기하자 소리를 지르고 울며 "싫어."라고 이야기해 교사는 놀이를 중단시킨다.
10월 10일	바깥놀이가 끝나고 교실로 들어가자는 교사의 지시에 모든 유아들은 교실로 들어간다.	준서가 팔짱을 끼고 붕붕카에 앉아 내리지 않는다. 교사가 준서에게 "교실로 들어가자."고 이야기하자 준서는 바닥을 발로 차며 교실에 들어가지 않겠다고 울며 소리를 지른다.	교사가 준서에게 점심시간이라고 충분히 이야기해 주었지만 계속 자신을 때리고 공격적인 행동을 보여 교사가 안고 교실로 들어온다.

요약	
추론 및 평가	
교수 계획	

출처: 원계선 · 김수진 · 오아름(2015).

Workshop 7-2

● 다음의 ABC 사건 표집법의 양식을 사용하여 영유아를 관찰해 보자.

관찰대상		연령	
관찰장소		관찰행동	
관 찰 자			

시간	사건 전(A)	사건(B)	사건 후(C)
요약			
추론 및 평가			
교수 계획			

3. 빈도 사건표집법

빈도 사건표집법은 미리 정해진 사건이나 행동이 얼마나 자주 일어나는지 알아보고자 할 때 사용된다. 관찰자는 도표를 가지고 행동이 발생할 때마다 기록하므로 어디서나 쉽게 관찰할 수 있다. 빈도 사건표집법은 부정적인 행동을 변화시키는 것이 주된 목적이며, 영유아의 바람직하지 못한 행동 발생 시 이를 줄이기 위한 계획 및 기대되는 행동을 증진시키기 위한 방안 모색은 필요하다.

앞에서 살펴본 ABC 서술식 사건표집법은 영유아의 행동에 대한 질적인 정보를 제공하는 반면, 빈도 사건표집법은 양적인 정보를 제공하며 서술식 사건표집법에 비하여 사용이 간편하다. 따라서 교사는 특정 사건이나 행동이 발생하면 발생 유무를 기록하는 빈도 사건표집법을 사용함으로써 영유아 개개인에 대한 정보를 빠르게 알 수 있으므로 교육활동을 계획하거나 개별 교수전략을 수립하는 데 도움이 된다. 빈도사건표집법과 시간표집법은 특정행동의 발생 유무를 알 수 있다는 공통점이 있는 반면, 시간표집법은 정해진 시간 내에서의 특정 행동의 발생 유무만을 알 수 있지만, 빈도 사건표집법은 시간의 구애를 받지 않는다는 점에서 크게 다르다.

빈도 사건표집법을 사용할 때 가장 중요한 점은 표집되는 행동의 단위를 범주화하는 것이다. Parten의 사회적 놀이와 같이 혼자놀이, 병행놀이, 연합놀이, 협동놀이, 비놀이(비참여, 방관)로 행동에 대한 범주체계가 이미 있다면 바로 관찰이 가능하지만, 관찰하고자 하는 행동이나 사건의 구체적 범주와 조작적 정의가 없다면 빈도 사건표집을 선행연구에 기초하여 설계하고 사용하는 절차가 필요하다. 먼저, 선행연구 고찰을 통하여 관찰하고자 하는 행동 및 사건에 대한 조작적 정의 및 범주 체계를 구축한 후, 내용타당도 검증에 따라 관찰 양식지를 작성한다. 만든 양식지는 예비관찰을 통해 사용하여 수정하는 과정을 거치며, 여러 관찰자가 사용해 봄으로써 관찰자 간의 상호 일치도를 검증한 이후에 사용하도록 한다.

이처럼 빈도 사건표집법은 관찰하고자 하는 행동에 대한 범주 및 조작적 정의가 확실하다면 실제 관찰 적용 시 빠르고 간편하게 자료를 수집할 수 있으며, 통계적인 분석으로 관찰 결과를 제시할 수 있으므로 결과 활용면에서도 효과적이다.

1) 빈도 사건표집법의 작성방법

빈도 사건표집법으로 관찰할 때 관찰자는 미리 정해진 범주의 행동이나 사건이 나타날 때마다 세기표나 빈도로 표기한다. 따라서 ABC 서술식 사건표집법과 마찬가지로 관찰자는 관찰하고자 하는 행동이나 사건의 단위에 대한 조작적 정의를 분명히 하여 숙지하고 있어야 한다. 이러한 조작적 정의를 바탕으로 포괄성과 상호 배타성의 원칙에 따라 일관성 있게 행동이나 사건의 하위범주를 구분하여 기록용지를 준비한다. 기록용지를 준비한 이후 관찰자는 관찰하고자 하는 행동이나 사건이 잘 관찰될 수 있는 장소 및 시간, 상황을 정하여 실제 관찰을 진행하도록 한다.

2) 빈도 사건표집법의 장단점

(1) 장점

- 관찰기록 용지의 사용이 간편하며, 기록시간도 짧아 시간과 노력이 절약된다.
- 수집된 자료는 쉽게 수량화할 수 있으며, 양적인 통계분석이 가능하다.
- 특정한 사건 및 행동이 발생할 때에만 기록하므로 기록 시간이 절약된다.
- 자주 일어나지 않는 행동에 대해서도 관찰이 가능하므로 관찰행동의 적용 범위가 넓다.

(2) 단점

- 행동이나 사건의 발생 빈도만 기록하므로 발생 원인을 파악하기가 어렵다.
- 영유아의 행동이나 사건의 양적인 정보는 제공해 줄 수 있지만, 질적인 정보를 제공해 줄 수 없다.

3) 빈도 사건표집법의 기록 실제

❖ 표 7-3 빈도 사건표집법 관찰지의 예 1

유아의 부적응 행동

관찰대상	송수연 (여)		현재연령	만 5세	
관찰장소	놀이영역		관찰시간		
관찰자	김수연				
관찰장면	자유놀이시간				
관찰행동	놀이 중 나타나는 부적응 행동(놀림, 도중 포기, 던지기, 뺏기)				
성공/실수 영역	또래와의 상호작용	놀림	도중 포기	던지기	장난감 뺏기
쌓기영역	///// /	///		/////	
미술영역	//	///	/		
역할영역	/////				////
수조작영역	////				
언어영역					
요약	• 쌓기영역: 또래와의 상호작용이 가장 많았으며, 이와 더불어 놀리거나 던지는 부정적인 행동도 가장 많이 나타났다. • 미술영역: 또래와의 상호작용이 적게 나타났으며, 부적응행동도 별로 나타나지 않았다. • 역할영역: 어울려 협동하는 놀이 형태가 많아 또래와의 상호작용이 활발히 나타났으나, 소품이 부족해 서로 가지려는 다툼이 발생하였다. • 수조작영역: 또래와 게임활동에 집중하는 놀이 유형이 많이 나타났다. • 언어영역: 언어놀이는 발생하지 않았다. 이러한 결과는 두가지로 추론할 수 있다. 수연이가 언어에 관심이 없을 수 있으며, 한편으로는 제한된 놀이시간에 모든 영역에서 놀이하는 것이 불가능하므로 관찰당일 언어영역을 선택하지 않았을 수 있다. 따라서 여러번의 관찰을 통해 수연이의 언어놀이에 대한 분석이 필요하다.					

지침:

1. 관찰 대상 영유아를 선정한다.
2. 관찰자는 관찰 시작 전에 관찰행동의 조작적 정의에 대해 익힌다.
3. 관찰지에 기술된 사건 또는 행동 항목이 출현하면 / 표기를 한다.
4. 관찰 시 특별한 사안은 비고란에 작성한다.

출처: 황해익 · 송연숙 · 정혜영 · 유수경(2013).

Workshop 7-3

● 다음의 빈도 사건표집법의 관찰 내용을 보고 요약 및 평가 내용을 작성해보자.

유아의 친사회적 행동

관찰대상	최희주 (여)		현재연령	만 5세	
관찰장소	가온반교실		관찰시간	10:00 ~ 11:00	
관찰자	이채린				
관찰장면	오전 자유놀이시간				
관찰행동	친사회적 행동				
구분	친구와 나누어 쓸 수 있다	친구에게 양보할 줄 안다	놀이와 작업을 할 때 협동을 잘한다	다른 사람의 부탁을 들어준다	친구나 교사를 잘 도와준다
8월10일	✓				✓
8월 16일	✓	✓			✓
8월 30일	✓		✓	✓	✓
9월 2일					✓
9월 5일		✓			✓
요약					

지침:
1. 관찰 대상 영유아를 선정한다.
2. 관찰자는 관찰 시작 전에 관찰행동의 조작적 정의에 대해 익힌다.
3. 관찰지에 기술된 사건 또는 행동 항목이 출현하면 ✓표기를 한다.
4. 관찰 시 특별한 사안은 비고란에 작성한다.

출처: 홍순정 · 최석란(2012).

Workshop 7-4

● 다음의 빈도 사건표집법의 양식을 사용하여 영유아를 관찰해보자.

관찰대상				현재연령	
관찰장소				관찰시간	
관찰자					
관찰장면					
관찰행동					
구분					
요약					

지침:

1. 관찰 대상 영유아를 선정한다.
2. 관찰자는 관찰 시작 전에 관찰행동의 조작적 정의에 대해 익힌다.
3. 관찰지에 기술된 사건 또는 행동 항목이 출현하면 / 표기를 한다.
4. 관찰 시 특별한 사안은 비고란에 작성한다.

08

CHAPTER

행동목록법

1. 행동목록법의 이해
2. 행동목록법 작성방법
3. 행동목록법 장 · 단점
4. 행동목록법 기록 실제

08 CHAPTER 행동목록법(Checklist)

행동목록법은 체크리스트로 불리며 관찰자가 관찰하고자 하는 특정 행동, 사건, 물품의 존재 유무를 목록에 기록하는 방법으로 누구나 손쉽게 활용할 수 있다. 행동목록법은 현재의 행동특성평가뿐만 아니라, 시간에 따른 변화를 추적하고자 할 때에도 활용된다. 이 장에서는 행동목록법의 특성 및 활용, 적용과 실례를 살펴보고자 한다.

1. 행동목록법의 이해

행동목록법(checklist)은 관찰하고자 하는 행동의 목록을 미리 만들어 놓고 그 행동이 나타나는지 아닌지를 기록하는 방법이다. 행동목록법은 교사가 교육과정과 지도방안을 계획하기 위해 영유아가 가지고 있는 어떤 기술이나 그들이 현재 교육하고 있는 발달적 특성을 알아보기 위하여 사용할 수 있다. 구체적으로 행동목록에는 다양한 묘사적 특성들이 포함될 수 있는데, 행동특성에 대한 기술, 특별한 발달적 특성, 사회적 · 정서적 행동, 흥미, 특별한 학문적 기술, 특별한 지식 혹은 개념들이 포함될 수 있다(Ryan & Grolnick, 1986). 관찰 시점에 행동목록에 제시되어 있는 행동이 출현하면 "예", 그렇지 않으면 "아니요"가 표시된 란에 체크하는 방식으로 기록되기 때문에 사전에 영유아의 발달이나 행동 특성의 목록을 계열성 있게 작성해 두어야 하며, 목록을 작성하기 위해서는 여러 자료를 참조하여 관련된 내용이 누락되지 않도록 해야 한다.

행동목록법을 사용하기 위해서는 이미 연구된 자료를 이용할 수도 있고, 교사 자신이 문헌을 참고로 하여 새로이 만들 수도 있다. 행동목록법은 시간을 절약할 수 있으며, 행동의 형태를 쉽게 분류하고 파악할 수 있으나 항목에 없는 각 영유아 행동의 중요한 부분을 빠뜨릴 수도 있다. 따라서 여러 이론적 문헌을 참고로 하여 작성하고 전문가의 도움을 받도록 해야 한다. 이렇게 작성된 행동목록법은 교사가 영유아의 행동발생 여부를 매우 신속하고 효과적으로 기록할 수 있고 행동발달의 단계 및 영유아의 개인의 단계적인 발달상을 기록하고 관찰하는 데 도움이 되며, 많은 행동을 관찰할 때 적절히 사용된다. 행동목록법을 사용하면 교사는 영유아를 위한 다음단계의 활동을 결정하는 데 이용할 수 있다.

지속적인 행동목록법 관찰은 관찰 대상에 대한 조직적인 점검을 가능하게 하며, 각 영유아의 발달과정이 누적되어 교수학습과정의 계획과 평가에 활용될 수 있으며, 프로그램 활동을 위한 기초자료로 사용되기도 한다(이기숙, 2000).

이러한 이유에서 행동목록은 유아교육 현장에서 영유아를 평가하기 위한 도구로 널리 사용되고 있는데, 이는 영유아의 행동을 기록하는 데 사용될 뿐만 아니라 영유아의 배경정보를 얻는 데도 사용된다. 영유아의 성별, 연령, 사회계층, 가족 구조 및 생활양식 등이 행동목록을 통해 수집될 수 있으며, 가정환경 조사서나 영유아 발달 점검표 등 대부분 행동목록의 양식을 띠고 있다.

2. 행동목록법 작성방법

행동목록법을 사용하여 관찰기록을 하기 위해서, 관찰을 하기 전 관찰자는 미리 행동목록을 준비해야 하며, 다음을 유의하여 작성해야 한다.

첫째, 관찰하고자 하는 주제를 철저히 연구해야 한다. 관찰하고자 하는 행동 또는 기술에 대한 세부 요소와 카테고리 구분이 명확히 정의되고, 구체적으로 기술되어야 하므로 관찰하고자 하는 행동 또는 기술에 대한 연구는 필요하다. 이는 행동목록으로부터 얻은 자료에 대한 신뢰도와 타당도를 높여 준다.

둘째, 행동목록에 제시되어 있는 항목은 관찰 가능한 외현적 행동을 기술한 것이어야 한다. 예를 들면, 영유아의 기본생활습관 중 청결에 관한 관찰을 하고자 한다며, '○○는 청결한가?'와 같이 큰 질문에 단정적으로 '그렇다' 혹은 '아니다'로 답하기 어렵다. 따라서 청결에 대한 관찰을 하고 싶다면 청결에 대한 정의를 내리고, 청결을 증명할 수 있는 구체적 행동들을 추출해야 한다. 청결을 자신의 몸과 주변의 저저분한 것을 없애고 깨끗이 하는 행동이라고 정의를 내린다면 식사 전에 손 씻기, 지저분한 물건을 만진 후에 손 씻기, 식사 후 양치질하기, 대소변 후 손 씻기 등 관찰 가능한 구체적 행동으로 기술할 수 있다.

셋째, 각각의 항목들은 관찰하고자 하는 행동의 범주에 포함되면서 항목 간의 상호배타성을 지니고 있어야 한다. 즉, 서로 중복되는 문항이 없어야 한다. 식사 후 양치질하기와 음식물을 먹은 후 양치질하기라는 항목이 있다면 식사 후 양치질하기는 음식물을 먹은 후 양치질하기에 포함되는 것으로 중복되는 문항이 된다.

넷째, 행동목록의 각 문항은 하나의 관찰행동만을 기술해야 한다. 예를 들어 '간식과 점심을 먹은 후 양치질을 한다'라는 문항에서 간식을 먹은 후에는 양치질을 하지 않고 점심을 먹은 후에는 양치질을 하는 경우 '예'라고 답할 것인가 '아니오'라고 답할 것인가? 이런 경우에는 두 문항으로 구분하는 것이 더욱 적절하다.

다섯째, 관찰자가 행동관찰 결과를 보다 쉽게 기록할 수 있도록 체크리스트의 순서나 위치를 논리적으로 조직한다.

예를 들면, 모유 수유 시 영아의 표정을 관찰하는 체크리스트라면 젖을 먹는 동안 눈을 크게 뜨는지, 눈을 돌리는지, 눈을 깜빡이는지 등의 움직임과 관련된 항목을 배열하는 것이 눈, 코, 입의 움직임들을 섞어서 배열하는 것보다 관찰자가 관찰하고 기록하기가 편리하다.

여섯째, 행동목록의 지침은 모호하지 않고 분명하고 명료하게 기록되어 있어야 한다. 행동목록을 이용하여 얻어지는 자료의 질은 각 항목의 명료성 혹은 관찰자가 얼마나 정확하게 각 항목을 평가하느냐에 달려 있다. 이를 통해 관찰자는 각 항목을 잘 이해할 수 있을 것이다.

일곱째, 행동목록의 문항들을 진술할 때는 긍정적으로 진술하도록 한다. '쉬운 의문사를 사용하여 질문할 수 없다'보다는 '쉬운 의문사를 사용하여 질문할 수 있다'라고 기술하는 것이 바람직하다. 간혹 관찰자들의 기계적 표시를 막기 위해서 부정적으로 진술된 문항들을 끼워 넣기도 하지만 기본적으로 관찰 대상 영유아들의 행동에 대해 긍정적으로 진술된 목록을 작성하도록 한다.

여덟째, 모든 관찰기록 방법과 마찬가지로 관찰기록지에 관찰자명, 참여 대상 이름, 연령, 성별 및 관찰일 등 관찰과 관련된 기록란이 필요하며, 목록에서 제시한 행동들이 전혀 관찰되지 않았을 경우를 위해서 비고란을 마련할 수도 있다.

행동목록법은 위와 같은 절차에 따라 작성한 후, 실제 관찰을 실시하기 전 적절한 연구대상을 선정하여 예비 관찰을 실시할 필요가 있다. 예비 관찰 결과의 평가를 통한 행동목록의 수정 · 보완 과정을 거쳐 최종 행동 목록을 선정하여 실제 관찰에 적용하는 것이 바람직하다.

Tip

행동목록을 사용할 때 주의점

1. 행동목록은 특성이나 특징의 존재 유・무, 즉 그 특성이 존재하는가 존재하지 않는가가 확실할 때만 사용되어야 한다.
2. 행동목록은 관찰 대상이 되는 특성들이 분명하게 진술된 것을 선택해야 한다.
3. 관찰은 행동목록에 있는 항목에 대해서만 이루어져야 한다.
4. 한 번에 단 한 명의 영유아를 대상으로 관찰이 이루어져야 하며, 각 유아에게 독립된 행동목록이 사용되어야 한다.

3. 행동목록법 장・단점

교사는 행동목록법 관찰기록을 통해 영유아의 성취정도를 쉽게 파악할 수 있다. 이러한 행동목록법의 장단점을 살펴보면 다음과 같다.

1) 장점

- 관찰자가 특별한 훈련을 받지 않고도 관찰 대상의 행동을 단순한 방법으로 기록할 수 있다. 즉, 서술식 기록에서처럼 객관적 기록을 위한 훈련 혹은 시간표집에서처럼 복잡하고 정교한 범주 및 부호화 체계에 대한 사전 훈련 없이 손쉽게 적용할 수 있다.
- 이 방법은 기록이 능률적이고 양적인 처리가 쉽다. 행동이 나타났는지 유무로 표시하므로 기초적인 통계분석을 적용할 수 있다.
- 행동목록법은 반복적 사용을 통해 영유아 개인의 단계적인 발달상을 기록하고

관찰하는 데 도움이 된다. 같은 행동목록을 일정한 시간 간격을 두고 사용할 경유에 행동의 변화 여부와 정도를 알 수 있다.

- 행동목록법은 후속의 집중적인 관찰이 필요한 행동이나 기술 등을 발견하고 확인하는 데 도움이 된다. 서술식 기록이나 사건표집과 같은 방식으로 관찰할 행동을 찾아내기보다 행동목록법을 이용함으로써 시간을 절약할 수 있다.
- 행동목록은 유아의 발달을 이해하기 위함 평가의 도구이기도 하지만 교육과정을 개발하는 지침으로도 사용할 수 있다.

2) 단점

- 행동단위를 의미 있게 조직적으로 분류하는 것이 어렵다는 것이다. 즉 행동목록을 구성할 때 포괄적이면서 상호배타적인 항목을 구성한다는 것은 매우 어려운 작업이다.
- 행동의 출현빈도나 지속성, 기타 행동의 질적 수준에 대한 다양한 정보를 제공하지 못한다. 예를 들어, '10초 동안 한 발로 서 있기'라는 항목에서 어떤 유아가 할 수 없다고 표시가 되었다 하더라도 9초 정도는 서 있을 수 있는지 아니면 전혀 서 있을 수 없는지에 대한 정보를 제공하지 않는다.
- 원자료를 수집하지 않는 다른 방법들과 마찬가지로 관찰된 행동의 세부사항과 맥락에 대한 정보를 얻을 수 없다.

4. 행동목록법 기록 실제

Workshop 8-1

● 기본생활습관

행동발달 관찰 기록서

관찰유아		생년월일	
관찰자		관찰날짜	

지시: 다음은 유아의 발달을 전체적으로 평가해 볼 수 있는 체크리스트이다.
1. 유아를 선택하여 관찰한다.
2. 체크리스트에 있는 행동이 나타나면 ✓로 표시한다.
3. 체크리스트 마지막에 각 발달 영역별로 요약을 한다.
4. 관찰결과에 따라 각 영역별로 한 가지씩 교수방법을 계획한다.

기본 생활습관	예	아니오	비고
1. 정리정돈을 할 수 있다(장난감, 작업, 간식 책상).			
2. 간식, 식사 전에 손을 씻는다.			
3. 규칙(차례, 약속)을 잘 지키는 편이다.			
4. 어른에게 존댓말을 사용한다.			
5. 음식을 골고루 먹는다.			
6. 낮잠을 잔다.			
7. 교사의 지시를 잘 이해하고 따른다.			
8. 물건을 소중히 다루고 아껴 쓴다.			
9. 고마워, 괜찮아, 미안해 등의 말을 적절하게 사용한다.			
10. 혼자서 옷을 입을 수 있다.			
11. 화장실 사용 후 뒤처리를 혼자 한다.			

요약:

Workshop 8-2

● 일일 건강 체크리스트

일일 건강 체크리스트

관찰유아		생년월일	
관찰자		관찰날짜	
관찰시간		관찰행동	

지시:

1. 유아를 선택하여 관찰한다.
2. 체크리스트에 있는 행동이 나타나면 ✓로 표시한다.
3. 체크리스트 마지막에 각 발달 영역별로 요약을 한다.

_____ 얼굴이 창백하다.
_____ 얼굴이 너무 붉거나 열이 있어 보인다.
_____ 땀이 난다.
_____ 겉으로 보이는 상처가 있다.
_____ 눈이 충혈되거나 눈꼽이 끼어 있다.
_____ 콧물을 흘린다.
_____ 코 막힌 소리를 하거나 코가 막혀 있다.
_____ 잇몸에서 피가 나고 붓거나 입술이 부어 있다.
_____ 목이 쉬어 있어 목소리를 잘 못 낸다.
_____ 몸 전체에 붉은 반점이나 작은 물집이 있다.
_____ 호흡이 빠르거나 구강 호흡을 한다.

요약:

Workshop 8-3

● 표현력 및 창의력 체크리스트

표현력 및 창의력 체크리스트

관찰유아		생년월일	
관찰자		관찰날짜	
관찰시간		관찰행동	

지시:

1. 유아를 선택하여 관찰한다.
2. 체크리스트에 있는 행동이 나타나면 ✓로 표시한다.
3. 체크리스트 마지막에 각 발달 영역별로 요약을 한다.

______ 음악이나 악기소리에 맞추어 몸을 움직인다.
______ 악기를 연주하는 것을 좋아한다.
______ 자신의 생각과 느낌을 그림으로 표현할 수 있다.
______ 놀이의 주제를 다양하게 선택한다.
______ 여러 가지 재료를 이용하여 다양한 방법으로 만들고 꾸밀 수 있다.
______ 독창적이고 다양한 형태의 표현을 시도한다.
______ 역할놀이에서 맡은 역할을 잘 해낸다.

요약:

Workshop 8-4

● 언어발달 체크리스트: 수용언어

언어발달 관찰 기록서

관찰유아		생년월일	
관찰자		관찰날짜	
관찰시간		관찰행동	

지시: 다음은 영유아의 발달을 전체적으로 평가해 볼 수 있는 체크리스트이다.

1. 영유아를 선택하여 관찰한다.
2. 체크리스트에 있는 행동이 나타나면 ✓로 표시한다.
3. 체크리스트 마지막에 각 발달 영역별로 요약을 한다.
4. 관찰결과에 따라 각 영역별로 한 가지씩 교수방법을 계획한다.

개월	문항내용	예	아니오	비고
2~3	1. 말하는 사람의 입을 바라본다.			
	2. 소리가 들리는 곳을 찾아 이리저리 둘러본다.			
	3. 화를 내거나 화난 목소리를 들으면 행동의 변화를 보인다.			
	4. 젖이나 우유병을 보면 먹는 것임을 안다.			
	5. 친숙한 얼굴을 알아보고 미소로 반응할 때가 있다.			
4~5	6. 목소리가 들려오는 쪽을 정확하게 바라본다.			
	7. 영아가 울고 있을 때 다른 사람이 영아에게 말을 걸면 잠시 울음을 멈춘다.			
	8. 지속적인 기계음에 귀를 기울인다.			
	9. 화난 표정과 기쁜 표정을 확실시 구별하여 반응한다.			
	10. 엄마와 자주하는 놀이의 반복적인 행동을 즐겨한다.			
6~7	11. 친숙한 사람의 주의 주는 음성, 화내는 음성, 다정한 음성 등을 구별하여 반응한다.			
	12. 익숙한 낱말을 들을 때 관심을 보인다.			
	13. 이름을 부르면 반응한다.			
	14. "이리 와"나 "빠이빠이" 하며 손짓하면 적절한 행동으로 반응한다.			
	15. "안 돼"라는 소리 억양에 반응하여 하던 행동을 멈추거나 주춤한다.			

개월	문항내용	예	아니오	비고
8~9	16. 제스처를 하면서 간단한 말로 요구하는 동사를 몇 가지 이해하는 것 같다.			
	17. 보통 목소리로 “안 돼”라고 해도 하던 행동을 멈추거나 눈치를 살핀다.			
	18. 특정한 소리나 말, 상황에 따라 규칙적으로 따라하는 행동이 있다.			
	19. 좋아하는 음악이나 노래에 귀를 기울일 때가 있다.			
	20. 율동적인 음악을 들으면 박자에 맞춰 적절한 몸짓이나 손동작으로 반응할 때가 있다.			
10~11	21. 주위에 소리에 의해 산만해지지 않고 말을 들을 수 있다.			
	22. “안 돼” 이외의 부정적 명령에 하려던 행동을 멈춘다.			
	23. “○○ 어디 있니?”라고 물으면 찾으려고 두리번거린다.			
	24. 다른 사람의 행동을 모방한다.			
	25. 매주 이해하는 낱말이 늘어가는 것 같다.			
12~13	26. 제스처 없이 말로만 하는 간단한 지시대로 행동할 수 있다.			
	27. 말하는 사람의 말투로 그 사람의 기분이나 감정을 아는 것 같다.			
	28. 얼굴부분의 이름을 듣고 자신의 얼굴에서 한군데 이상 지적할 수 있다.			
	29. 가까이에 있는 친숙한 일상 사물의 명칭을 말하면 가지고 올 수 있다.			
	30. 새로운 몸동작 또는 손동작을 모방할 수 있다.			
14~15	31. 상대방이 다른 사람에게 말할 때와 자신에게 말할 때를 구분하여 반응한다.			
	32. 눈앞에 없는 익숙한 물건을 가져오라고 하면 그 물건을 가져올 수 있다.			
	33. 방안에 있는 친속한 사물이나 사람에 대해 “무엇”이나 “누구” 등으로 시작하는 질문을 했을 때 의미를 이해한다.			
	34. 거울에 비친 자신의 모습을 보고 그것이 자기인 줄 안다.			
	35. 일반적인 가족의 명칭을 이해하고 지적한다.			
16~17	36. 얼굴이외의 다양한 신체부위의 이름을 듣고 자신의 신체에서 네 군데 이상 지적할 수 있다.			
	37. 익숙한 사물과 관련된 두 가지의 연속된 지시를 수행할 수 있다.			
	38. 다른 사람이 이야기하는 동안 산만해지지 않고 이야기에 집중할 수 있다.			
	39. “없다”의 의미를 이해한다.			
	40. 구체적인 장소나 물건에 대한 금지상황을 이해한다.			

개월	문항내용	예	아니오	비고
18~19	41. 신체부분의 이름을 듣고 다른 사람의 신체에서 두 군데 이상 지적할 수 있다.			
	42. 그림과 실제 사물을 짝지을 수 있다.			
	43. "-안에"의 의미를 이해한다			
	44. 말로 지시했을 때 네 개 이상의 다양한 물건 중에서 한 가지 물건을 고를 수 있다.			
	45. 일상생활에서 두세 가지의 지시가 포함된 문장을 듣고 순서대로 수행할 수 있다.			
20~21	46. 열 가지 이상의 간단한 동사를 이해한다.			
	47. 매일 이해하는 낱말이 늘어나는 것 같다.			
	48. "나와 너"의 차이점을 이해한다.			
	49. "소유자+소유"의 의미를 이해한다.			
	50. 유아의 행동을 금지시키는 것 이외의 부정서술문을 이해한다.			
22~23	51. 익숙한 복문을 이해한다.			
	52. 명령하는 말과 물어보는 말을 구별할 수 있다.			
	53. 시간을 표현하는 낱말 중 적어도 한 개 정도는 이해한다.			
	54. 일상적인 형용사 중에서 적어도 세 네 개를 이해할 수 있다.			
	55. 친숙한 사람의 전화 목소리를 듣고 누군지 안다.			
24~26	56. 수량을 표현하는 낱말을 세 개 이상 이해할 수 있다.			
	57. 지시에 따라 사물의 일부분을 지적할 수 있다.			
	58. 그림책을 보며 의문사를 사용한 질문을 할 때 그 뜻을 이해한다.			
	59. 같은 말이라도 억양에 따라 말의 뜻을 다르게 이해할 수 있다.			
	60. 익숙한 부사를 사용한 몇 가지 지시를 이해한다.			
27~29	61. 사물의 기능과 관련된 질문을 이해한다.			
	62. 크기를 나타내는 낱말을 이해한다.			
	63. "이따가"와 "지금"의 차이를 이해한다.			
	64. 다섯 낱말 이상으로 된 긴 문장을 이해한다.			
	65. 대부분의 일상적인 동사를 이해한다.			
30~32	66. 지시에 따라 다른 곳에 가서 한 번에 두 개의 사물을 가지고 올 수 있다.			
	67. 간단한 비유표현을 이해한다.			
	68. 한 사람이 여러 가지로 불릴 수 있다는 것을 이해한다.			

개월	문항내용	예	아니오	비고
30~32	69. 두 개의 사물과 두 개의 동작이 포함되는 지시를 수행한다.			
	70. 복문을 이해한다.			
33~36	71. 사물의 원리나 기능에 관심을 나타낸다.			
	72. 사물의 "위, 아래, 앞, 뒤" 등의 상대적 위치에 대해 이해한다.			
	73. "같다, 다르다"의 개념을 이해한다.			
	74. 비교의 개념이 생겨서 "더 큰 것"과 "더 작은 것"을 지적할 수 있다.			
	75. 색깔의 이름을 다섯 개 이상 이해할 수 있다.			
요약				

출처: 김영태(2003).

Workshop 8-5

● 언어발달 체크리스트: 표현언어

언어발달 관찰 기록서

관찰유아		생년월일	
관 찰 자		관찰날짜	

지시: 다음은 영유아의 발달을 전체적으로 평가해 볼 수 있는 체크리스트이다.

1. 영유아를 선택하여 관찰한다.
2. 체크리스트에 있는 행동이 나타나면 ✓로 표시한다.
3. 체크리스트 마지막에 각 발달 영역별로 요약을 한다.
4. 관찰결과에 따라 각 영역별로 한 가지씩 교수방법을 계획한다.

개월	문항내용	예	아니오	비고
2~3	1. 옹알이를 한다.			
	2. 목소리를 크게 낼 때와 작게 낼 때가 있다.			
	3. 높은 소리를 내기도 한다.			
	4. 옹알이를 하고 있을 때 대꾸를 해주면 옹알이를 멈추었다가 간간히 다시 하기도 한다.			
	5. 옹알이로 다른 사람과 의사소통을 하려는 것처럼 보인다.			
4~5	6. 입술 떠는 소리를 자주 한다.			
	7. "ㅂ, ㅃ, ㅍ, ㅁ"가 들어간 소리를 낸다.			
	8. 자신의 기분을 표현하는 소리 형태가 있다.			
	9. 두 개 이상의 다른 모음을 붙여서 옹알이를 한다.			
	10. 말을 걸면 알아듣는 것처럼 소리 내어 반응한다.			
6~7	11. 다양한 모음 소리를 낸다.			
	12. 목이나 입술에서 나는 다양한 소리를 즐기며 논다.			
	13. 모음이나 자음을 결합하여 서로 다른 2음절 이상의 옹알이를 한다.			
	14. 유아가 소리를 내다 멈추었을 때 그 소리를 반복하여 주면 그 소리를 듣고 다시 모방한다.			
	15. "빠-빠", "음-마" 등의 초기낱말(protowords)을 말한다(의미 있게 사용하지 않아도 됨).			

개월	문항내용	예	아니오	비고
8~9	16. 같은 음절을 반복하여 소리 낸다.			
	17. 정확하지는 않더라도 소리를 듣고 음절수대로 모방한다.			
	18. 짝짜꿍이나 까꿍놀이 등의 동작과 소리를 따라한다.			
	19. 알아들을 수 없는 말로 2초 이상 웅얼거린다.			
	20. 어떤 행동을 하여 사람들이 웃음을 터뜨리면 그 행동을 계속한다.			
10~11	21. 통용하는 몇 가지 몸짓언어를 사용한다.			
	22. "아~" 혹은 "어~"와 같은 소리를 감탄사처럼 사용한다.			
	23. 짝짜꿍이나 까꿍놀이와 같이 엄마와 자주 하는 놀이를 유아가 먼저 시작하기도 한다.			
	24. 손가락으로 가리키거나 제스처를 동반한 소리를 내어 원하는 물건을 획득하려 한다.			
	25. 억양이나 소리 크기를 달리하여 자신의 감정을 표현한다.			
12~13	26. 어른의 억양을 모방하기 시작한다.			
	27. 웅얼거리는 말 중에 몇몇 정확한 낱말이 나타난다.			
	28. 새로운 낱말 모방을 시도한다.			
	29. 일관성 있게 사용하는 낱말이 있다.			
	30. 도움을 청할 때 큰소리로 엄마나 가족을 부를 수 있다.			
14~15	31. 말하는 억양이 문장처럼 들린다.			
	32. 이름을 부르면 대답하는 것 같은 소리를 내거나 행동을 한다.			
	33. 낱말이나 웅얼거리는 말속에 "ㄱ, ㄲ, ㅋ, ㅎ"와 같은 소리가 나타난다.			
	34. 제스처 또는 낱말을 사용하여 아니라거나 싫다는 표현을 한다.			
	35. 어떤 일이 자기 뜻대로 되지 않을 때 행동이나 말로 도움을 청할 수 있다.			
16~17	36. 유아가 의미를 알고 정확하게 사용하는 낱말이 네 개 이상 있다.			
	37. 노는 동안 다양한 의성어를 사용한다.			
	38. TV나 어른들의 대화에서 들은 낱말을 알아들을 수 있게 따라 말한다.			
	39. 점차적으로 사용하는 어휘가 증가한다.			
	40. 유아 스스로 사물의 이름을 말한다.			

개월	문항내용	예	아니오	비고
18~19	41. 3~4음절로 된 새로운 낱말을 비슷한 발음으로 모방한다.			
	42. 말할 수 있는 낱말이 적어도 10~20개가 있다.			
	43. “맘마”, “엄마” 이외의 받침 있는 말을 사용한다.			
	44. 2~3개의 낱말로 된 문장을 모방한다.			
	45. 다섯 개 이상의 일상적인 동사를 사용할 수 있다.			
20~21	46. 물어볼 때 말끝을 올려 말한다.			
	47. 자기가 원하는 것을 표현하기 위해 제스쳐보다 낱말을 더 많이 사용한다.			
	48. 그림을 보면서 “이게 뭐야?”라고 물었을 때 적어도 한 개 이상 사물의 이름을 말한다.			
	49. 호칭이 들어간 간단한 문장을 말한다.			
	50. 자신의 감정이나 느낌을 표현할 수 있다.			
22~23	51. “뭐야”를 써서 질문을 한다.			
	52. 동사가 포함되어 있는 두 낱말로 결합된 문장을 사용한다.			
	53. 두 낱말 문장에서 부정어를 사용한다.			
	54. 신체적 욕구에 대해 말로 표현한다.			
	55. 소유의 의미가 들어 있는 문장을 사용한다.			
24~26	56. 자기 자신의 이름을 사용하여 자신을 표현한다.			
	57. 사물을 말할 때 대명사보다는 그 이름을 사용한다.			
	58. 주로 두 낱말 또는 세 낱말로 된 문장을 사용한다.			
	59. 습관적으로 사용하는 “이거 뭐야?” 이외의 의문사를 사용하여 질문을 많이 한다.			
	60. 조사를 적절하게 사용하는 경우가 있다.			
27~29	61. 시간을 나타내는 초보적인 낱말을 표현한다.			
	62. 도구에 대한 질문에 적절히 대답할 수 있다.			
	63. 일상사물의 기능을 질문하면 두 낱말 이상의 문장으로 그 기능을 설명한다.			
	64. 선택을 요구하는 질문에 대한 대답을 스스로 할 수 있다.			
	65. 다른 사람을 놀리는 말을 사용한다.			

개월	문항내용	예	아니오	비고
30~32	66. "나", "우리" 등의 대명사를 사용할 수 있다.			
	67. 낱말의 첫소리 위치에서 "ㅂ, ㅃ, ㅍ, ㅁ"의 자음을 정확하게 발음한다.			
	68. 일상적인 동작이 표현된 그림에 대해 질문하면 적절하게 대답한다.			
	69. 자신이 그린 그림에 대해서 물었을 때 그것에 대해 이야기할 수 있다.			
	70. 형용사나 부사를 세 낱말 문장에서 사용한다.			
33~36	71. 명확하지 않더라도 자기가 경험했던 일에 대해 간단하게 말할 수 있다.			
	72. 관형어가 포함된 문장을 사용한다.			
	73. 동사의 시제를 사용하여 말한다.			
	74. 간단한 복문을 사용한다.			
	75. "왜"를 사용한 질문을 많이 한다.			
요약				

출처: 김영태(2003).

09

CHAPTER

평정척도법

CHAPTER 09 평정척도법(Rating Scale)

평정척도는 행동의 유 · 무와 함께 행동의 질을 평가하고자 할때 사용한다. 평정척도에 제시된 항목에 대해 관찰자가 평가할 때 오류가 발생하기 쉬우므로, 오류가 발생하지 않도록 유의해야 한다. 이 장에서는 평정척도의 특성 및 활용, 적용과 실례를 살펴본다.

1. 평정척도법의 이해

평정척도법(rating scale)은 관찰하고자 하는 행동이나 현상에 대해 출현 유무뿐만 아니라 행동의 특성 정도 혹은 출현빈도의 정도를 평가하고자 할 때 사용한다. 평정척도는 평정(rate)과 척도(scale)라는 용어가 합성된 용어로, 사물을 평정한다는 것은 기본적으로 사물에 대한 가치나 특성을 할당한다는 의미다.

평정하는 이, 즉 관찰자는 평정 전에 모든 항목을 읽고 영유아의 전반적인 인상으로 표시하기보다 기술된 항목에 대해서 객관적으로 평정하도록 노력해야 한다. 또한 평정척도를 활용할 때 관찰자는 관찰하지 못한 문항에 대해서는 관찰하지 못함이라는 칸에 표시를 하도록 하며, 관찰하지 못한 부분에 대해서는 관찰기간을 연장하거나 이를 추후 검토하도록 해야 한다. 평정의 간격은 일정하게 구성되어 있으며 똑같은 간격의 단위, 점수, 숫자 등이 사용된다. 예를 들면, 3점이나 5점 평정척도가 사용될 수 있다.

유아교육기관 현장에서 교사는 빠른 시간에 많은 유아의 평가가 가능하므로 평정척도 관찰법을 많이 활용하지만 평정척도는 문항 기록 이전에 교사의 판단을 먼저 요구하기 때문에 관찰자의 주관적인 평가라는 문제점을 가지고 있다. 즉 평정척도는 제시된 항목에 대하여 관찰자가 관찰 대상의 특성 정도를 평정하게 되므로 오류를 범하기 쉽다.

평정척도법을 이용하여 관찰할 때 다음과 같은 오류에 주의해야 한다.

① 기준의 오류: 관찰자의 기준이 관대한가 아니면 엄격한가에 따라 같은 행동이라도 다르게 평정할 수 있다. 관대한 기준을 적용할 경유에는 관용의 오류, 엄격한 기준을 적용할 경우에는 엄격의 오류라고 한다.

② 중심화의 오류: 관찰자가 잘 모르는 특성을 판단할 때나 극단적인 판단을 피하기 위하여 중간 정도로 평가해버리는 경향을 의미한다.

③ 인상의 오류: 관찰 대상에 대하여 기존에 가지고 있는 다른 정보들이 현재의 특성을 판단하는 데 영향을 미치는 것으로 '후광효과'라고도 한다.

④ 논리의 오류: 전혀 다른 두 가지 행동의 특성을 서로 비슷한 것으로 판단하여 평정을 하게 되는 것을 말한다. 예를 들면, 어휘력이 풍부한 것과 문장력이 뛰어난 것은 다른 특성임에도 논리적으로 관계가 있다고 생각하여 유사하게 평정하는 것을 의미한다.

⑤ 근접의 오류: 떨어져 있는 문항 간의 평정보다 연달아 있는 문항의 평정 간에 훨씬 유사함을 의미한다.

⑥ 대비의 오류: 관찰자가 지니고 있는 특성을 관찰 대상이 갖고 있으면 낮게 평가하고 관찰자에게 없는 행동 특성인 경우에는 높게 평가한다는 것이다.

따라서 관찰자는 평정척도를 사용하여 관찰을 하는 경우 위의 오류를 범하지 않고 각 문항을 객관적으로 평정하도록 노력하여야 한다. 또한 일화기록과 행동목록이 직접적인 관찰방법인 반면 평정척도는 간접적인 관찰의 양식이라 할 수 있으므로 평정척도는 좀 더 포괄적이고 객관적인 측정의 사실을 제공하기 위하여 다른 관찰 방법과 연합하여 사용하는 것이 좋다(이기숙, 2008).

Workshop 9-1

- 평정척도의 오류

4~5명씩 모둠으로 좋아하는 연예인을 정하고, 연기력, 외모, 가창력 등의 범주를 정한 후, 각자 평정해 보세요.

범주	1	2	3	4	5

2. 평정척도법 작성방법

평정척도를 사용하여 특정 행동을 평정하려고 할 때 관찰자의 평정척도 작성방법은 다음과 같다.

첫째, 관심 있는 주제를 정한다.

둘째, 주제와 관련된 내용을 관련 자료를 살펴서 조사하여야 한다.

셋째, 문항에 사용할 개념을 분명하게 기술하여야 한다.

넷째, 관찰지를 만들 때는 기술평정, 숫자평정, 도식 평정 등을 고려하여 만든다.

다섯째, 만들어진 관찰지를 사용하여 예비관찰 후 수정한다.

평정척도의 대표적인 유형은 기술평정척도, 숫자평정척도, 도식평정척도이며, 각 유형의 특징 및 작성법은 다음과 같다.

1) 기술평정척도

기술평정척도(descriptive rating scale)는 평정하고자 하는 항목의 내용 정도를 기술하는 유형이다. 기술평정척도는 대상의 행동에 대한 한 가지 차원에 대하여 질적 차이를 나타내는 진술문으로 작성된다. 이러한 진술문은 각 범주 간 차이가 구별될 수 있는 행동으로 서술해야 한다.

● 기술평정척도의 예

영유아의 놀잇감에 대한 관심

______	놀잇감에 관심이 없다.
______	주변의 놀잇감에 호기심을 나타낸다.
______	주변의 새로운 놀잇감에 대해 질문을 한다.
______	스스로 놀잇감을 탐색하고 놀이를 하려고 시도한다.

2) 숫자평정척도

숫자평정척도(numerical rating scale)는 평정의 정도를 1~3점, 1~5점, 혹은 1~7점 등으로 숫자로 표시한다. 숫자평정의 경우 단극평정척도와 양극평정척도로 구분할 수 있다. 단극평정척도는 숫자의 크기가 한 방향을 향해 점차 커지거나 혹은 작아지도록 배정하고, 양극평정척도는 가운데를 중심으로 숫자를 양방향으로 제시한다.

● 숫자평정척도의 예

***단극평정척도**

그렇지 않다				그렇다
1	2	3	4	5

***양극평정척도**

그렇지 않다				그렇다
−2	−1	0	1	2

3) 도식평정척도

도식평정척도(graphic rating scale)는 특정 행동의 특성 정도를 수평선상에 기술된 내용에 표시하는 방법으로, 평정 정도가 시각적으로 제시되어 쉽게 평정할 수 있다. 이때 수평선에 제시되는 정도를 표시한 간격을 동일하게 제시하여야 한다. 또한 각 간격을 나타내는 선뿐 아니라 행동의 특성 정도를 나타내는 글도 함께 기술한다.

● 도식평정척도의 예

***유아가 스스로 옷을 입습니까?**

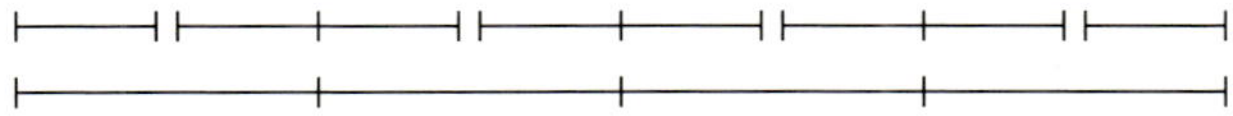

전혀 그렇지 않다 / 별로 그렇지 않다 / 보통이다 / 대체로 그렇다 / 항상 그렇다

***유아가 스스로 옷을 입습니까?**

전혀 그렇지 않다	별로 그렇지 않다	보통이다	대체로 그렇다	항상 그렇다

Tip

평정척도를 작성할 때 주의점

평정척도를 제작할 때는 평정의 단위를 몇 개로 할 것인지, 그리고 단계를 홀수로 할 것인지 짝수로 할 것인지를 결정해야 한다.

1. 적은 수의 분할은 평정자의 평정 기회를 제한하는 반면, 많은 수의 분할은 단계 간의 구별이 명확하지 않아 평정을 어렵게 한다.
2. 홀수형 단계는 보통 내지 평균의 가운데 지점이 있어 판단을 내리기가 쉬운 반면, 행동의 질적인 수준을 평정하기 어려운 경우에 가운데를 표시하는 경향으로 인해 성실하지 못한 평정이 될 가능성이 있다.
3. 짝수형 단계는 긍정적 또는 부정적인 방향성을 결정해야 하기 때문에 분명한 방향성을 파악하고자 할 때는 짝수형 단계를 사용할 수 있다.

평정척도법을 사용하여 관찰기록을 할 때는 다음을 유의하여 작성해야 한다.

① 평정의 목록 또는 기술형 척도의 항목은 가능한 명확하고 간결해야 하며 관찰 가능한 행동용어로 기술해야 한다.

② 평정척도의 항목 간 의미는 중복이 없어야 한다.

③ 여러 가지 발달 영역에 관한 평정을 동시에 실시할 경우에 한 가지 특성에 대하여 모든 관찰 대상 유아를 평정한 후에 다른 영역의 특성을 평정하여 평정자

의 기준이 일관성 있게 유지되도록 한다.

④ 행동특성의 질적인 수준을 평정하기 때문에 개인적인 편견이 개입될 여지가 많으므로 관찰자가 범할 수 있는 오류를 줄이기 위해 노력해야 한다.

3. 평정척도법 장 · 단점

평정척도법은 행동의 특성을 미리 정해진 범주에 따라 평가하는 관찰법으로, 장단점을 살펴보면 다음과 같다.

1) 장점

- 평정척도법은 관찰하면서 기록하지 않아도 되며, 교사가 편한 시간에 사용할 수 있기 때문에 시간이 많이 소요되지 않는다.
- 동시에 여러 발달 영역을 평가할 수 있기 때문에 효율적이다.
- 평정척도법은 행동의 질적 수준을 평가할 수 있다.
- 서술식 기록방법에 비해 사용방법이 간단하여 사전 훈련 없이도 손쉽게 사용할 수 있다.

2) 단점

- 관찰자가 평가하고자 하는 행동의 범주를 잘 반영한 정확하고 객관적인 항목으로 구성된 평정척도를 만드는 것이 쉽지 않다.

- 관찰장면에서 바로 기록하는 방법이 아니라 관찰자의 기억에 의존하여 평정이 이루어지기 때문에 관찰자의 주관이 개입될 가능성이 높다.
- 서술식 기록과는 달리 관찰장면에서 일어나는 행동의 전후 사정을 알 수 없기 때문에 행동의 원인을 파악하기 어렵다.

4. 평정척도법 기록 실제

Workshop 9-2

● 기술 평정척도법

유아의 문해 능력

관찰대상		생년월일		성별	
관찰자		관찰일자		연령	

지침:

1. 유아의 행동을 가장 잘 진술한 범주에 ✓표시를 한다.
2. 문항 내의 진술문 중 어느 하나도 현재 유아의 행동을 설명하기 못하거나 덧붙일 내용이 있으면 기타란에 적는다.

기록	1. 유아의 읽기 능력이 어느 정도 발달되어 있는가? _____ 아직 글자를 구별할 줄 몰라서 읽기 활동에 관심이 없다. _____ 유아의 주변에서 익숙한 단어를 여러 개 읽을 수 있다. _____ 읽기 활동에 관심을 보이며 쉬운 문장을 읽을 수 있다. _____ 자주 페이지를 넘기면서 책을 읽거나 읽은 내용을 말한다. _____ 다양한 문장 또는 간단한 이야기를 읽는다. _____ 기타( ) 2. 유아는 읽기 활동에 어느 정도 관심을 보이고 있는가? _____ 이야기를 읽어 줄 때 흥미와 관심이 없다. _____ 짧은 이야기를 읽어주면 관심을 보이고 읽어 달라고 요구한다.

<table>
<tr><td>기록</td><td>
_____ 읽어 준 이야기에 대해 질문, 대답하거나 이야기한 부분을 따라할 수 있다.
_____ 기타( )

3. 책에 관한 지식은 어느 정도 관심을 보이고 있는가?
_____ 책을 바르게 놓는 방법을 아직 모르고 있으며 그냥 집어서 들고 있다.
_____ 책을 집어 들고 페이지를 차례대로 넘기면서 계속 본다.
_____ 책 표지나 책 속의 그림을 보고 이야기를 하거나 느낌, 생각을 말한다.
_____ 기타( )

4. 유아의 책에 대한 관심은 어느 정도인가?
_____ 책에 전혀 관심이 없고 독서 영역을 찾지 않는다.
_____ 가끔씩 독서 영역을 이용하며 책에 대해 약간의 관심을 보인다.
_____ 자주 독서 영역을 이용하거나 책에 대해 많은 관심을 보이고 있다.
_____ 기타( )

5. 책을 읽는 지식은 어느 정도 발달되어 있는가?
_____ 눈동자가 글자의 방향과는 관계없이 그림만 보고 읽는다.
_____ 눈동자가 정확한 방향으로 움직이면서 책의 글자를 따라가며 읽는다.
_____ 책을 읽는 것처럼 행동을 보이거나, 실제로 책을 읽을 수 있다.
_____ 기타( )

6. 쓰기에 대한 관심, 흥미는 어느 정도인가?
_____ 글씨를 쓰는 것에 흥미를 보이지 않는다.
_____ 긁적이기 등 여러 개의 선을 그어놓고 글씨를 안다고 한다.
_____ 자주 글씨를 쓰는 것에 관심, 흥미를 보인다.
_____ 기타( )

7. 쓰기에 대한 능력은 어느 정도 발달되어 있는가?
_____ 전혀 쓰기는 방법을 모르고 시도하려 하지 않는다.
_____ 꾸불꾸불한 선을 그리면서 글자처럼 표기한다.
_____ 자기 이름 등 자신에게 의미 있는 글자를 베껴 쓰거나 적는다.
_____ 자기 이름 외에 몇 개의 단어와 짧은 문장을 쓴다.
_____ 다양한 문장을 쓴다.
_____ 기타( )
</td></tr>
<tr><td>요약</td><td></td></tr>
</table>

출처: 고문숙 · 김수향 · 김춘경 · 이경하 · 이용주 · 임영심(2013). 아동관찰 및 행동연구. pp. 63~64.

Workshop 9-3

● 숫자 평정척도법

유아의 주의집중력

관찰대상		생년월일		성별	
관찰자		관찰일자		연령	

지침:

1. 유아의 행동을 가장 잘 진술한 범주에 ✓표시를 한다.
2. *표시는 역채점 문항이다.

	전혀 그렇지 않다	그렇지 않다	보통이다	대체로 그렇다	매우 그렇다
1. 유아는 자기의 과제를 종종 완성시키지 못한다. *	1	2	3	4	5
2. 유아는 타인의 말에 귀를 잘 기울인다.					
3. 유아는 자신이 좋아하는 일에 몰입한다.					
4. 유아는 일정한 시간동안 주어진 과제에 열중한다.					
5. 유아는 주의력이 부족하고 쉽게 분산된다. *					
6. 유아는 수업시간에 무엇을 했는지 잘 기억한다.					
7. 유아는 타인의 특별한 도움 없이 주어진 과제를 완성시킨다.					
8. 유아는 놀이를 할 때 놀이에 푹 빠져든다.					
9. 유아는 단순한 지시에 정확히 잘 따른다.					
10. 유아는 학급에서 자기 역할을 다한다.					
11. 유아는 일련의 지시를 잘 따른다.					
12. 유아는 갑자기 화를 내거나 예측할 수 없는 행동을 한다. *					
13. 유아는 다른 또래를 방해하지 않는다.					
14. 유아는 생각 없이 말하거나 행동한다. *					
15. 유아는 흥분하지 않고 안정적이다.					

	전혀 그렇지 않다	그렇지 않다	보통 이다	대체로 그렇다	매우 그렇다
16. 유아는 자신감이 있다.					
17. 유아는 계속해서 안절부절 못해 한다. *					
18. 유아는 자주 운다. *					
19. 유아는 감정기복이 크지 않다.					
20. 유아는 심리적 안정감이 있다.					
요약					

출처: 홍성훈(2013). 교사용 유아 주의집중력 척도 개발 및 타당화. p. 11.

Workshop 9-4

● 도식 평정척도법

유아의 의사소통 능력

관찰대상		생년월일		성별	
관 찰 자		관찰일자		연령	

지침:

1. 유아의 행동을 가장 잘 진술한 범주에 ✓표시를 한다.
2. *표시는 역채점 문항이다.

	전혀 그렇지않다	그렇지 않다	그렇다	매우 그렇다
1. 문제 상황에서 대안을 제시한다.				
2. 또래와의 상호작용에서 부탁하는 말을 효과적으로 한다.				
3. 또래의 요구를 거절해야 할 때, 거절의 이유를 적절하게 말한다.				
4. 자신이 한 말을 상대방이 이해하지 못하였을 때보다 쉬운 말로 다시 말한다.				
5. 슬프거나 속상한 친구를 위로한다.				
6. 떠들썩한 상황에서 적절한 방법으로 자신에게 또래들의 주의를 집중시킨다.				
7. 또래의 성취나 좋은 행동에 격려나 칭찬을 한다.				
8. 문제를 해결하기 위해 타협할 수 있다.				
9. 상황에 맞게 재치 있는 표현을 한다.				
10. 그림책의 등장인물에게 공감한다(예 신데렐라가 불쌍해요).				
11. 토의 상황에서 자신의 의견을 명확하게 말한다.				
12. 몸동작으로 표현된 것의 의미를 안다(예 교사가 손가락을 입술에 대고 쉿 하는 동작을 보이면 조용히 한다).				
13. 놀이 상황에서 가상의 놀이역할을 잘 수행한다(예 '난 손님이야 넌 미장원 주인해'라고 말하면 '손님 파마하실래요?'라고 반응할 수 있다).				

	전혀 그렇지않다	그렇지 않다	그렇다	매우 그렇다
14. 들려준 이야기를 기억하여 말한다.				
15. 과거의 경험을 기억해서 말한다(예 주말을 보낸 이야기를 회상하여 말할 수 있다).				
16. 사건이 일어난 순서에 맞게 말한다.				
17. 또래의 말을 듣고 관련된 내용으로 반응한다.				
18. 또래의 행동을 언급하면서 자신의 기분을 말한다(예 '네가 내 그림을 망쳐서 화가 났어'라고 말한다).				
19. 또래에 비해 표현할 수 있는 어휘수가 많다.				
20. 방향 위치 시간 등과 관련된 단어들을 적절하게 사용한다(예 '앞, 뒤, 옆, 안, 밖, 어제, 내일'과 같은 단어를 적절하게 포함해서 사용한다).				
21. '그러나, 그런데, 아니면, 또는 그렇지만, 정말로' 등의 접속사들을 포함하여 적절하게 사용한다.				
22. 자신의 생각을 여러 사람 앞에서 적절한 언어로 표현한다.				
23. 의성어나 의태어를 사용하여 적절하게 말한다.				
24. 자신이 하고 있는 행위를 말로써 설명할 수 있다(예 장난감 차를 책상의 모퉁이로 몰고 가면서 '나는 지금 숲 속을 가고 있어'라고 말할 수 있다).				
25. 표현하는 이야기의 흐름이 자연스럽다.				
26. 다양한 상황에서 사용하는 적절한 표현을 알고 사용한다(예 선물을 받았을 때, 도움을 받았을 때, 친구를 만났을 때, 음식을 더 이상 먹고 싶지 않을 때, 미안하거나 고마울 때 등).				
27. 간단한 은유 문장을 이해하고 사용한다(예 '선생님 머리는 라면 같아요'라는 말을 이해하고 말할 수 있다).				
28. 교사가 하는 말을 잘 못 알아들었을 때 다시 질문한다.				
요약				

출처: 임승렬 · 남연정 · 김정림(2014). 유아 의사소통 측정척도의 개발 및 타당화 연구. pp. 67~68.

03

P A R T

영유아 수행 평가

CONTENT

10
CHAPTER

포트폴리오 평가

1. 포트폴리오 평가의 이해
2. 포트폴리오 평가의 장 · 단점
3. 포트폴리오 평가의 실제

CHAPTER 10

포트폴리오 평가

포트폴리오는 평가는 오랫동안 개별 영유아의 발달과 경험, 노력, 성취 등에 대해 다양한 기록과 자료들을 지속적으로 수집하고 평가하여 영유아에게 적절한 교수전략을 제공하도록 지원하는 것이다. 이 장에서는 포트폴리오 평가가 무엇인지 이해하고, 유아교육 현장에서 활용할 수 있도록 실제를 소개하고자 한다.

1. 포트폴리오 평가의 이해

1) 포트폴리오의 개념

포트폴리오(portfolio)는 작업의 결과나 작품 혹은 어떤 수행의 결과를 모아 놓은 자료집이나 서류철을 의미하는 것으로, 영유아의 발달과 학습에 대한 기록과 증거들을 시간의 흐름에 따라 구체적인 목적을 가지고 조직적으로 모아 놓은 것이다(황해익 외, 2009; Northwest Evaluation Association, 1990). 포트폴리오는 한 해 동안 시간의 흐름에 따라 나타난 영유아의 발달 및 노력과 성취의 결과이기에 영유아의 가족과 교사가 영유아의 발달을 조금 더 잘 이해할 수 있는 기회를 제공할 수 있다.

포트폴리오 평가는 장기간에 걸쳐서 개별 영유아의 발달과 경험, 노력, 성취 등

학습에 대한 다양한 기록과 증거들을 지속적으로, 주기적으로 수집하고 평가하여 영유아에게 맞춤형으로 가장 적절한 교수전략을 제공하도록 한다. 즉, 사진, 비디오테이프, 동영상, 일화기록, 체크리스트, 평정척도, 영유아 및 부모와의 면담기록, 각 흥미영역별 활동의 결과물과 기록자료 등 영유아가 유아교육기관에서 활동한 과정과 결과를 조직적으로 모아 놓은 자료를 통해서 영유아의 지식, 기술, 태도의 성장을 검토하는 평가방법이다. 포트폴리오 평가는 어떤 규준에 따라 영유아들을 비교하기보다는 개별 영유아의 발달과 학습을 시간의 흐름에 따라 보여주기 때문에 개별 영유아의 노력이나 발달 혹은 성취 등을 보여주어 개별 영유아를 총괄적으로 평가할 수 있어 최근 가장 적절한 평가방법으로 여겨지며 많은 관심을 모으고 있다.

2) 포트폴리오의 특성

유아교육에서는 결과 중심이 아닌 과정 중심의 활동, 유아교사와 개별 영유아 혹은 소집단 영유아들과의 직접적인 대면, 영유아의 발달 상황에 대한 기술적 평가, 가족과의 원활한 상호작용을 강조한다. 이러한 포트폴리오 평가의 구성과 사용에 있어 기초가 되는 주요 특성은 다음과 같다(황해익 외, 2009).

첫째, 폴트폴리오는 협동적이다. 유아들은 활동의 결과물 중에 포트폴리오에 무엇을 넣을 것인지 선택해야 하며, 어떻게 사용할 것인지, 어떤 기준으로 평가할 것인지를 교사, 또래, 부모와 함께 결정하여 유아와 상호작용하는 사람들과 생각을 공유하는 협동적인 것이다.

둘째, 폴트폴리오는 장기적이다. 일회적인 자료의 수집으로 유아를 평가하는 것이 아니라 시간의 흐름에 따라 점차 향상되는 것을 살펴보기 위해서 시간을 길게 두고 지속적으로 자료를 수집해야 한다.

셋째, 포트폴리오의 내용물은 단순히 학습의 결과만을 보여주는 것이 아니라 과정을 나타내는 것이다. 영유아 발달에 대한 학기 초의 자료와 중간 과정 자료, 그리고 학기 말의 자료를 보여줌으로써 어떤 점이 향상되었는지에 초점을 맞추어 영아의 발달을 보여줄 수 있고 바람직한 방향으로의 변화를 보여준다.

넷째, 포트폴리오는 교사와 영아에게 자기반영의 기회를 제공한다. 영유아들은 자신의 활동 과정을 되돌아보면서 자신의 향상된 점을 평가하고 강점과 개선점을 알 수 있다. 교사도 자신의 교수–학습 과정, 프로젝트 선정 등에 미치는 영향에 대해 반성적 사고를 할 수 있는 기회를 준다.

3) 포트폴리오의 유형

포트폴리오 평가는 목적, 조직 형태, 이용의 주체가 누구냐에 따라 개인 포트폴리오(private portfolio), 학습 포트폴리오(learning portfolio), 인수 포트폴리오(pass-along portfolio) 3가지로 분류한다(Shores & Grace, 1998). 포트폴리오 유형에 대한 설명은 다음과 같다.

❖ 표 10–1 포트폴리오의 유형

유 형	내 용
개인 포트폴리오	• 영유아 개인 및 부모의 신상정보, 신체측정(몸무게, 키), 의료 및 건강검진 기록(질병 유무, 예방 접종, 건강검진 결과 등) 등으로 비밀이 보장되어야 하는 영유아 개인 정보가 포함된 자료를 의미함 • 교사의 일화기록, 부모면담 기록, 가정환경조사서 등 개별 영유아의 중요한 정보를 담고 있음 • 일반적인 자료들과는 분리하여 비밀 보장에 유의하여 보관하는 것이 바람직함
학습 포트폴리오	• 영유아와 교사가 가장 빈번하게 사용하는 포트폴리오로 교육 및 보육과정 운영 중 나타나는 영유아의 활동의 과정과 결과에 대한 자료, 자기반성적 기록 등이 포함됨 • 학습 포트폴리오는 영유아가 주체가 되어 자료를 수집해야 함. 교사가 수집할 가치가 있다고 판단한 결과물도 포함시킬 수 있음
인수 포트폴리오	• 학년 말에 영유아의 한 해 동안의 활동을 정리하고, 다음 해 교사에게 참고할 수 있는 자료를 전하기 위해 교사, 영유아, 부모가 함께 협의해서 가장 대표적인 작품으로 구성하는 얇은 포트폴리오를 의미함 • 인수 포트폴리오는 내년도 영유아의 담임교사가 영유아의 발달을 파악하여 교수전략을 수립할 때 도움이 됨

2. 포트폴리오 평가의 장 · 단점

포트폴리오 평가는 다양한 활동의 작품 혹은 결과를 모아놓은 자료집을 통하여 유아의 지식, 기능, 태도 등을 평가할 수 있는 영유아기에 적용하기 적합한 평가방법으로 인정되면서 많은 유아교육기관에서 활용되고 있다.

포트폴리오 평가의 장점과 단점을 살펴보면 다음과 같다(김승옥, 2016; 이경희 외, 2006; 이옥임, 2012; 황해익 외, 2009).

1) 장점

- 포트폴리오는 결과물이 만들어지는 과정과 그것에 대한 영유아의 반성적 사고 및 자기 평가를 중요시한다. 포트폴리오 평가경험은 영유아들이 자신의 현재 행동과 이전 행동을 비교하여 반성해 봄으로써 자신의 향상된 점을 확인할 수 있어 스스로 자랑스러움을 느끼고 성취감을 가지게 된다. 영유아들에게 필요한 스스로에 대해 평가기술을 얻고 또래의 작품에 대한 의견을 통해 다른 사람들에 대한 평가기술을 더 잘 전달하도록 해준다. 또한, 학습의 과정에서 영유아가 어떤 어려움을 겪는지, 혹은 어떠한 과정으로 발달하고 있는지에 대한 정보를 얻을 수 있다.
- 일과진행 과정 속에서 영유아의 행동을 총체적으로 파악할 수 있으며 별도의 시간을 내어 평가를 할 필요가 없다.
- 영유아의 장점에 초점을 맞춘다. 포트폴리오 평가는 유아의 장점에 초점을 맞추어 영유아가 무엇을 할 수 없는가에 대해서가 아니라 무엇을 할 수 있는가에 대해 관심을 갖게 한다.
- 개별 영유아에게 적합한 평가를 실시할 수 있다. 영유아의 연령과 발달수준,

발달영역 및 교육 · 보육과정 영역, 어린이집의 목적 등 여러 요인 및 상황에 따라 포트폴리오의 조직과 활용이 달라질 수 있다. 따라서 개별 영유아에게 가장 적절하고, 정밀하고, 완전하며, 발달적으로 적합한 평가를 실시할 수 있다.

- 영유아의 향상된 점에 대한 구체적인 증거를 제시하고 부모들이 유아의 작품을 좀 더 잘 이해하고 감상하게 해주어 교사는 물론 부모도 유용하게 사용할 수 있으며, 교육의 효과도 증진시켜 준다.
- 포트폴리오 평가 과정에서 영유아와 영유아, 영유아와 교사, 교사와 교사 사이의 협력적 관계가 유지되고 요구되며, 그 결과 협동심과 신뢰감이 증진된다.
- 포트폴리오 평가는 매일의 일과운영 속에서 이루어지기 때문에 평가의 결과는 교육과정을 계획하고 수정하는 데 바로 이용될 수 있다.
- 교사에게 영유아의 발달 및 학습정보를 다양하게 제공하므로 영유아의 능력을 평가하는 객관적이고, 명확한 다양한 증거자료를 제공해 준다.

2) 단점

포트폴리오 평가의 단점은 다음과 같다(김승옥, 2016; 이경희 외, 2006; 이옥임, 2012; 황해익 외, 2009).

- 포트폴리오 평가는 이 과정을 준비하고 시행하는 데 필요한 소요비용이 표준화검사보다 많으며, 영유아에 대한 자료를 계속적으로 수집하고 정리해야 하므로 많은 시간과 노력이 필요하다.
- 포트폴리오 평가 자료의 수집, 보관, 정리를 위해서는 충분한 공간이 요구되나, 어린이집에서 개별 영유아의 한 해 동안의 작품 및 자료를 수집하여 보관할 수 있는 공간 확보에 어려움이 있다.
- 포트폴리오 평가는 교사의 주관과 편견에 따라 평가 자료 수집과 평가 기준

이 달라지기 때문에 평가 내용과 결과에 대한 타당성과 신뢰성 확보가 어렵다.

- 포트폴리오 평가는 기록과 보관에만 치중하다 보면 영유아의 학습과정이 한쪽으로 치우칠 수 있어 단순한 자료수집 활동이 되지 않도록 계획을 세우는 것이 매우 중요하다.
- 포트폴리오 평가는 기록물을 수집하고 평가하는 과정에서 교사의 편견이 작용할 가능성이 많기 때문에 부모 및 가족의 참여가 적극적으로 이루어질 수 있도록 해야 한다.

3. 포트폴리오 평가의 실제

포트폴리오 평가는 개별화된 평가방법이므로 모든 유아에게 동일하게 적용할 수 있는 정형화된 평가절차를 제시하기 힘들다(김지은 · 김진숙, 2009). 여기서는 각 기관의 목적과 특징 또는 교사의 의도에 따라 포트폴리오 평가를 적절히 변형하여 실시하고자 할 때 참고할 수 있는 일반적인 절차를 살펴보고자 한다.

계획단계	→	실행단계	→	평가 및 활동단계
• 포트폴리오 지침 정하기 • 자료수집 및 평가 계획하기		• 보관함 준비하기 • 포트폴리오 점검표 작성하기 • 자료수집하기		• 포트폴리오 요약서 준비하기 • 협의회 실시하기 • 전시회 개최하기 • 인수 포토폴리오 준비하기

1) 계획단계

(1) 포트폴리오 지침 설정하기

포트폴리오 지침이란 포트폴리오 평가 전에 포트폴리오를 실시하는 목적, 자료 수집의 내용물, 채점준거, 활용방법 등 포트폴리오를 어떻게 시행할 것인가에 대한 기준을 설정하는 것이다(황해익 외, 2009). 이때 중요한 것은 영유아 가정과의 원활한 의사소통 및 영유아의 개별화된 발달 촉진을 위해 영유아 및 부모의 참여를 최대한 보장할 수 있는 방향으로 규정을 작성해야 한다. 포트폴리오 평가를 위한 규정의 예는 다음과 같다.

❖ 표 10-2 포트폴리오 평가 지침의 예시

포트폴리오 평가 지침
• 포트폴리오에 수집될 항목은 영유아의 활동사진, 작품, 신체계측정보, 의료기록, 건강검진, 교사의 저널, 평가표 등을 포함하며, 영유아의 발달을 이해할 수 있는 전반적인 자료를 의미한다. • 포트폴리오에 포함될 자료는 표준보육과정(기본생활, 신체운동, 의사소통, 사회관계, 자연탐구, 예술경험)이나 누리과정(신체운동 · 건강, 의사소통, 사회관계, 자연탐구, 예술경험)의 영역별로 필수 항목을 연 3회(학년 초, 1학기말, 2학기말)에 걸쳐 수집하고, 개별화된 포트폴리오 항목은 연중 수시로 첨가한다. • 유아 포트폴리오에 넣을 작품은 영유아가 선정하는 것을 원칙으로 하나, 교사의 판단에 의해 필요한 작품을 추가하여 선정할 수 있다. • 영유아의 작품에 영유아, 교사, 학부모의 의견을 첨가할 수 있다. • 다음 해로 인수인계할 포트폴리오에 넣을 항목은 유아, 교사, 학부모가 함께 결정한다. • 교사들은 각 학기말에 포트폴리오의 내용물을 서술적으로 요약하여 가정으로 보낸다. • 학기말에 유아의 학습 포트폴리오는 유아가, 인수 포트폴리오는 유아교육기관에서 보관한다. • 포트폴리오에 포함된 유아의 개인정보는 외부에 공개하지 않으며, 부득이하게 공개할 경우 익명으로 처리한다.

출처: 황해익 · 송연숙 · 정혜영 · 유수경(2013).

(2) 포트폴리오 자료 수집 및 평가 계획하기

포트폴리오에 포함되는 자료를 수집하기 위해서는 포트폴리오 작성의 목적만이 아니라, 포트폴리오에 포함시킬 항목과 수량, 보관 장소도 고려해야 한다. 자료는 영유아들의 발달적 진보를 확인할 수 있는 자료들로 수집하며, 자료 선정과정에 영유아들도 참여하여 영유아들이 작품을 선택한 이유나, 나타내고 싶은 것, 작품이 마음에 들지 않거나, 바꾸고 싶은 부분, 바꾼다면 어디를 바꿀 것인지를 기록한다면 자기 평가지나 자기 반성지가 될 수 있다(곽현주 외, 2010; 이옥임, 2012). 평가 자료의 수집을 위해 교사들은 다양한 상황에서 영유아의 행동을 관찰하고 기록하며, 이러한 자료를 바탕으로 다음 교육 및 보육과정 개발 자료로 삼을 수 있다. 또한, 평가에는 누구를 참여시킬지, 평가결과를 어떻게 공유할지에 대해 결정해야 한다. 유아교육기관의 상황, 프로그램의 특성에 따라 발달범주에 따라 구분할 것인지, 누리과정 영역으로 구분할 것인지에 대해서도 미리 결정해야 한다. 다음은 영역별 포트폴리오 수집자료 목록의 예이다.

❖ 표 10-3 영역별 포트폴리오 수집자료 목록

영역	수집자료
기본생활	• 기본생활습관 체크리스트 • 기본생활습관 관찰기록
신체운동	• 소근육 활동 결과물 • 달리기, 점프 등 신체운동 자료 • 조작적 동작 자료 • 신체운동 발달 체크리스트 • 실외활동 관찰기록 • 동작 표현 사진 자료
사회관계	• 여러 영역에서 관찰된 또래와의 대화기록 • 놀이 계획표(자유선택 활동지) • 사회정서발달 체크리스트 • 유아의 행동에 관한 관찰기록 • 실내외 견학장소에서 유아의 행동, 수행기록 • 역할놀이 사진 자료 • 가족과 이웃에 관련된 활동 자료 • 친구 관계에 대한 기록 • 자아개념에 대한 자기 보고

영역	수집자료
의사소통	• 쓰기 자료 • 동시, 동화, 일상생활의 내용을 담은 글 • 유아의 읽기 자료 • 도서 계획표 • 주말 지낸 이야기 • 소개하기 담화 기록 • 주제관련 이야기 나누기 기록
자연탐구	• 숫자 자료 • 수학의 다양한 영역의 활동 자료(측정, 공간, 그래프 등)와 사진 • 실험 결과 자료 • 관찰 기록표 • 요리 활동 결과표
예술경험	• 유아의 그림(자유화, 주제화) • 종이접기 자료 • 점토, 만들기 등 입체 구성물 자료의 사진 • 블록 상자 등을 이용한 구성물 • 또래와의 협력을 통한 공동 산출물 • 신체 표현 자료 • 악기 사용 자료 • 음률 활동 자료

출처: 박찬옥 외(2011).

2) 실행단계

포트폴리오 평가의 실행단계는 자료를 보관함을 준비하고, 유아의 활동 결과물, 작업표본, 관찰 및 면담 기록 등 다양한 자료들을 체계적으로 수집하는 단계이다. 즉, 유아교육기관에서 지내는 동안 영유아의 다양한 활동들과 그 결과물, 유아에 대한 교사의 관찰 자료들, 가정에서 보내준 영유아에 대한 정보 및 자료들, 부모와의 면담 자료 등이 필요하다.

부모 면담 양식	
유아 이름:	날짜 :
부모 이름:	

• (부모에게 보여줄 작품 준비) 유아의 장점 및 문제점에 대해 의논하기

• 유아의 장점 리스트 만들기

• 유아의 문제점을 개선시키기 위한 방법 의논하기

• 유아에 대한 부모의 관심사 나누기

• 유아에 대한 부모의 목표에 대해 나누기

출처: 김희태(2004) 재인용.

(1) 보관함 준비하기

포트폴리오 평가에서는 개별 유아마다 활동 결과물을 수집 정리하기 위해서는 3공 바인더, 아코디언 파일, 대형 서류봉투, 플라스틱 상자, 공책, 스케치북, 홀더, 박스, 쇼핑백, 선반, CD-ROM 등 유아교육기관의 상황에 맞게 준비한다. 이때 보관함은 최소한의 공간을 차지하도록 하고, 연 4회 분기별로 나누어 정리하는 것이 좋다. 또한 구입에 부담이 되지 않을 정도로 가격으로 정하는 것이 좋다. 파일이나 바인더의 경우 내용물이 증가할 때마다 속지를 보충할 수 있도록 첨가형을 사용하는 것이 좋다(황해익 외, 2013 재인용). 최근에는 효율적인 보관을 위해 디지털 매체의 활용도가 높아지고 있으며, 이러한 디지털 매체는 보관이 쉽고, 장기간 보관이 가능하며, 학부모와의 공유에도 용이하다(McAfee & Leong, 2008).

(2) 포트폴리오 점검표 작성하기

포트폴리오 내용 목차는 수집될 예상 내용물을 미리 표로 만들어 포트폴리오 맨 앞장에 붙여두고, 자료가 첨가될 때마다 표시를 추가함으로써 포트폴리오 내용물을 쉽게 파악할 수 있다. 이때 날짜와 함께 자료의 영역과 형태를 기록해 두면 자료가 원본인지, 사본인지, 녹음자료인지, 사진인지 등을 쉽게 파악할 수 있다. 포트폴리오 평가를 위해 수집하는 자료를 조직하고 정리하는 방법은 시기별, 주제별로 할 수 있다. 이정환과 박은혜(1996)에 의하면 발달영역이나 보육과정 영역별로 조직할 것을 제안하였고, 발달영역이나 보육과정 영역별로 조직할 때에도 그 안에서 시간별로 정리해 놓으면 필요할 때 꺼내어 쓰기도 쉽고 정리하기도 쉬워진다. 포트폴리오 점검표의 예는 다음과 같다.

❖ **표 10-4** 포트폴리오 내용 목차 및

번호	항목	3월	4월	5월	…	1월	2월	비고
1	배변활동		4/1					체크리스트
2	수유 및 이유	3/13						일화기록, 체크리스트
3	끼적이기		4/13					작품
4	동작			5/20				동영상
5	블록 쌓기			5/13				사진
6	신체계측		4/3		6/3		2/3	신체계측표

(3) 포트폴리오 자료 수집하기

포트폴리오에 포함되는 자료는 영유아의 활동 결과물이다. 평가의 목적이나 기관의 상황에 따라 결정될 수 있지만, 일반적으로 시간의 흐름에 따른 유아의 활동 과정 및 결과를 나타내는 다양한 증거물, 즉 유아가 쓴 글과 그림, 수 · 과학 활동 자료, 협동작업 결과물, 노래나 신체표현을 담은 동영상 등의 자료들 모두가 작업표본이 될 수 있다. 이때 개별 유아가 유아교육기관에서 새로 시작하게 되는 시점에서 수집된 작업표본을 기준으로하고 이후 수집된 작업표본들은 기준 작품과 비교되어 그 변화를 설명할 수 있다. 포토폴리오 평가는 유아 간의 비교가 아니라 유아 내의 평가이기 때문에 다른 유아와 비교하여 자료가 부족하다고 느껴지는 영역의 활동을 강요하지 않아야 한다. 다음은 포트폴리오를 조직하여 수집하는 양식의 예이다.

❖ 표 10-5 포트폴리오 평가의 예 1

사진 기록지

유아의 이름	
날짜	
학습영역	

사진을 붙이세요

장면설명	
교사견해	

❖ **표 10-6** 포트폴리오 평가의 예 2

끼적이기 발달

영아명		생년월일		영역	
관찰장면					
활동/ 작품사진					
교사의 분석					
지도 방안					
참고사항	(끼적이기 발달단계) 1. 무분별한 끼적이기: 운동신경 조절이 자유롭지 못한 시기로 우연하게 생긴 선이나 어설프고 불규칙한 선들을 그리는 시기 2. 조절된 표현의 시작: 자신의 손의 움직임과 종이 위에 나타나는 흔적과의 관계를 깨닫기 시작하는 단계로 점이나 원, 선과 같은 작은 패턴을 반복하는 시기 3. 의도적인 미술 표현하기: 끼적이기 마지막 단계로 그림을 그리는 시간이 길어지고, 자신이 그린 것을 말로 표현하려는 시기				

❖ **표 10-7** 포트폴리오 평가의 예 3

쌓기발달 분석

이름:

<table>
<tr><td>활동일</td><td></td><td></td><td></td></tr>
<tr><td>행동사진
& 결과물</td><td></td><td></td><td></td></tr>
<tr><td>내용 및
평가</td><td></td><td></td><td></td></tr>
<tr><td>총평</td><td colspan="3"></td></tr>
<tr><td>쌓기놀이
발달단계</td><td colspan="3"><table>
<tr><td>1단계</td><td>블록을 이리저리 옮기는 단계</td></tr>
<tr><td>2단계</td><td>구조물을 만들기 시작하는 단계</td></tr>
<tr><td>3단계</td><td>다리를 만드는 단계</td></tr>
<tr><td>4단계</td><td>폐쇄공간을 만드는 단계</td></tr>
<tr><td>5단계</td><td>장식적 패턴이 나타나는 단계</td></tr>
<tr><td>6단계</td><td>구조물에 이름을 붙이는 단계</td></tr>
<tr><td>7단계</td><td>블록에 의한 표상화 및 역할놀이 단계</td></tr>
</table></td></tr>
</table>

3) 평가 및 활용단계

포트폴리오 평가의 활용에서 교사는 수집한 자료를 바탕으로 포트폴리오 요약서를 준비하고, 협의회를 개최하며, 영유아의 활동 및 발달 상황에 대한 정보를 공유하기 위한 전시회를 열 수 있다(박찬옥 외, 2011). 각 영유아의 포트폴리오 요약서에는 영역별로 영유아들의 발달과 변화에 대한 요약 내용을 작성하여 기록하며, 협의회는 부모, 교사, 영유아가 함께 포트폴리오를 살펴보는 것으로 영유아가 부모와 교사에게 자신의 활동과 결과물에 대해서 설명할 수 있으며 이를 바탕으로 요약서를 수정할 수도 있다.

협의회 후에 포트폴리오 전시회를 개최하며, 각 영유아의 개별 포트폴리오를 전시하거나 소개하고 싶은 개별 작품을 선별하여 전시할 수도 있다. 이 경우 영유아가 개별 작품의 선정 이유와 작품 설명을 첨부할 수 있다.

(1) 포트폴리오 요약서 준비하기

포트폴리오 요약서는 분기별 또는 한 해 동안 포트폴리오에 수집한 많은 정보를 요약하여 서술문으로 작성한다. 이를 통해 교사는 유아의 포트폴리오 내용을 체계적으로 살펴보게 되고, 유아의 활동을 표준이나 준거에 관련시키게 되며 방대한 포트폴리오 평가 작업을 정리하게 된다(김석우 외, 2000; 황해익 외, 2013).

교사는 요약서를 발달영역별, 누리과정 영역별 등으로 편집하여 시간의 흐름에 따라 작품들을 정리하고, 어떤 변화와 향상이 있었는지에 초점을 맞추어 작성한다.

설명 요약서

유아 이름: 생년월일(성별) :
기록자: 기록일자 :

구분	내용
신체운동 · 건강	
의사소통	
사회관계 · 정서	
예술경험	
자연탐구	

(2) 포트폴리오 협의회 실시하기

포트폴리오 협의회는 교사와 부모가 함께 포트폴리오 자료를 활용하는 것으로 부모면담 등을 통해 교사는 부모에게 유아의 활동들에 대해 설명할 기회를 갖게 된다. 포트폴리오 요약서를 토대로 부모는 유아교육기관에서 유아가 어떤 활동을 하고 있는지, 유아의 발달 정도에 대한 정보를 공유할 수 있다. 이때 요약서 내용을 수정할 수도 있으며, 최종평가 포트폴리에 넣을 항목들을 협의하여 선정할 수 있다. 협의회는 연 3~4회 주기적으로 이루어질 수 있고, 학급 자원봉사, 등하원을 위해 유아교육기관에 방문하는 경우 비주기적으로 실시할 수도 있다.

(3) 포트폴리오 전시회 개최하기

포트폴리오 전시회는 유아의 활동들을 유아와 유아의 부모 및 가족들, 동료교사 등과 함께 공유하기 위한 한 방법이다. 전시회는 개별 유아의 학습 포트폴리오를 전시하고, 여러 사람에게 소개하고 싶은 대표적인 작품을 선별하여 전시할수도 있다. 많은 유아교육기관에서는 학부모참여수업, 가족의 날 등 부모참여 행사로 진행하거나, 교실이나 복도의 한 코너에 전시하기도 한다. 전시회를 통해 부모는 자녀의 발달상황과 강점을 알게 되고 다른 유아와 차이에 대해 이해하게 된다. 교사는 동료교실의 다양한 교수-학습활동에 대한 지식을 얻을 수 있어 도움이 된다.

(4) 인수 포트폴리오 준비하기

인수 포트폴리오는 교사, 유아, 부모가 협의하여 유아의 대표적인 작업표본을 선별하고, 포트폴리오 요약서, 기타 평가기록 등을 모아 준비한다. 다음 해 교사가 참고할 수 있는 자료로 전달하며 계속 유아교육기관에서 보관한다. 인수 포트폴리오에 넣을 항목은 포트폴리오 평가계획단계에서 규정을 설정할 때 결정한다.

11

CHAPTER

국가수준 교육 · 보육과정 평가

CHAPTER 11

국가수준 교육 · 보육과정 평가

이 장에서는 2020년부터 시행된 「2019 개정 누리과정」과 「제4차 어린이집 표준보육과정」의 성격, 구성방향, 운영 등 주요 내용에 대해 알아보고자 한다. 그 후, 국가수준의 교육과정 및 보육과정 평가의 목적, 대상, 방법, 결과의 활용에 대해 살펴보고 이를 기반으로 하는 관찰방법을 소개하고자 한다.

1. 2019 개정 누리과정 및 제4차 어린이집 표준보육과정

「2019 개정 누리과정」은 2017년 12월 교육부의 '유아교육 혁신방안'의 주요 내용으로 '유아가 중심이 되는 놀이 위주의 교육과정 개편'이 명시된 이래, 만 3~5세 유아에게 공통으로 적용되는 교육과정으로서 2019년 7월에 고시되었다. 그 후, 「2019 개정 누리과정」은 유치원과 어린이집에 다니는 모든 유아를 대상으로 2020년 3월부터 시행되었다(교육부 · 보건복지부, 2020). 누리과정 개정에 따라 영유아 특성에 맞춰 표준보육과정을 개선하고자 2019년 10월부터 누리과정 및 표준보육과정 연구진을 중심으로 '「제3차 어린이집 표준보육과정」(0~2세) 개정 연구'를 통해 0~1세 보육과정과 2세 보육과정의 영역별 내용을 개정하였다. 또한 0~2세 보육과정과 3~5세 보육과정(누리과정)을 포괄하는 총론의 일부를 개정하여 2020년 4월에 「제4차 어린이집 표준보육과정」을 고시하고(보건복지부, 2020), 같은 해 9월부터 시행되었다(보건복지부, 2020).

1) 누리과정 및 표준보육과정의 성격

2019 개정 누리과정에서는 '성격' 항목을 신설하여 누리과정을 '3~5세 유아를 위한 국가 수준의 공통 교육과정'으로 정의하였다. 개정 누리과정 및 제4차 어린이집 표준보육과정의 성격은 「2015 개정 초 · 중등학교 교육과정」 성격의 구성 체계와 연계하고, 영유아기의 고유한 특징을 반영하여 '영유아 중심 및 놀이 중심'을 강조하고 있다. 누리과정 및 표준보육과정의 성격을 살펴보면 다음의 〈표 11-1〉과 같다(교육부 · 보건복지부, 2020; 보건복지부, 2020).

❖ **표 11-1** 누리과정 및 표준보육과정의 성격

2019 개정 누리과정	제4차 어린이집 표준보육과정
누리과정은 3~5세 유아를 위한 국가 수준의 공통 교육과정이다.	
가. 국가 수준의 공통성과 지역, 기관 및 개인 수준의 다양성을 동시에 추구한다.	가. 국가 수준의 공통성과 지역, 기관 및 개인 수준의 다양성을 동시에 추구한다.
나. 유아의 전인적 발달과 행복을 추구한다.	나. 영유아의 전인적 발달과 행복을 추구한다.
다. 유아 중심과 놀이 중심을 추구한다.	다. 영유아 중심과 놀이 중심을 추구한다.
라. 유아의 자율성과 창의성 신장을 추구한다.	라. 영유아의 자율성과 창의성 신장을 추구한다.
마. 유아, 교사, 원장(감), 학부모 및 지역사회가 함께 실현해 가는 것을 추구한다.	마. 영유아, 교사, 원장, 부모 및 지역사회가 함께 실현해 가는 것을 추구한다.

2) 누리과정 및 표준보육과정의 구성방향

2019 개정 누리과정 및 제4차 어린이집 표준보육과정의 구성방향을 추구하는 인간상, 목적과 목표, 구성의 중점으로 나누어 살펴보면 다음과 같다(교육부 · 보건복지

부, 2020; 보건복지부, 2020).

(1) 추구하는 인간상

추구하는 인간상은 영유아가 일상에서 놀이하며 배우는 현재의 모습에서 발견할 수 있으며 동시에 영유아가 앞으로 배우며 성장해 가야할 모습이기도 하다. 누리과정 및 표준보육과정에서 추구하는 인간상은 다음의 〈표 11-2〉와 같다.

❖ 표 11-2 누리과정 및 표준보육과정의 인간상

2019 개정 누리과정	제4차 어린이집 표준보육과정
가. 건강한 사람 나. 자주적인 사람 다. 창의적인 사람 라. 감성이 풍부한 사람 마. 더불어 사는 사람	가. 건강한 사람 나. 자주적인 사람 다. 창의적인 사람 라. 감성이 풍부한 사람 마. 더불어 사는 사람

(2) 목적과 목표

누리과정 및 표준보육과정의 목적에서는 영유아기의 특성을 반영하여 누리과정 및 표준보육과정이 지향하는 바를 제시하였다. 누리과정 및 표준보육과정의 목적 아래 제시된 목표는 (영)유아가 추구하는 인간상으로 성장하기 위해 필요한 사항을 중심으로 구성하였다. 누리과정 및 표준보육과정의 목적과 목표를 살펴보면 〈표 11-3〉과 같다.

❖ **표 11-3** 누리과정 및 표준보육과정의 목적과 목표

2019 개정 누리과정	제4차 어린이집 표준보육과정
누리과정의 목적은 유아가 놀이를 통해 심신의 건강과 조화로운 발달을 이루고 바른 인성과 민주 시민의 기초를 형성하는 데에 있다. 〈목표〉 가. 자신의 소중함을 알고, 건강하고 안전한 생활 습관을 기른다. 나. 자신의 일을 스스로 해결하는 기초능력을 기른다. 다. 호기심과 탐구심을 가지고 상상력과 창의력을 기른다. 라. 일상에서 아름다움을 느끼고 문화적 감수성을 기른다. 마. 사람과 자연을 존중하고 배려하며 소통하는 태도를 기른다.	표준보육과정의 목적은 영유아가 놀이를 통해 심신의 건강과 조화로운 발달을 이루고, 바른 인성과 민주 시민의 기초를 형성하는 데에 있다. 〈목표〉 가. 0~2세 보육과정 목표 1) 자신의 소중함을 알고, 건강하고 안전한 환경에서 즐겁게 생활한다. 2) 자신의 일을 스스로 하고자 한다. 3) 호기심을 가지고 탐색하며 상상력을 기른다. 4) 일상에서 아름다움에 관심을 가지고 감성을 기른다. 5) 사람과 자연을 존중하고 소통하는 데 관심을 가진다. 나. 3~5세 보육과정 목표 1) 자신의 소중함을 알고, 건강하고 안전한 생활 습관을 기른다. 2) 자신의 일을 스스로 해결하는 기초능력을 기른다. 3) 호기심과 탐구심을 가지고 상상력과 창의력을 기른다. 4) 일상에서 아름다움을 느끼고 문화적 감수성을 기른다. 5) 사람과 자연을 존중하고 배려하며 소통하는 태도를 기른다.

(3) 구성의 중점

구성의 중점은 개정 누리과정 및 표준보육과정을 구성할 때, 주요하게 고려한 점을 말하며, 이를 정리하면 〈표 11-4〉와 같다.

❖ 표 11-4 누리과정 및 표준보육과정의 구성의 중점

2019 개정 누리과정	제4차 어린이집 표준보육과정
가. 3~5세 모든 유아에게 적용할 수 있도록 구성한다. 나. 추구하는 인간상 구현을 위한 지식, 기능, 태도 및 가치를 반영하여 구성한다. 다. 신체운동·건강, 의사소통, 사회관계, 예술경험, 자연탐구의 5개 영역을 중심으로 구성한다. 라. 3~5세 유아가 경험해야 할 내용으로 구성한다. 마. 0~2세 보육과정 및 초등학교 교육과정과의 연계성을 고려하여 구성한다.	가. 영유아는 개별적인 특성을 지닌 고유한 존재임을 전제로 구성한다. 나. 0~5세 모든 영유아에게 적용할 수 있도록 구성한다. 다. 추구하는 인간상 구현을 위한 지식, 기능, 태도 및 가치를 반영하여 구성한다. 라. 표준보육과정은 다음의 영역을 중심으로 구성한다. 1) 0~1세 보육과정과 2세 보육과정은 기본생활, 신체운동, 의사소통, 사회관계, 예술경험, 자연탐구의 6개 영역을 중심으로 구성한다. 2) 3~5세 누리과정은 신체운동·건강, 의사소통, 사회관계, 예술경험, 자연탐구의 5개 영역을 중심으로 구성한다. 마. 0~5세 영유아가 경험해야 할 내용으로 구성한다. 바. 초등학교 교육과정과의 연계성을 고려하여 구성한다

3) 누리과정 및 표준보육과정의 운영

2019 개정 누리과정 및 제4차 어린이집 표준보육과정의 운영을 '편성·운영', '교수·학습', '평가'로 나누어 살펴보면 다음과 같다(교육부·보건복지부, 2020; 보건복지부, 2020).

(1) 편성·운영

편성·운영은 유치원과 어린이집에서 영유아·놀이 중심 교육과정을 편성하고 운영하기 위해 고려해야 할 공통적 기준을 안내한 것으로, 내용은 다음의 〈표 11-5〉와 같다.

❖ 표 11-5 누리과정 및 표준보육과정의 편성 · 운영

2019 개정 누리과정	제4차 어린이집 표준보육과정
가. 1일 4~5시간을 기준으로 편성한다. 나. 일과 운영에 따라 확장하여 편성할 수 있다. 다. 누리과정을 바탕으로 각 기관의 실정에 적합한 계획을 수립하여 운영한다. 라. 하루 일과에서 바깥 놀이를 포함하여 유아의 놀이가 충분히 이루어지도록 편성하여 운영한다. 마. 성, 신체적 특성, 장애, 종교, 가족 및 문화적 배경 등으로 인한 차별이 없도록 편성하여 운영한다. 바. 유아의 발달과 장애 정도에 따라 조정하여 운영한다. 사. 가정과 지역사회와의 협력과 참여에 기반하여 운영한다. 아. 교사 연수를 통해 누리과정의 운영이 개선되도록 한다.	가. 어린이집의 운영 시간에 맞추어 편성한다. 나. 표준보육과정을 바탕으로 각 기관의 실정에 적합한 계획을 수립하여 운영한다. 다. 하루 일과에서 바깥 놀이를 포함하여 영유아의 놀이가 충분히 이루어지도록 편성하여 운영한다. 라. 성, 신체적 특성, 장애, 종교, 가족 및 문화적 배경 등에 따른 차별이 없도록 편성하여 운영한다. 마. 영유아의 발달과 장애 정도에 따라 조정하여 운영한다. 바. 가정과 지역사회와의 협력과 참여에 기반하여 운영한다. 사. 교사 연수를 통해 표준보육과정의 운영을 개선할 수 있도록 한다

(2) 교수 · 학습

교수 · 학습은 영유아가 즐겁게 놀이하며 스스로 배울 수 있도록 교사가 지원할 때 고려해야 할 사항이다. 누리과정 및 표준보육과정에서는 교사를 영유아의 놀이 지원자로 제안하고 있으며, 교사는 놀이의 특성, 의미, 가치를 이해하여 영유아가 즐겁게 놀이하면서 배우는 경험을 지원할 수 있다. 내용을 살펴보면 다음의 〈표 11-6〉과 같다.

❖ **표 11-6** 누리과정 및 표준보육과정의 교수 · 학습

2019 개정 누리과정	제4차 어린이집 표준보육과정
가. 유아가 흥미와 관심에 따라 놀이에 자유롭게 참여하고 즐기도록 한다. 나. 유아가 놀이를 통해 배우도록 한다. 다. 유아가 다양한 놀이와 활동을 경험할 수 있도록 실내외 환경을 구성한다. 라. 유아와 유아, 유아와 교사, 유아와 환경 간에 능동적인 상호작용이 이루어지도록 한다. 마. 5개 영역의 내용이 통합적으로 유아의 경험과 연계되도록 한다. 바. 개별 유아의 요구에 따라 휴식과 일상생활이 원활히 이루어지도록 한다. 사. 유아의 연령, 발달, 장애, 배경 등을 고려하여 개별 특성에 적합한 방식으로 배우도록 한다.	가. 영유아의 의사 표현을 존중하고 민감하게 반응한다. 나. 영유아가 흥미와 관심에 따라, 놀이에 자유롭게 참여하고 즐기도록 한다. 다. 영유아가 놀이를 통해 배우도록 한다. 라. 영유아가 다양한 놀이와 활동을 경험할 수 있도록 실내외 환경을 구성한다. 마. 영유아와 영유아, 영유아와 교사, 영유아와 환경 사이에 능동적인 상호작용이 이루어지도록 한다. 바. 각 영역의 내용이 통합적으로 영유아의 경험과 연계되도록 한다. 사. 개별 영유아의 요구에 따라, 휴식과 일상생활이 원활히 이루어지도록 한다. 아. 영유아의 연령, 발달, 장애, 배경 등을 고려하여 개별 특성에 적합한 방식으로 배우도록 한다.

(3) 평가

누리과정 및 표준보육과정에서 평가는 유치원과 어린이집에서 영유아가 중심이 되고 놀이가 살아나는 표준보육과정의 운영을 되돌아보고 개선해 가는 과정이다. 평가의 중점사항에 대해 살펴보면 〈표 11-7〉과 같다.

❖ **표 11-7** 누리과정 및 표준보육과정의 평가

2019 개정 누리과정	제4차 어린이집 표준보육과정
가. 누리과정 운영의 질을 진단하고 개선하기 위해 평가를 계획하고 실시한다. 나. 유아의 특성 및 변화 정도와 누리과정의 운영을 평가한다. 다. 평가의 목적에 따라 적합한 방법을 사용하여 평가한다. 라. 평가의 결과는 유아에 대한 이해와 누리과정 운영 개선을 위한 자료로 활용할 수 있다.	가. 표준보육과정 운영의 질을 진단하고 개선하기 위해, 평가를 계획하고 실시한다. 나. 영유아의 특성 및 변화 정도와 표준보육과정의 운영을 평가한다. 다. 평가의 목적에 따라 적합한 방법을 사용하여 평가한다. 라. 평가의 결과는 영유아에 대한 이해와 표준보육과정 운영 개선을 위한 자료로 활용할 수 있다.

2. 2019 개정 누리과정 및 제4차 어린이집 표준보육과정 평가

2019 개정 누리과정 및 제4차 표준보육과정은 유치원과 어린이집에서 영유아 · 놀이 중심 보육과정을 운영하는 데 도움이 되고자 평가를 간략화하고 각 기관의 자율적인 평가를 강조하였다. 유아교육기관은 국가수준의 교육 및 보육과정에서 제시한 평가의 목적, 대상, 방법, 결과의 활용에 대한 내용을 바탕으로 평가를 자율적으로 실시할 수 있다. 평가 중점사항에 관한 구체적인 내용을 살펴보면 다음과 같다(교육부 · 보건복지부, 2020; 보건복지부, 2020).

[평가 중점사항 1] 누리과정 및 표준보육과정 운영의 질을 진단하고 개선하기 위해 평가를 계획하고 실시한다.

❖ **표 11-8** 누리과정 및 표준보육과정 평가 중점사항 1

	2019 개정 누리과정	제4차 어린이집 표준보육과정
중점사항	누리과정 운영의 질을 진단하고 개선하기 위해 평가를 계획하고 실시한다.	표준보육과정 운영의 질을 진단하고 개선하기 위해 평가를 계획하고 실시한다.
평가 목적	- 평가의 목적은 유아가 중심이 되고 놀이가 살아나는 누리과정 운영을 자체적으로 평가하여, 누리과정 운영의 질을 진단하고 누리과정 운영을 보다 나은 방향으로 개선하는 데 있다. - 유치원과 어린이집에서는 지역 특성, 각 기관 및 학급(반)의 상황과 요구를 고려하여, 누리과정 운영을 개선할 수 있도록 자율적으로 평가 계획을 수립한다. - 평가의 내용, 평가 주기 및 시기, 평가 방법 등에 대한 계획은 각 기관 구성원들 간의 민주적인 협의를 통해 정한다.	- 평가의 목적은 영유아가 중심이 되고 놀이가 살아나는 표준보육과정 운영을 자체적으로 평가하여, 표준보육과정 운영의 질을 진단하고 표준보육과정 운영을 보다 나은 방향으로 개선하는데 있다. - 어린이집에서는 지역 특성, 각 어린이집 및 반의 상황과 요구를 고려하여, 표준보육과정 운영을 개선할 수 있도록 자율적으로 평가 계획을 수립한다. - 평가의 내용, 평가 주기 및 시기, 평가 방법 등에 대한 계획은 각 어린이집 구성원들 사이의 민주적인 협의를 통해 정한다.

[평가 중점사항 2] (영)유아의 특성 및 변화 정도와 누리과정 및 표준보육과정의 운영을 평가한다.

❖ 표 11-9 누리과정 및 표준보육과정 평가 중점사항 2

	2019 개정 누리과정	제4차 어린이집 표준보육과정
중점사항	유아의 특성 및 변화 정도와 누리과정 의 운영을 평가한다.	영유아의 특성 및 변화 정도와 표준보육과정의 운영을 평가한다.
(영)유아 평가	- 유아 평가는 궁극적으로 유아의 행복과 전인적 발달을 지원하는 데 그 목적이 있다. - 교사는 유아의 놀이, 일상생활, 활동 속에서 유아의 고유한 특성이나 의미 있는 변화를 발견하고, 그것을 바탕으로 유아의 배움과 성장을 돕기 위하여 평가를 할 수 있다. - 교사는 유아의 배움이 나타나는 놀이, 일상생활, 활동에서 유아가 가장 즐기고 잘하는 것, 놀이의 특성, 흥미와 관심, 친구 관계, 놀이를 이어가기 위한 자료의 활용 등에 주목하여 유아 놀이를 관찰하고 이를 통해 유아의 특성과 변화를 이해하도록 한다.	- 영유아 평가는 궁극적으로 영유아의 행복과 전인적 발달을 지원하는 데 그 목적이 있다. - 교사는 영유아의 놀이, 일상생활, 활동 속에서 영유아의 고유한 특성이나 의미 있는 변화를 발견하고, 그것을 바탕으로 영유아의 배움과 성장을 돕기 위하여 평가를 할 수 있다. - 교사는 영유아의 배움이 나타나는 놀이, 일상생활, 활동에서 영유아가 가장 즐기고 잘하는 것, 놀이의 특성, 흥미와 관심, 친구관계, 놀이를 이어가기 위한 자료의 활용 등에 주목하여 영유아 놀이를 관찰하고 이를 통해 영유아의 특성과 변화를 이해하도록 한다.
운영 평가	- 누리과정 운영 평가는 유치원과 어린이집의 교육과정이 유아・놀이 중심으로 적절하게 운영되고 있는지 평가하는 데 그 목적이 있다. - 유치원과 어린이집의 누리과정 운영 평가에서는 놀이시간을 충분히 운영하였는지, 유아 주도적인 놀이와 배움이 이루어지고 있는지, 놀이 지원이 적절한지 등을 평가할 수 있다. 이는 놀이 속에서 나타나는 유아의 특성 및 변화 정도와 연계하여 파악할 수 있다. - 필요에 따라 부모와의 협력이나 행정적・재정적 지원이 적절하게 이루어지고 있는지 등을 평가할 수도 있다.	- 표준보육과정 운영 평가는 어린이집의 보육과정이 영유아・놀이 중심으로 적절하게 운영되고 있는지 평가하는 데 그 목적이 있다. - 어린이집의 표준보육과정 운영 평가에서는 놀이시간을 충분히 운영하였는지, 영유아 주도적인 놀이와 배움이 이루어지고 있는지, 놀이 지원이 적절한지 등을 평가할 수 있다. 이는 놀이 속에서 나타나는 영유아의 특성 및 변화 정도와 연계하여 파악할 수 있다. - 필요에 따라 부모와의 협력이나 행정적・재정적 지원이 적절하게 이루어지고 있는지 등을 평가할 수도 있다.

[평가 중점사항 3] 평가의 목적에 따라 적합한 방법을 사용하여 평가한다.

누리과정 및 표준보육과정의 평가 방법은 평가의 목적과 대상에 따라 달라질 수 있으며, 유아교육기관은 평가 목적에 가장 적합한 평가 방법을 자율적으로 정하여 활용할 수 있다.

❖ **표 11-10** 누리과정 및 표준보육과정 평가 중점사항 3

	2019 개정 누리과정	제4차 어린이집 표준보육과정
중점사항	평가의 목적에 따라 적합한 방법을 사용하여 평가한다.	평가의 목적에 따라 적합한 방법을 사용하여 평가한다.
(영)유아 평가 방법	- 교사는 유아의 특성과 변화 정도를 파악하기 위하여 유아들의 실제 놀이모습을 계획안에 기록할 수 있고, 놀이 결과물과 작품 등을 일상적으로 수집할 수 있다. - 유아들의 놀이를 관찰할 때에는 유아의 말, 몸짓, 표정 등에서 드러나는 놀이의 의미와 특성에 주목하여 이 중 필요한 내용을 메모나 사진 등 교사가 할 수 있는 가장 용이한 방법으로 기록한다. 이러한 관찰기록 자료는 교실에서 자율적으로 수립한 계획안에 포함하여 유아의 특성과 변화 정도를 파악하는 데 활용할 수 있다.	- 교사는 영유아의 특성과 변화 정도를 파악하기 위하여 영유아들의 실제 놀이 모습을 계획안에 기록할 수 있고, 놀이 결과물과 작품 등을 일상적으로 수집할 수 있다. - 영유아들의 놀이를 관찰할 때에는 영유아의 말, 몸짓, 표정 등에서 드러나는 놀이의 의미와 특성에 주목하여 이 중 필요한 내용을 메모나 사진 등 교사가 할 수 있는 가장 용이한 방법으로 기록한다. 이러한 관찰기록 자료는 교실에서 자율적으로 수립한 계획안에 포함하여 영유아의 특성과 변화 정도를 파악하는데 활용할 수 있다.
운영 평가 방법	- 유치원과 어린이집의 누리과정 운영에 대한 평가는 개선이 필요한 사항에 따라 자율적으로 실시할 수 있다. - 기관별, 학급별 상황이나 필요성에 따라 적합한 방법을 선택하여 누리과정 운영을 평가한다. - 개정 누리과정에서는 교사가 유아의 놀이 관찰기록, 유아 평가와 누리과정 운영 평가 등 평가 자료를 만들고 수집하는 데 과도한 노력을 기울이기 보다는 유아의 놀이에 더 집중하고 지원하는 것이 중요함을 강조하고 있다.	- 어린이집의 표준보육과정 운영에 대한 평가는 개선이 필요한 사항에 따라 자율적으로 실시할 수 있다. - 기관별, 반별 상황이나 필요성에 따라 적합한 방법을 선택하여 표준보육과정 운영을 평가한다. - 표준보육과정에서는 교사가 영유아의 놀이 관찰기록, 영유아 평가와 표준보육과정 운영 평가 등 평가 자료를 만들고 수집하는 데 과도한 노력을 기울이기 보다는 영유아의 놀이에 더 집중하고 지원하는 것이 중요함을 강조하고 있다.

	- 교사는 개별 유아를 정기적으로 관찰하기보다는 배움이 나타나는 또래 간의 놀이나 활동 등 유아들이 일상에서 놀이하며 배우는 자연스러운 상황에서 유아의 특성과 변화를 이해하는 평가를 하도록 한다. 또한 5개 영역 59개 내용을 성취 기준으로 잘못 인식하여 유아의 놀이에서 59개 내용이 나타나는지 여부만을 체크하지 않도록 유의한다.	- 교사는 개별 영유아를 정기적으로 관찰하기보다는 배움이 나타나는 또래 사이의 놀이나 활동 등 영유아들이 일상에서 놀이하며 배우는 자연스러운 상황에서 영유아의 특성과 변화를 이해하는 평가를 하도록 한다. 또한 각 영역의 내용을 성취 기준으로 잘못 인식하여 영유아의 놀이에서 영역별 내용이 나타나는지 여부만을 체크하지 않도록 유의한다.

[평가 중점사항 4] 평가의 결과는 영유아에 대한 이해와 누리과정 및 표준보육과정 운영 개선을 위한 자료로 활용할 수 있다.

교사는 영유아의 놀이, 일상생활, 활동을 통해 수집된 자료를 평가의 목적에 맞게 종합하여 평가의 결과를 얻을 수 있다.

❖ **표 11-11** 누리과정 및 표준보육과정 평가 중점사항 4

	2019 개정 누리과정	제4차 어린이집 표준보육과정
중점사항	평가의 결과는 유아에 대한 이해와 누리과정 운영 개선을 위한 자료로 활용할 수 있다.	평가의 결과는 영유아에 대한 이해와 표준보육과정 운영 개선을 위한 자료로 활용할 수 있다.
(영)유아 평가 결과 활용	- 유아 평가의 결과는 유아가 행복감을 느끼고 전인적으로 발달하도록 도움을 주는 데 활용한다. 또한 누리과정이 추구하는 인간상과 목적 및 목표 등에 비추어 유아의 특성과 변화 정도를 이해하고 유아의 배움과 성장에 도움이 되도록 지원하는 데 활용한다. - 수집된 모든 자료를 바탕으로 개별 유아의 특성과 변화 정도를 종합적으로 이해하여, 이를 부모와의 면담자료 및 유아의 생활지도 등에 활용할 수 있다.	- 영유아 평가의 결과는 영유아가 행복감을 느끼고 전인적으로 발달하도록 도움을 주는 데 활용한다. 또한 표준보육과정이 추구하는 인간상과 목적 및 목표 등에 비추어 영유아의 특성과 변화 정도를 이해하고 영유아의 배움과 성장에 도움이 되도록 지원하는 데 활용한다. - 수집된 모든 자료를 바탕으로 개별 영유아의 특성과 변화 정도를 종합적으로 이해하여, 이를 부모와의 면담자료 및 영유아의 생활지도 등에 활용할 수 있다.
운영 평가 결과 활용	- 유치원과 어린이집에서 자율적인 방식을 통해 실시한 누리과정 운영 평가의 결과는 각 기관에서 유아 · 놀이 중심 교육과정의 운영을 보다 나은 방향으로 개선하는 데 활용할 수 있다.	- 어린이집에서 자율적인 방식을 통해 실시한 표준보육과정 운영 평가의 결과는 각 어린이집에서 보육과정의 운영을 보다 나은 방향으로 개선하는 데 활용할 수 있다.

3. 누리과정 개정에 따른 KICCE 유아관찰척도 개정(안)

육아정책연구소는 누리과정의 안정적인 정착과 내실화를 위해 2012년부터 유아를 대상으로 한 종합적이고 체계적인 평가 자료로 「5세 누리과정 유아관찰척도」(이미화 · 이정림 · 여종일 · 김경미 · 김명순 · 이경옥 · 이완정 · 이정욱 · 최일선 · 최혜영, 2012)가 개발되었다. 그리고 2013년도에는 이를 3~5세까지로 확대하여 「3~5세 누리과정 유아관찰척도」가 개발되었다(이미화 · 정주영 · 엄지원 · 김희정 · 김명순 · 이경옥 · 이완정 · 이정욱 · 최일선 · 최혜영, 2013).

이후 2019년 7월, 유치원과 어린이집에 다니는 3~5세 유아에게 공통으로 적용되는 「2019 개정 누리과정」이 고시됨에 따라 개정 누리과정의 고시문과 해설서에 근거하여 누리과정의 영역별 목표 및 내용에 따른 유아의 경험 정도를 평가하기 위하여 「KICCE(Korea Institute of Child Care and Education) 유아관찰척도」 개정판이 제작되었다.

1) KICCE 유아관찰척도 개정(안)의 구성

2019년 개정 누리과정은 5개 영역 명칭을 그대로 유지하고, 체계를 영역(5개)-내용범주(15개)-내용(59개)으로 구성하였다. 특히, 2019 개정 누리과정의 내용이 '유아가 경험해야 할 최소한의 기준'으로 제시하되, 연령에 따른 기준이 없어짐에 따라 기존의 '유아의 달성 정도'로 살펴보던 「누리과정 유아관찰척도」의 방향과 관찰 문항에도 변화가 필요하게 되었다.

「KICCE 유아관찰척도」 개정판은 「2019 개정 누리과정」의 내용 중 관찰 가능한 요소를 파악하여 유아교사가 유아들의 놀이나 일상생활에서 관찰한 상황들을 근거로 평정할 수 있도록 1개의 문항을 4개의 수준으로 구분하여 제시하였다(강은진 · 이미화 · 예한나, 2019). 개정된 유아관찰척도의 문항 수를 2013년 개발된 「3~5세 누리과정 유아관찰척도」와 비교하여 살펴보면 다음 〈표 11-12〉와 같다.

❖ **표 11-12** 「KICCE 유아관찰척도」 개정판 문항 수

영역	2013년 3~5세 누리과정 유아관찰척도									2019년 KICCE 유아관찰척도	
	3세			4세			5세				
	누리과정		유아관찰척도	누리과정		유아관찰척도	누리과정		유아관찰척도	누리과정	유아관찰척도
	내용	세부내용	문항	내용	세부내용	문항	내용	세부내용	문항	내용	문항
신체운동 · 건강	14	31	15	14	32	15	14	33	15	12	12
의사소통	10	17	10	11	25	12	11	25	12	12	12
사회관계	11	20	12	12	28	14	12	29	14	12	12
예술경험	10	17	12	10	20	12	10	20	12	10	10
자연탐구	11	18	13	12	24	14	12	30	15	13	13
총계	56	103	63	59	129	67	59	137	68	59	59

출처: 이미화 외(2013). p.34 재구성.

2) KICCE 유아관찰척도 개정판의 특징

「KICCE 유아관찰척도」 개정판의 주요 특징을 살펴보면 다음과 같다(강은진 외, 2019).

첫째, 기존 유아관찰척도와 비교하여 볼 때, 제시하는 방식에 변화를 두었다. 이전에는 누리과정 영역별로 3~5세 연령별로 세부내용마다 관찰척도를 제시해 나타낸 반면, 개정판은 연령을 구분하지 않고, 관찰문항을 4개 수준으로 구분하여 나타내었다.

둘째, 각 영역별 내용을 근거로 관찰의 초점이 되는 관찰문항을 제시하였다. 이

때, 관찰문항은 관련 내용에 대한 누리과정 해설서의 설명을 근거로 하되, 각 내용에서 놀이, 일상생활 및 활동 중 관찰할 수 있는 말, 행동, 결과물 등을 중심으로 제시하였다.

셋째, 관찰문항 별로 유아의 현 수준을 4개의 구간으로 나누어 관찰할 수 있다. 각 관찰문항 내용의 유형에 따라 4개 수준의 서술 방식을 달리하였다.

❖ **표 11-13** 「KICCE 유아관찰척도」 개정판의 4개 수준별 구분 및 서술 방식

내용	1수준		4수준
지식	모른다	➡	(잘) 알고 실천한다
기술	서툴다		(능숙하게) 할 수 있다
태도	관심이 없다		(적극적, 스스로) 관심이 있다

출처: 강은진 외(2019).

「KICCE 유아관찰척도」 개정(안)에 대하여 '신체운동 · 건강' 영역 중 '신체활동 즐기기' 내용범주를 예시로 들어 살펴보면 다음의 〈표 11-14〉와 같다(강은진 외, 2019).

❖ 표 11-14 「KICCE 유아관찰척도」 개정(안): '신체운동 · 건강' 영역 중 '신체활동 즐기기' 내용범주를 중심으로

2019 개정 누리과정				개정 누리과정에 따른 유아관찰척도(안)			
내용범주	내용	내용 이해	지식/기술/태도	관찰요소	관찰문항	관찰수준	관찰사례
신체활동 즐기기	1.신체를 인식하고 움직인다. (신체인식, 수행력)	신체 각 부분의 이름 알고, 각 부분의 움직임 다양하게 경험	지식	신체 인식	1. 신체 각 부분의 이름을 안다.	1. 신체 각 부분의 이름을 알지 못한다.	'손은 어디 있나 여기, 팔꿈치 어디 있나 여기~' 노래를 부른다. 교사가 "팔꿈치를 손가락으로 가리켜보자."라고 말하자 가리키지 못한다.
						2. 도움을 받아 신체 각 부분의 이름을 안다.	'팔꿈치는 어디 있나~' 노래를 부르면서 교사가 "팔꿈치를 손가락으로 가리켜보자."라고 말하면서 시범을 보이자 팔꿈치를 가리킨다.
						3. 신체 각 부분의 이름을 일부 알 수 있다.	'팔꿈치는 어디 있나~' 노래를 부르면서 교사가 "팔꿈치를 손가락으로 가리켜보자."라고 말하자 팔꿈치를 가리킨다. "이번에는 무릎을 손가락으로 가리켜보자."라고 하자 "무릎이 어디 있어요?"라고 묻는다.
						4. 신체 각 부분의 모든 이름을 안다.	'팔꿈치는 어디 있나~' 노래를 부르면서 교사가 "팔꿈치를 손가락으로 가리켜보자"라고 말하자 팔꿈치를 가리킨다. "이번에는 무릎을 손가락으로 가리켜 보자."라고 하자 무릎을 가리킨다.

2019 개정 누리과정				개정 누리과정에 따른 유아관찰척도(안)			
내용범주	내용	내용 이해	지식/기술/태도	관찰요소	관찰문항	관찰수준	관찰사례
	2.신체 움직임을 조절한다. (대소근육 협응, 조절력)	정지 또는 이동 상태에서 균형유지, 움직임 조절, 눈과 손의 협응 및 소근육 움직임 조절	기술	대소근육 협응, 조절력	2. 신체를 조절하여 움직인다.	1. 신체를 조절하여 움직이는 데 어려움을 갖는다.	(예시 1) 한 발로 균형을 잡아보는 친구를 보고 한발을 들어서 균형을 잡아보려고 한다. "교사가 손을 잡아주어도 어려워."라고 말하며 바로 발을 내린다.
							(예시 2) 종이를 건네며 "종이를 가위로 오려보자."라고 말하자 종이를 받아들고 가위로 오리려고 하지만 오리지 못한다.
						2. 도움을 받아 신체를 조절하여 움직인다.	(예시 1) 한발을 들며 "나 좀 잡아주세요."라고 말한다. 손을 내밀자 교사의 손을 잡고 한발로 균형을 잡는다.
							(예시 2) 종이를 혼자 오리지 못해 교사가 종이를 잡아주자 가위로 종이를 오린다.
						3. 신체를 조절하여 움직일 수 있다.	(예시 1) 콩 주머니를 머리에 올리고 양팔을 벌린 상태로 바닥의 선을 따라 걷는다. 스펀지 블록을 바닥의 선 중앙에두면 선 따라 걷다가 중심을 잃고 콩 주머니를 떨어뜨린다.
							(예시 2) 종이에 그려진 네모 모양을 보고 가위를 가져와서 오리려고 한다. 가위로 네모 모양 선을 따라 오리지만 정교하게 오리지는 못한다.

2019 개정 누리과정				개정 누리과정에 따른 유아관찰척도(안)			
내용범주	내용	내용 이해	지식/기술/태도	관찰요소	관찰문항	관찰수준	관찰사례
						4. 신체를 조절하여 능숙하게 움직인다.	(예시 1) 콩 주머니를 머리에 올린 채 한 발짝, 두 발짝 조절하며 걷는다. 발 아래 스펀지 블록을 보자 중심을 잡고 건너간다.
							(예시 2) 종이에 그림을 그리고 가위로 그림의 선을 따라 정교하게 오린다.
	3. 기초적인 이동운동, 제자리운동, 도구를 이용한 운동을 한다. (수행력, 운동능력) *연령과 발달수준이 반영된 내용임.	한 곳에서 다른 곳으로 몸을 움직이는 이동운동, 제자리에서 하는 다양하고 창의적 운동, 도구를 이용한 운동, 이동운동을 통해 움직임의 방향과 공간, 힘, 빠르기를 다양하게 움직임	기술	수행력, 운동능력	3. 기본 운동(기초적인 이동운동, 제자리 운동, 도구를 이용한 운동)을 한다.(*)	1. 기본 운동(기초적인 이동운동, 제자리운동, 도구를 이용한 운동)을 수행하는 데 어려움이 있다.	친구들이 유니바 뛰기 활동하는 것을 쳐다본다. 교사가 "함께 해보자."라고 하면서 잡아주자 유니바 앞에서 있기만 하고 시도하지 않는다.
						2. 도움을 받으면 기본 운동(기초적인 이동운동, 제자리운동, 도구를 이용한 운동)을 시도한다.	친구들이 유니바 뛰기 활동을 하는 것을 보며 관심을 보이나 시도하지 않는다. 교사가 "함께 해보자."라고 제안하면서 손을 잡아 주자 유니바를 뛰어 넘는다.
						3. 기본운동(기초적인 이동운동, 제자리운동, 도구를 이용한 운동)을 할 수 있다.	유니바 뛰기 활동을 한다. 유니바를 한 발씩 번갈아 뛰어넘는다.
						4. 기본운동(기초적인 이동운동, 제자리운동, 도구를 이용한 운동)을 능숙하게 한다.	유니바 뛰기 활동을 한다. 유니바를 넘을 때 두 발 모아 뛰기를 능숙하게 하며 이동을 한다.

2019 개정 누리과정				개정 누리과정에 따른 유아관찰척도(안)			
내용범주	내용	내용 이해	지식/ 기술/ 태도	관찰요소	관찰문항	관찰수준	관찰사례
	4. 실내외 신체활동에 자발적으로 참여한다. (자발성, 참여정도)	신체적 도전거리를 찾아 반복적으로 움직이며, 흥미롭거나 관심이 가는 놀이에 참여	태도	자발성, 참여정도	4. 실내외 신체활동에 자발적으로 참여한다.	1. 실내외 신체활동에 참여하지 않는다.	놀이터에서 친구들이 미끄럼틀을 타는 모습을 바라본다. 친구가 “같이 미끄럼틀 타자.”라고 하자 “싫어.”라고 하며 자리를 이동한다.
						2. 도움을 받으면 실내외 신체활동에 참여한다.	친구들이 미끄럼틀을 타고 있는 모습을 바라본다. 교사가“미끄럼틀 을 타볼까?”라고 제안하자 선생님에게 다가와 미끄럼틀을 탄다.
						3. 실내외 신체활동에 참여할 수 있다.	놀이터의 미끄럼틀을 타면서 “미끄럼틀을 타는 게 재미있어.”라고 말한다.
						4. 실내외 신체활동에 자발적으로 참여한다.	“미끄럼틀 탈 사람 이리 모여라.”라고 말하면서 친구들과 어울려서 미끄럼틀을 탄다.

4. 국가수준의 교육 · 보육과정의 내용을 반영한 영유아 평가

1) 누리과정 및 표준보육과정의 내용에 준거한 평가

영유아 교사는 영유아의 일상생활, 놀이, 활동 등 일과 전반에 걸쳐 개별 영유아의 반응과 행동을 관찰하여 기록해야 한다. 또한, 영유아의 반응과 행동에 대한 발달 특성과 변화에 대해 국가수준의 교육 · 보육과정의 영역별 목표와 내용을 준거로 평가해야 한다. 이를 위해 영유아 교사는 관찰기록과 연관된 누리과정 및 표준보육과정의 영역이 무엇인지 알아야 한다. 영유아 교사는 영유아의 먹기, 씻기, 배변, 안전과 관련된 내용은 기본생활영역에서, 감각으로 탐색하거나 신체를 인식하고 조절하며 움직이는 것은 신체운동영역에서, 듣기, 쓰기, 읽기, 말하기, 책과 이야기 즐기기는 의사소통영역에서 알아볼 수 있다. 자신을 인식하고 존중하며 또래 및 주변 사람들과 더불어 생활하는 것은 사회관계영역에서, 아름다움을 탐색하고 창의적으로 표현하며, 아름다움을 느끼는 내용은 예술경험영역에서, 주변과 일상생활을 탐색하고 수학과 과학에 관련된 내용, 동식물과 관련된 내용은 자연탐구영역에서 관련 내용을 찾을 수 있다.

다음에 제시된 일화기록에 기반하여 〈표 11-17〉에 제시된 표준보육보육과정의 내용을 준거로 영유아의 해석 및 평가방법을 살펴보자.

❖ 표 11-15 1세 영아 일화기록의 예

관찰유아	조 수 아	생년월일	20__년 __월 __일(23개월)
영 역	관찰내용		해석 및 평가
사회관계	(4/1, 전이시간) 수아는 세면대 위 거울을 보면서 자기 코를 여기 저기 눌러보았다. 교사가 "그건 뭐니?"하고 묻자 "코"라고 대답했다. "누구 코?"라고 묻자 "수아 코"라고 말하였다. 그리고 머리 위에 나비모양 핀을 집으며 "이건 수아 핀"이라고 하였다.		수아는 거울에 비친 자기 모습을 인식하고 있으며 머리에 있는 핀을 집으며 "수아 핀"이라고 하는 것으로 보아 자기와 친숙한 물건을 안다.

국가수준의 교육 · 보육과정과 연계하여 관찰기록을 해석하고 평가하기 위해서는 우선, 관찰기록과 관련된 영역과 내용 범주, 내용을 살펴보아야 한다. 위의 관찰 내용은 1세 영아가 자신의 모습을 탐색하는 내용이어서 표준보육과정의 사회관계 영역에서 연관된 내용을 발견하였다.

❖ 표 11-16 0∽1세 표준보육과정 사회관계영역 내용범주, 내용 중 일부

사회관계	나를 알고 존중하기	나를 인식한다.
		나의 욕구와 감정을 나타낸다.
		나와 친숙한 것을 안다.

그후, 일화기록에 제시된 관찰내용과 표준보육보육과정 내용을 연계하여 영유아를 평가하였다. 구체적으로 살펴보면, "1세 영아인 수아는 화장실 세면대 위에 있는 거울에 비친 자신의 얼굴에 관심을 가지고 얼굴 부위를 탐색하고 있었다. 교사가 "그건 뭐야"라고 묻자 "코"라고 대답하는 것으로 보아 얼굴 부위의 명칭을 알고 있었고 거울에 비친 모습이 자신임을 알고 있다. 자신의 머리 위에 있는 핀이 자기 것이라고 말하는 것으로 보아 나와 친숙한 물건을 알고 있었다."로 요약할 수 있다.

Workshop 11-1

다음에 제시된 만 1세 영아의 일화기록 관찰내용을 보고, 아래 〈표 11-17〉에 제시된 0~1세 표준보육과정의 목표, 내용범주, 내용에 참고하여 해당하는 표준보육과정 영역과 영유아 평가 및 해석을 기록하여 보시오.

관찰유아	조 수 아	생년월일	20_년 _월 _일(23개월)
영 역	관찰내용		해석 및 평가
	(3/11, 등원시간) 수아가 엄마랑 함께 등원하여 문 앞에서 웃으며 "안녕"하고 헤어지고 교사와 함께 복도로 몇 발자국 걷다가 다시 돌아서서 "엄마 엄마"하고 울었다.		
	(4/3, 자유놀이) 수아가 '씨를 뿌리고" 노래에 맞추어 마라카스를 흔들었다. 음악이 멈추자 "또" "또"라고 말해서 음악을 다시 틀어주었더니 "씨" "씨"라고 노래말 중 일부분을 따라 하며 마라카스를 흔들었다		
	(7/16, 자유놀이) 수아가 교사와 다리를 벌리고 공굴리기를 하였다. 교사가 "수아야 공의 느낌이 어때?"라고 물으니 "좋아"라고 하였다. 현진이가 와서 "할래"라고 말해서 함께 공굴리기를 하였다.		

❖ **표 11-17** 0~1세 표준보육과정 영역별 목표, 내용범주, 내용

영 역	목 표	내용범주	내 용
기본생활	건강하고 안전한 일상생활을 경험한다. 1) 건강한 일상생활을 경험한다. 2) 안전한 일상생활을 경험한다.	건강하게 생활하기	도움을 받아 몸을 깨끗이 한다.
			음식을 즐겁게 먹는다.
			하루 일과를 편안하게 경험한다.
			배변 의사를 표현한다.
		안전하게 생활하기	안전한 상황에서 놀이하고 생활한다.
			안전한 상황에서 교통수단을 이용해 본다.
			위험하다는 말에 주의한다.

신체운동	감각으로 탐색하고 신체활동을 즐긴다. 1) 감각 탐색을 즐긴다. 2) 신체활동을 즐겁게 경험한다.	감각과 신체 인식하기	감각적 자극에 반응한다.
			감각으로 주변을 탐색한다.
			신체를 탐색한다.
		신체활동 즐기기	대소근육을 조절한다.
			기본 운동을 시도한다.
			실내외 신체활동을 즐긴다.
의사소통	의사소통 능력의 기초를 형성한다. 1) 일상생활에서 듣고 말하기를 즐긴다. 2) 읽기와 쓰기에 관련된 관심을 가진다. 3) 책과 이야기에 관심을 가진다.	듣기와 말하기	표정, 몸짓, 말과 주변의 소리에 관심을 갖고 듣는다.
			상대방의 이야기를 들으면서 말소리를 낸다.
			표정, 몸짓, 말소리로 의사를 표현한다.
		읽기와 쓰기에 관심 가지기	주변의 그림과 상징에 관심을 가진다.
			끼적이기에 관심을 가진다.
		책과 이야기 즐기기	책에 관심을 가진다.
			이야기에 관심을 가진다.
사회관계	나를 인식하고, 친숙한 사람과 관계를 맺는다. 1) 나를 고유한 존재로 안다. 2) 안정적인 애착을 형성하고, 또래, 교사와 함께 지낸다.	나를 알고 존중하기	나를 인식한다.
			나의 욕구와 감정을 나타낸다.
			나와 친숙한 것을 안다.
		더불어 생활하기	안정적인 애착을 형성한다.
			또래에게 관심을 가진다.
			다른 사람의 감정과 행동에 관심을 가진다.
			반에서 편안하게 지낸다.
예술경험	아름다움을 느끼고 경험한다. 1) 자연과 생활에서 아름다움에 관심을 가진다. 2) 예술적 경험을 표현한다.	아름다움 찾아보기	자연과 생활에서 아름다움을 느낀다.
			아름다움에 관심을 가진다.
		창의적으로 표현하기	소리와 리듬, 노래로 표현한다.
			감각을 통해 미술을 경험한다.
			모방 행동을 즐긴다.

자연탐구	주변 환경과 자연에 관심을 가진다. 1) 일상에서 탐색을 즐긴다. 2) 주변 환경을 탐색한다. 3) 생명과 자연에 관심을 가진다.	탐구과정 즐기기	주변 세계와 자연에 대해 호기심을 가진다.
			사물과 자연 탐색하기를 즐긴다.
		생활 속에서 탐구하기	친숙한 물체를 감각으로 탐색한다.
			물체의 수량에 관심을 가진다.
			주변 공간과 모양을 탐색한다.
			규칙성을 경험한다.
		자연과 더불어 살기	주변의 동식물에 관심을 가진다.
			날씨의 변화를 감각으로 느낀다.

2) 영유아 종합 발달평가서 작성

영유아 종합 발달평가서는 영유아에 대한 관찰기록을 기반으로 영유아의 발달 특성과 변화의 정도에 대해 총평을 작성하는 것으로, 일반적으로 학기별로 1회 이상, 총 연 2회 이상 기록한다. 영유아 평가는 영유아의 일상생활, 실내외 놀이, 활동에 대한 종합적인 자료를 기반으로 평가서를 작성해야 한다. 다음은 영유아의 종합 발달평가서 작성 방법에 관한 이해를 돕기 위해 '1세 영아의 종합 발달평가서 작성'을 예시로 설명하고자 한다. 종합 발달평가서 작성 절차 및 방법은 다음과 같다.

(1) 종합 발달평가를 위한 자료 수집

유아교육기관에서는 영유아를 관찰하기 위해 일화기록, 표본식 기록 등 서술식 기록을 주로 활용한다. 그러나 교사가 영유아의 흥미, 요구, 관심 및 발달상황을 잘 이해하고 지원하기 위해서는 관찰내용에 따라 시간표집법, 사건표집법, 행동목록법 등 다양한 관찰 방법을 이용할 수 있다. 또한, 추가적으로 관찰 기록 외에 영유아의 작품, 사진, 활동결과물 등의 포트폴리오 평가 등을 종합하여 발달평가서를 작성할 수 있다. 추가적인 자료는 개별 영유아의 평가를 위해 요구되는 자료이므로 개별 영유아별로 자료의 종류나 수집하는 양 등에 차이 날 수 있다. 영유아 발달평가를 위해 수집한 자료를 근거로 종합발달 평가서를 작성한 예시는 다음과 같다.

❖ **표 11-18** 종합 발달평가를 위한 자료 예시

구 분		내 용	표 11-20 참조
일화 기록	①	수아가 거울 앞으로 다가가서 활짝 웃었다가 옆으로 숨었다가를 반복하였다. 교사가 "수아야"라고 이름을 부르자 고개를 돌리며, 교사에게 거울 속 자기 모습을 손가락으로 가르키며 "이거 수아"라고 말했다.	⑦
	②	교사가 대야에 물을 받아서 교실에서 물을 탐색할 수 있도록 제시하였다. 다른 영아들이 대야에 다가와서 물을 자유롭게 만지며 즐거워하자 수아는 20초 정도 또래들의 모습을 바라보더니 대야가 있는 쪽으로 걸어온다. 대야에 손을 넣고 좌우로 움직이며 물을 만지면서 웃는다. 이어 물놀이감을 이용하여 밝은 표정으로 놀이한다.	⑭
	③	자유놀이시간에 쌓기영역에서 끼우기 블록을 가지고 놀다가 교구장 위로 올라갔다. 교사가 수아를 잡아서 안전한 곳으로 내렸다. 그 다음 교사가 "교구장 위에 올라가면 떨어질 수 있어. 선생님은 수아가 다치면 마음이 아파. 다음에는 올라가지 말자"라로 하였더니 끄덕였다.	②
	④	수아가 '사랑해'라는 동화책을 가져와서 읽어달라고 하였다. 동화를 읽어주니 '사랑해, 사랑해'라는 단어를 따라서 말하며 동화내용에 관심을 보였다.	⑤
	⑤	수아가 산책을 하다가 화단에 피어있는 민들레, 진달래, 개나리 등의 보고 "예쁜 꽃"이라 말하고 그 자리에 서서 5분 정도 꽃을 바라보았다.	⑬
	⑥	수아가 손을 씻으러 세면대 앞에 서 있는데 교사가 "수아야 도와줄까?"라고 하였더니 수아가 고개를 "응"이라고 말하고 고개를 끄덕였다. 교사가 비누거품을 내어 수아가 손을 씻는 것을 도와주었더니 수아가 손을 코에 가져가서 "킁킁"하며 냄새를 맡더니 "좋아. 좋아"라고 하였다.	①
	⑦	수아가 간식으로 나온 사과를 혼자서 포크로 찍어 한 입 베어 물고는 "좋아"라고 말하며 먹는다. 교사가 "수아야 사과 맛있어?" 하니 수아가 "맛있어"라고 대답했다.	①
알림장	①	'수아는 요즘 어린이집에서 소꿉 놀이감을 특히 잘 가지고 놉니다.'라고 보낸 내용에 부모가 '수민이는 집에서 소꿉놀이랑 미용실 놀이를 너무 좋아하고 그 놀이감을 아무도 못 만지게 하는데 언니가 갖고 놀면 꼭 "내꺼야"라며 뺏고 웁니다.'라는 내용	⑧
	②	"수아가 친구들에게 다가가 눈을 마주치고 방긋 방긋 웃었어요. 그리고 현서가 음악에 맞추어 스카프를 흔들며 한 바퀴 놀자 현서의 행동을 보고 따라서 돌면서 까르륵 웃었어요"라는 기록	⑨ ⑪

활동 자료/ 사진	①	수아가 그린 그림을 보고 교사가 "이게 뭐냐?"라고 물었더니 "내꺼에요, 예쁜 거"라고 답했는데 그것이 수아가 즐겨 갖고 노는 끼우기 블록을 그린 것임을 알게 되었다.	⑧
	②	끼적이기 한 자료	⑥
	③	등원시 인사하는 사진	⑩
	④	밀가루 반죽놀이에 열중하는 사진	⑫
	⑤	수아가 공을 잡거나 굴리는 장면	③
	⑥	놀이터에서 뛰는 장면	④

(2) 표준보육과정 관련 내용 확인

영유아 평가를 위해 다양한 자료가 수집되었다면 그 자료의 내용과 관련있는 표준보육과정의 영역, 내용범주, 내용을 찾아서 영유아가 어떤 경험을 하였는지 파악한다. 그리고 표준보육과정의 내용을 근거로 하여 종합 발달검사를 작성한다.

❖ **표 11-19** 수집된 평가자료와 연계된 표준보육과정 내용

영 역	내용범주	내 용	평가자료	표 11-20 참조
기본생활	건강하게 생활하기	도움을 받아 몸을 깨끗이 한다.	일화기록 ⑥⑦	①
		음식을 즐겁게 먹는다.		
기본생활	안전하게 생활하기	안전한 상황에서 놀이하고 생활한다.	일화기록③	②
		위험하다는 말에 주의한다.		
신체운동	신체활동 즐기기	대소근육을 조절한다.	활동/사진⑤	③④
		실내외 신체활동을 즐긴다.	활동/사진⑥	③
의사소통	읽기와 쓰기에 관심 가지기	끼적이기에 관심을 가진다.	활동/사진②	⑥
	책과 이야기 즐기기	책에 관심을 가진다.	일화기록④	⑤
		이야기에 관심을 가진다.		

사회관계	나를 알고 존중하기	나를 인식한다.	일화기록①	⑦
		나와 친숙한 것을 안다.	알림장① 활동/사진①	⑧
사회관계	더불어 생활하기	안정적인 애착을 형성한다.	활동/사진③	⑩
		또래에게 관심을 가진다.	알림장②	⑨
		다른 사람의 감정과 행동에 관심을 가진다.		
예술경험	창의적으로 표현하기	감각을 통해 미술을 경험한다.	활동/사진④	⑫
		모방행동을 즐긴다.	알림장①	⑪
자연탐구	탐구과정 즐기기	사물과 자연 탐색하기를 즐긴다.	일화기록②	⑭
	생활 속에서 탐구하기	친숙한 물체를 감각으로 탐색한다.		
	자연과 더불어 살기	주변의 동식물에 관심을 가진다.	일화기록⑤	⑬

(3) 종합 발달평가서

종합 발달평가서는 수집된 일화기록, 알림장, 활동결과물, 사진 등 다양한 자료를 기반으로 누리과정 및 표준보육과정과 연계하여 영유아의 발달 특성과 변화 정도에 대해 총평을 기록한다. 영유아의 발달 특성은 주로 발달영역별 특성 및 누리과정과 표준보육과정의 내용과 연계하여 작성한다. 그리고 영유아 발달의 변화 정도에 대해 알아보기 위해서는 일정 기간을 두고 유사한 상황을 여러 번 관찰해야 한다. 예를 들어 영아가 3월에 사람의 얼굴 모양에 빨래집게 3개를 이용하여 머리카락을 구성하였고, 7월에는 빨래집게 8개를 이용하여 게의 몸통에 다리를 만들었다면 이는 4개월 동안 영아의 소근육 조절 및 눈과 손의 협응이 발달하였음을 의미한다. 이처럼 영유아교사는 영유아에게 어떤 발달적 특성과 변화가 있는지 민감하게 살펴보아야 한다. 다음에 제시된 영유아 발달평가서 예시를 참고하여 영유아 평가를 위한 자료 수집에서 시작하여 누리과정이나 표준보육과정과 연계된 내용 점검, 영유아 종합 발달평가서 작성에 이르기까지의 관계를 종합적으로 분석해 보자.

❖ 표 11-20 영유아 발달평가서 예시

영유아 발달평가서 (만1세반 1학기)

영유아 성 명	조 수 아	생년 월일	20_년 _월 _일 (현재 23개월)	
작성자 성 명	○ ○ ○	작성 일자	20_년 _월 _일	
영 역	발 달 평 가			
기본 생활	• 대체적으로 교사의 도움을 받아 손씻기, 이닦기 등을 할 수 있음 • 급간식 시간에 제공되는 다양한 음식을 맛보고 스스로 숟가락, 포크를 이용하여 먹을 수 있음			① 표준보육과정
	• 놀잇감을 안전하게 사용하는 방법을 알려주면 교사의 행동을 모방함 • 학기 초에는 책상이나 교구장에 올라가는 등 위험한 행동을 하였는데 최근에는 교사가 이야기하면 위험한 행동을 중지하고 안전한 환경에서 놀이함			② 발달변화+표준보육과정
신체 운동	• 혼자서 실외 놀이터 미끄럼틀 계단을 올라가고 안정적으로 내려옴 • 소근육을 조절하여 공을 잡을 수 있으며 신체활동을 즐김 • 실외에서 뛰기, 오르기, 점프하기 등의 놀이를 하며 자주 크게 소리내어 웃음			③ 표준보육과정
	• 교사의 도움을 받아 계단 경사로를 오르고 내릴 수 있으며 혼자 하기를 시도하기도 함. 학기 초에는 자유롭게 뛰다가 종종 넘어지기도 하였는데 6월부터 신체조절 능력이 향상되어 몸의 균형을 잘 잡음			④ 발달변화+표준보육과정
의사 소통	• 동화나 노랫말 등 책과 이야기에 관심을 가지고 들음 • 교사가 그림책 읽어주면 관심을 가지고 적극적으로 대화함			⑤ 표준보육과정
	• 3~4월에는 끼적이기에 관심은 보였으나 자발적으로 하려고 하지는 않았지만 7월에는 스스로 다양한 재료에 끼적이기를 시도함.			⑥ 발달변화+표준보육과정
사회 관계	• 거울 속의 자신의 모습에 관심이 있으며 거울 속 자신의 모습을 인식하고 있음. 교사가 자신의 이름을 부르면 반응함.			⑦ 표준보육과정
	• 자신과 친숙할 것을 알고 자신의 물건에 대해 "내꺼야"라고 말할 수 있음			⑧ 표준보육과정
	• 친구와 자주 눈을 마주치고 웃으며 친구의 동작을 모방하며 함께 움직이는 것으로 보아 또래에게 관심이 있으며, 다른 사람의 감정과 행동에 관심을 가짐			⑨ 표준보육과정
	• 3월에는 등・하원시 부모님, 선생님과 자발적으로 인사나누지 못했지만 5월부터는 먼저 밝게 인사하고 부모님과 안정적으로 헤어짐			⑩ 발달변화+표준보육과정

예술 경험	• 친근한 노래를 부분적으로 따라 부르거나 손을 움직여 표현하며 리듬에 맞춰 몸을 움직이기도 함.	⑪ 표준보육과정
	• 학기 초보다 감각적 미술경험(반죽놀이, 물감놀이 등)에 적극적으로 참여하고 즐길 수 있음.	⑫ 발달변화+표준보육과정
자연 탐구	• 민들레, 진달래, 개나리 등의 봄 꽃을 보며 “예쁜 꽃”이라 말하고 식물에 관심을 보임	⑬ 표준보육과정 반영
	• 새로운 것을 탐색할 때(예: 물 놀이 등) 학기 초에는 만지지 않으려 했으나 6월부터는 친숙한 물건들을 자유롭게 손으로 탐색함.	⑭ 발닯변화+표준보육과정

04

PART

영유아 관찰 실제

CONTENT

12 CHAPTER 일과활동 관찰

1. 등원
2. 놀이 계획 및 평가
3. 자유놀이
4. 대 · 소집단활동
5. 간식 및 식사
6. 휴식 및 낮잠
7. 대소변 가리기 · 화장실 다녀오기
8. 정리정돈
9. 귀가

12 CHAPTER 일과활동 관찰

영유아의 발달과 흥미에 기초한 하루 일과는 영유아에게 일관된 교육을 제공하며 안정감 있는 생활을 제공해 준다. 따라서 영유아의 하루 일과를 살펴보고 무엇이 필요한지 관찰하여 그에 적합한 지원을 하는 것은 무척 중요하다. 이 장에서는 영유아의 일과활동이 어떻게 진행되는지 살펴보고, 일과활동을 관찰하고 평가하는 방법에 대해 살펴보도록 하겠다.

하루의 일과를 계획하여 일과활동을 영유아들에게 제공하는 것은 효과적인 교육과정 운영에 가장 중요한 요소가 된다. 하루 일과의 패턴은 영유아의 연령, 교육기관 운영 시간, 프로그램 유형 등에 따라 달라지며, 영유아마다 개인차가 있어서 활동이나 일상생활을 수행할 때 시간차가 날 수 있으므로 일과를 진행하는 속도에도 유의하여 진행되어야 한다.

유아를 평가하고자 할 때는 특정 활동이나 영역에 초점을 맞추기보다 일과 전반에 걸쳐 관찰한 것에 기초하여 평가하는 것이 바람직함을 고려할 때(보건복지부 · 교육과학기술부, 2013), 영유아의 일과활동을 관찰하고 평가하는 영유아의 발달을 평가하는데 매우 중요하다. 아울러 일과활동을 관찰하고 평가한 내용은 앞으로의 교육과정에 반영됨으로써 영유아에게 질 높은 교육경험을 제공할 수 있는 자료가 된다는 점에서 의의가 있다.

영아반의 하루 일과는 영아 개개인의 신체 리듬과 개인적 욕구를 토대로 등원에서 귀가에 이르기까지 적절한 시간배분과 활동내용의 순서를 갖고 진행하며(보건복지부, 2013), 하루 일과는 영아의 등원 및 자유놀이, 간식 및 식사, 대소변 가리기, 휴식(낮잠), 평가 및 귀가 지도 등으로 이루어진다. 유아반의 일과 계획과 운영시에는 일관성, 균형, 개별성, 융통성 등을 고려하여야 하며, 하루 일과는 등원, 놀이계획, 실내 · 외 자유놀이, 정리정돈, 간식(점심), 대 · 소집단활동, 휴식(낮잠), 평가 및 귀가 지도 등으로 이루어진다(양옥승 외, 2011). 앞으로 하루 일과를 통해서 진행되는 일과활동에 대한 관찰과 평가가 어떻게 이루어질 수 있는지에 대해 구체적으로 살펴보도록 하겠다.

1. 등원

등원은 영유아교육기관에서 경험하게 될 일과의 시작을 의미한다. 등원 시 영유아는 가정으로부터 분리되어 영유아교육기관의 일과에 참여하기 위해 정서적인 전환을 경험하게 된다(김금주 외, 2012). 영아반의 경우, 등원 시 교사는 영아의 전날 건강상태, 심적 상태, 식사 여부, 배변 및 투약 의뢰 등에 대한 정보를 학부모와 교환한다. 학부모를 직접 만나지 못할 경우 부모가 일일보고서에 기입한 내용을 자세히 확인한다. 교사는 영아와 부모가 안정된 상태에서 헤어질 수 있도록 배려한다. 유아반은 교사가 유아의 전체적인 건강과 심리 상태 등을 점검하고, 필요한 경우 유아를 데리고 온 보호자와 함께 유아의 건강 상태나 아침식사 여부, 전날 집에서 있었던 일 등에 대해 간단한 의견을 교환하여 이를 반영한다. 부모와 개별적인 만남이 어려울 경우 현관이나 교실 입구에 메모판을 마련하여 부모와 교사가 서로 전하고 싶은 의견을 교환할 수 있게 한다. 유아들이 소지품을 개인 보관함에 정리하게 한 후, 친구들과 인사를 나누고 자신의 사진이나 그림이 부착된 이름표를 찾아 출석표시판에 표시하게 한다(양옥승 외, 2011). 다음의 〈표 12-1〉과 〈표 12-2〉는 등원 시에 학부모가 교사에게 영아의 상태를 전달할 수 있는 영아 일일보고서의 예이다.

❖ 표 12-1 영아 일일보고서의 예 1

월 일 요일 날씨 ( ), 출결 ( )

집에서의 소식					원에서의 소식				
원아 상태	기분				원아 상태	기분			
	건강					건강			
	체온					체온			
식사	저녁		식욕	있음, 보통, 없음	식사	간식		식욕	있음, 보통, 없음
	그외		식욕	있음, 보통, 없음		점심		식욕	있음, 보통, 없음
	아침		식욕	있음, 보통, 없음		간식		식욕	있음, 보통, 없음
대변	저녁	안 했음, 했음(딱딱함, 보통, 설사)			배변	오전	안 했음, 했음(딱딱함, 보통, 설사)		
	아침	안 했음, 했음(딱딱함, 보통, 설사)				오후	안 했음, 했음(딱딱함, 보통, 설사)		
수면	시 분부터 시 분까지				수면	시 분부터 시 분까지			
투약	투약시간: 약용량: 증상:				투약	투약시간: 약용량: 증상:			
전달 사항					전달 사항				
준비물					수납				

출처: 여성가족부(2007). 2세 보육프로그램; 보건복지부(2013). 재인용 및 수정.

❖ 표 12-2 영아 일일보고서의 예 2

반 월 일 요일

기록자	학부모 ○○○					교사 ○○○				
구분 / 이름	도착시간 및 보호자	아침 식사	대변	심적 상태	귀가예정 시간 및 보호자	배변		수유 및 이유식	수면	심적 상태
						대변	소변			
○○○	7:50 모	○	X	○	18:00 할머니	1	3	우유 450ml, 주스, 점심, 간식 2회	10:20~11:30, 4:00~5:30	○
전달 사항	출장을 가게 돼서 할머니가 데리러 오실 거예요.					엄마와 헤어지기 싫어 많이 울어 바깥으로 나가 달래어 들어오니 잘 놀았어요. 자꾸 바깥으로 나가려고 합니다.				
□□□	8:40 모	X	○	△	19:00 부	1	4	우유 300ml, 주스, 점심, 간식 2회	12:20~2:30	△
전달 사항	어제 저녁부터 기침을 조금씩 하더니 맑은 콧물이 나오네요.					열은 없었는데 기침을 계속 하네요. 누런 콧물이 나오기 시작해요. 컨디션이 안 좋은지 잘 먹지 않는군요.				

출처: 보건복지부(2013). 발췌 및 수정.

교사는 등원시간에 다음의 〈표 12-3〉을 활용하여 영유아의 자조기술과 사회적 태도에 대해 관찰할 수 있을 것이다.

❖ 표 12-3 등원시의 관찰 평가표

이름: 생년월일: 년 월 일 성별:

구분	관찰내용	1회 월 일	2회 월 일	3회 월 일
자조기술	혼자 신발을 벗을 수 있다.			
	겉옷을 혼자 벗을 수 있다.			
	자신의 물건(가방, 옷 등)을 스스로 정리할 수 있다.			
등원 시 태도	부모님께 인사하고 헤어진다.			
	교실에 혼자 들어올 수 있다.			
	선생님께 인사한다.			
	친구들과 인사한다.			

2. 놀이 계획 및 평가

만 3~6세 유아들의 경우 미성숙하기는 하지만 소리내어 생각하는 자기 언어화를 촉진하는 교육방법, 즉 유아의 자기 교수 방법을 통해 자기 조절 능력을 기를 수 있다. 만 3~6세 유아의 자유놀이를 돕는 자기 교수 방법으로는 유아가 교사의 도움을 받아 활동을 자유롭게 선택하여 계획하고, 계획한 대로 실행하고, 실천한 행동을 평가하는 이른바 계획-실행-평가의 3단계 교수법이 있다. 이러한 입장에서 유아가 사회 문화적 상황에 비추어 자기의 감정과 생각을 조절하며 놀이 활동을 자유롭게 선택할 수 있는 능력을 기르도록 돕는 언어적 계획 · 평가(Verbal Plan & Evaluation) 프로그램이 양옥승에 의해 1984년부터 연구 · 개발되었다. 언어적 계획 및 평가(VPE) 프로그램을 효과적으로 실시하기 위해서는 언어적 계획(Verbal Plan)과 평가(Verbal Evaluation) 활동을 할 수 있는 VPE 영역, 즉 놀이 계획 및 평가 영역을 적절하게 구성해야 한다. 다음의 〈표 12-4〉에는 놀이 계획 및 평가를 위해 필요한 활동자료를 제시하였으며, 이 중 놀이계획 및 평가표의 사례는 〈표 12-5〉에 제시하였다. 놀이 계획 및 평가 영역은 출입구에 가까우면서도 모든 흥미 영역에 고루 시선이 미칠 수 있는 곳에 배치한다(양옥승, 2011).

❖ 표 12-4 놀이계획 및 평가 영역 활동자료

구분	유아반 계획 영역 활동자료
언어적 계획 및 평가 자료	놀이 안내판(교실 내의 흥미영역과 새로운 활동이나 자료가 제시되어 있는 영역에 관한 정보를 제공) 놀이용 이름표와 놀이용 이름판 VPE 기록 용지(놀이계획 및 평가표) 개인 파일과 파일 보관함
기타	달력, 날짜판 등

출처: 양옥승(2011).

❖ **표 12-5** VPE 기록용지(놀이계획 및 평가표) 사례

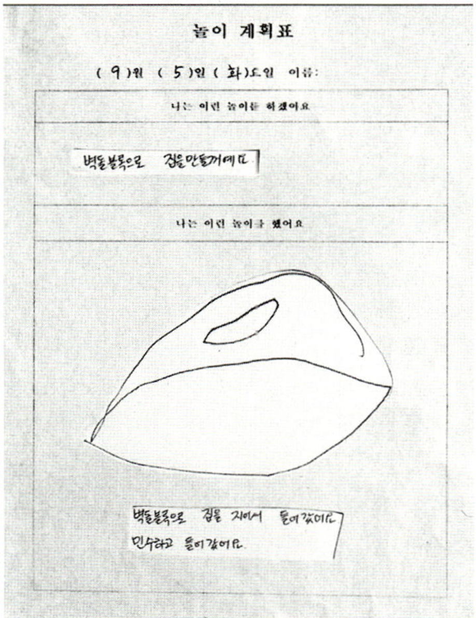

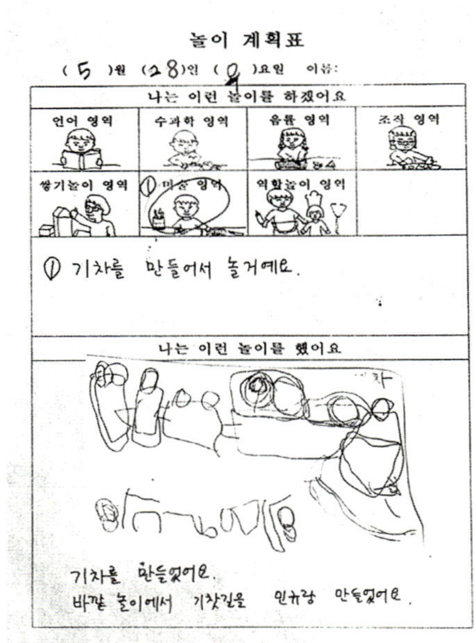

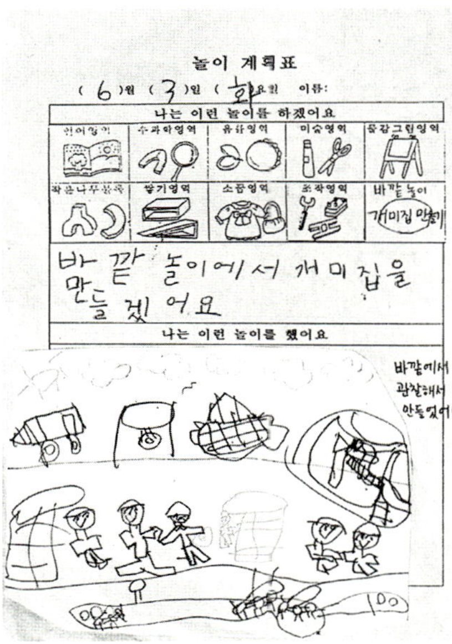

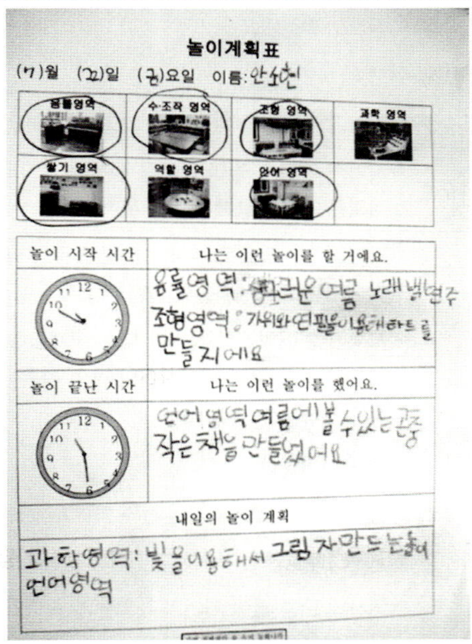

언어적 계획 및 평가(VPE)를 수행하는 유아의 발달 수준에 관한 평가는 〈표 12-6〉과 같이 할 수 있다.

❖ **표 12-6** VPE 과정에 대한 유아의 발달 수준 체크표

내용 \ 평가 시기		1회 월 일	2회 월 일	3회 월 일
1단계: 언어적 계획(VP)				
0수준	흥미영역에 있는 자료를 바라보거나 만지거나 특정 영역을 향해 움직이고 있지만 전혀 언어적인 계획을 할 수 없다.			
1수준	활동하고자 하는 흥미영역, 활동 자료 또는 함께 놀고 싶은 친구 등을 손으로 지적하거나 말함으로써 자신의 계획을 몸짓이나 어휘 등으로 단순하게 표현한다.			
2수준	놀이 활동에 대한 계획을 음성적으로 구체화하여 표현한다. 표현된 내용은 흥미영역, 활동명, 활동 자료 등에 제한된다.			
3수준	놀이 활동에 대한 계획을 음성적으로 구체화하여 표현한다. 표현된 내용은 2수준에서 더 나아가 활동 자료 및 활동 방법 등으로 확장된다.			
2단계: 실행				
0수준	자기가 계획한 놀이 활동을 거의 실천에 옮기지 못한다.			
1수준	자기가 계획한 놀이 활동을 실천에 옮기려는 시도는 있으나 계획한 대로 실행에 옮기지 못한다.			
2수준	자기가 언어적으로 계획한 놀이 활동을 실행에 옮길 수 있으며 계획대로 구체화하여 실행한다.			
3수준	자기가 언어적으로 계획한 대로 구체화하여 실행할 뿐만 아니라 상황을 고려하여 자신의 놀이 활동을 확장하거나 변경하는 것도 가능하다.			
3단계: 언어적 평가(VE)				
0수준	자기가 했던 놀이 활동을 거의 회상하지 못한다.			
1수준	교사의 도움을 받아 자기가 실행한 놀이 활동을 회상할 수 있다.			
2수준	교사의 도움 없이 자기가 계획했던 놀이와 실제로 했던 놀이를 구분하여 회상할 수 있다.			
3수준	교사의 도움없이 자기가 계획했던 놀이와 실제로 했던 놀이를 연결 지어 평가할 수 있다.			

출처: 양옥승(2011).

3. 자유놀이

자유놀이 시간이란 영유아가 개별적인 흥미, 욕구 및 발달 수준에 따라 스스로 선택한 놀이활동에 자유롭게 참여하는 시간을 의미한다. 자유놀이 시간은 영유아가 자신의 흥미와 생각을 바탕으로 활동을 선택하고 실행할 수 있어 아동중심의 영유아교육을 실행할 수 있는 매우 중요한 시간이다. 전통적으로 영유아교육기관에서는 영유아가 자유롭게 놀이하는 것은 중요한 일과로 되어 있다(김금주 외, 2012; 양옥승, 2011; 양옥승 외, 2011). 다음의 〈표 12-7〉을 활용하여 자유놀이 시간에 나타나는 유아의 흥미영역 선호도를 관찰할 수 있다.

❖ 표 12-7 유아의 흥미영역 선호도 관찰표

관찰자		관찰일시	
관찰유아	이름	생년월일	성별
유아 1			
유아 2			
유아 3			
관찰방법	1. 자유놀이 영역을 확인하고, 관찰할 유아를 3명 선정한다. 2. 시간 단위(5분)마다 유아를 5초간 관찰하고 5초간 기록한다. (관찰용지에 처음 적혀 있는 유아를 5초간 관찰하고 5초간 기록한 후 같은 방법으로 다른 유아를 관찰하고 기록한다.) 3. 각 행동이 나타날 때마다 그 빈도를 세기표(/)로 표시한다. 4. 각 유아당 10회의 관찰을 한다.		

(뒷면 계속)

		언어	수 · 과학	조작	쌓기	역할	미술	음률	기타	비고
유아 1	1회									
	2회									
	3회									
	4회									
	5회									
	6회									
	7회									
	8회									
	9회									
	10회									
	총빈도									
유아 2	1회									
	2회									
	3회									
	4회									
	5회									
	6회									
	7회									
	8회									
	9회									
	10회									
	총빈도									
유아 3	1회									
	2회									
	3회									
	4회									
	5회									
	6회									
	7회									
	8회									
	9회									
	10회									
	총빈도									

자유놀이가 효과적으로 이루어질 수 있도록 돕기 위해 다음의 〈표 12-8〉을이용하여 실내환경이 적절히 구성되어 있는지 평가해 보자.

❖ 표 12-8 유아반 환경 관찰

관찰자		관찰일시	
관찰기관		관찰학급	

[관찰 방법]

- 적절하면 ○(또는 3점), 보통이면 △(또는 2점), 부적절하면 X(또는 1점)로 표시하고 특정 기준이 특정 영역에 해당되지 않는다고 생각하면 –으로 표시한다.

[관찰 기준]

- 유사 영역과의 인접성: 조용한 영역끼리 인접해 있고 활동적인 영역끼리 인접해 있는지 본다.
- 영역 구분의 명확성: 가림판, 교구장, 깔개 등으로 다른 영역과 분리되어 있고, 출입구나 통로와 독립되어 있어 통행에 방해받지 않는지를 본다.
- 공간 크기: 같은 영역에서 활동하고 있는 유아들 간의 간격은 충분한지, 갈등이 빈번히 발생하지는 않는지, 영역 밖에서 노는 영유아들이 많은지 등을 본다.
- 교구장: 교구장의 수, 크기, 견고성, 이동 가능성 등을 본다.
- 소음방지: 소음이 많이 발생하는 영역은 카펫, 깔개, 교구장 등으로 가리거나 멀리 떨어져 배치되어 있는가를 본다.
- 정리 정돈의 용이성: 정리정돈할 수 있는 바구니나 밑그림 등이 있는가를 본다.
- 기타: 그 밖의 기준이 있으면 기록한다.

영역기준	놀이 계획	언어	수 · 과학	조작	쌓기	역할	미술	음률	기타
유사 영역과의 인접성									
영역 구분의 명확성									
공간 크기									
유아에게 적절한 교구장, 책상, 의자									
소음 방지									
정리정돈의 용이성									
기타									

출처: 김희진 · 박은혜 · 이지현(2011). 발췌 및 수정.

4. 대 · 소집단활동

집단활동은 함께 모이고, 집단으로 이야기를 듣고 나누고 문제를 해결하는 사회적 장이다. 영아는 발달 특성상 집중 시간이 매우 짧으며 대집단활동 자체를 이해하는 데 시간이 오래 걸리므로 함께 인사를 나누거나 동화 듣기 정도로 하루에 1회 정도로 운영하는 것이 좋다. 만 2세경이 되면 또래와 함께 하는 놀이를 즐기며, 교사가 준비한 활동에 대한 참여와 주의집중 시간이 늘어나서 약 10분 정도로 노래 부르기, 신체운동 활동, 동화 듣기 등의 대집단활동을 계획할 수 있다. 유아반에서 대 · 소집단활동 계획 시 교사는 유아의 활동 특성에 따라 적절한 집단의 크기, 집단활동을 위한 공간, 활동 시간대, 집단 형태를 결정한다. 유아반의 대집단활동에는 이야기 나누기(개념학습, 학급회의, 새 소식, 자유놀이 계획, 출 · 결석 점검, 날씨 이야기), 문학활동(동화, 동시, 동극), 멀티미디어 감상, 음악활동(노래 부르기, 악기연주, 음악감상 등), 신체활동(걷기, 달리기, 공놀이 등), 과학활동, 요리, 게임, 휴식, 평가, 생일축하 등이 속한다(양옥승 외, 2011). 다음의 〈표 12-9〉는 이야기 나누기를 하거나 어떤 활동을 마친 후 회상하기를 할 때 영유아를 관찰할 수 있는 표이다.

❖ **표 12-9** 이야기 나누기 및 회상하기 관찰 평가표

이름: 생년월일: 년 월 일 성별:

항목 영역	관찰내용	1학기			2학기		
		○	△	×	○	△	×
이야기 나누기 및 회상하기	활동에 적극적으로 참여하는가?						
	자신의 활동에 만족하는가?						
	다른 친구의 의견을 이해하고 바르게 듣는가?						
	자신의 생각을 비언어적인 방법으로 표현할 수 있는가?						
	자신이 한 것을 언어적으로 표현할 수 있는가?						
	질서를 잘 지키는가?						
	자신의 활동경험을 기억하여 평가할 수 있는가?						

출처: 오영희 · 이성희(2011). 발췌 및 수정.

다음의 〈표 12-10〉을 활용하여 교사가 진행하는 집단활동을 관찰하고 영유아의 반응도 적은 후 활동에 대하여 평가해 보자.

❖ **표 12-10** 대 · 소집단활동 관찰 평가표

<table>
<tr><td colspan="2">활동명</td><td></td><td>활동유형</td><td></td></tr>
<tr><td colspan="2">활동시간</td><td>(오전/오후)
시 분~ 시 분</td><td>집단크기</td><td>교사 ___ 명, 영유아 ___ 명</td></tr>
<tr><td colspan="2">활동자료</td><td></td><td>집단대형</td><td></td></tr>
<tr><td rowspan="5">활동방법
요약</td><td>주의집중</td><td colspan="3"></td></tr>
<tr><td>도입</td><td colspan="3"></td></tr>
<tr><td>전개</td><td colspan="3"></td></tr>
<tr><td>마무리</td><td colspan="3"></td></tr>
<tr><td>전이활동</td><td colspan="3"></td></tr>
<tr><td colspan="2">유아의 반응
(유아가 나타낸 흥미,
참여도, 집중 정도 등)</td><td colspan="3"></td></tr>
<tr><td colspan="2">집단활동 평가
(느낀 점, 개선방향 등)</td><td colspan="3"></td></tr>
</table>

5. 간식 및 식사

어린이집이나 유치원 종일반에서 많은 시간을 보내는 영유아들은 하루 동안 필요한 영양소의 상당 부분을 영유아교육기관에서 섭취하게 된다. 따라서 영유아교육기관에서는 영유아의 영양과 건강상의 책임뿐만 아니라 영아의 식습관지도를 포함한 폭넓은 개념으로 접근해야 한다.

영아반 수유 시간은 개인별 시간에 따라 계획하며, 1세~1세 반(半)의 시기에는 스스로 먹을 수 있도록 준비를 시켜야 한다. 주어진 시간 내에 먹지 못하는 경우에는 영아의 특성, 식성, 정서적 신체적 상태 등을 고려하여 융통성 있게 지도한다.

또한 간식과 점심은 활동량이 많은 유아들에게 충분한 영양을 공급해 주고, 유아의 활동에 지장이 없도록 돕는다. 교사는 유아들이 가정과 같은 분위기에서 기본적인 식사 예절을 익힐 수 있도록 소집단이 함께 모여 대화를 나누며 먹도록 하고 유아들이 스스로 먹을 수 있도록 격려하고 도움이 필요한 유아에게는 적절한 도움을 준다. 교사는 유아들이 음식을 먹은 후 그릇을 스스로 정리하도록 지도하고 뒷정리를 도와준다. 점심식사 후에는 유아들이 양치질을 하도록 지도하고 양치질을 한 다음 휴식 시간을 가지도록 한다(양옥승 외, 2011).

다음의 〈표 12-11〉을 활용하여 간식 및 식사 전, 후를 포함한 시간에 영유아를 관찰하고 기록해 보자.

❖ 표 12-11 간식 및 식사 관찰 평가표

이름: 생년월일: 년 월 일 성별:

구분	관찰내용	1회 월 일	2회 월 일	3회 월 일
손씻기	간식 및 식사 전에 자발적으로 손을 씻는다.			
	손 씻을 때 차례를 지킨다.			
	비누를 사용하여 손을 깨끗이 닦는다.			
	손을 씻은 후 종이타월(또는 수건)에 물기를 닦는다.			
식사태도 및 예절	간식 및 식사 전에 준비를 돕는다.			
	제자리에 앉아서 먹는다.			
	흘리지 않고 스스로 식사할 수 있다.			
	음식을 골고루 먹는다.			
	이야기를 나누며 즐겁게 먹는다.			
	다른 친구가 다 먹을 때까지 조용한 놀이를 하며 기다려 준다.			
	자신이 흘린 것은 자신이 치운다.			
	간식 및 식사 후에 정리 및 청소를 돕는다.			
간식 및 식사 도구 사용	도구를 바르게 사용할 수 있다.			
	도구를 안전하게 사용한다.			
이 닦기	간식 및 식사 후에 자발적으로 이를 닦는다.			
	이 닦을 때 차례를 지킨다.			
	치약을 이용하여 이를 깨끗이 닦는다.			

6. 휴식 및 낮잠

휴식과 낮잠은 영아들에게 건강한 생활을 위해 필수적이며, 종일반 유아들도 하루일과에 일정한 휴식을 취하도록 해야 한다. 교사는 영아들이 편히 잘 수 있도록 실내의 습도와 온도, 채광 등을 잘 조절하는 등 편안하고 안정된 분위기를 만들어 준다. 이불, 베게는 집에서 사용하던 것이나 친숙한 것을 준비하여 편안한 잠자리가 되도록 하고, 잠자는 동안 땀이 많이 나거나 침을 흘리는 영아들도 있으므로 정기적으로 세탁하여 위생적으로 관리한다. 한편, 유아의 휴식 및 낮잠시간은 보통 휴식은 30분, 낮잠은 1~2시간 정도 계획하나 개인차가 있다. 종일반 유아를 위한 낮잠방은 오후 2~3시 경에 이용할 수 있도록 별도의 공간으로 계획하는 것이 좋으며, 위생 관리가 용이하고 청결한 침구와 공기청정기, 낮잠을 돕는 음악 자료와 카세트 등을 준비한다. 아울러 휴식이 필요한 영유아를 위해 교실 내에 휴식 영역 또는 휴식의 기능을 병행할 수 있는 영역을 구성한다(양옥승 외, 2011).

다음의 〈표 12-12〉, 〈표 12-13〉을 활용하여 영유아별 낮잠시간과 낮잠시간에 나타나는 영유아의 행동을 관찰하고 기록해 보자.

❖ **표 12-12** 영아의 낮잠시간 관찰 예

관찰학급: ○○○반/1세　　　　관찰자:
관찰일시: 201○년 3월 12일

이름	낮잠시간 (분)	특이사항
이○○	12:10~1:00 (50분)	교사가 등을 쓸어주면 잠들기 수월함
선○○	12:50~1:10 (20분)	처음 낮잠 자기 시도함 낮잠을 거부하며 교사 무릎에 안겨 있다가 교사 품에 기대어 잠이 듦 다른 영아가 일어나는 소리에 잠이 깸
박○○	11:50~1:10 (80분)	자신의 베개로 이불을 보고 웃으며 눕더니 손가락을 빨며 쉽게 잠들었음

출처: 안선희 외(2015).

❖ 표 12-13 휴식 및 낮잠 관찰 평가표

이름: 생년월일: 년 월 일 성별:

구분	관찰내용	1회 월 일	2회 월 일	3회 월 일
휴식	실외놀이나 대근육활동 등 활발한 활동을 마친 후 스스로 휴식한다.			
	자기 자리에서 조용히 쉰다.			
낮잠 전 준비	자기의 침구를 찾을 수 있다.			
	매트를 깔고 베개와 이불을 놓는 등 낮잠준비를 할 수 있다.			
낮잠	매트에 누워서 낮잠을 청한다.			
	교사가 곁에서 토닥여주거나 책을 읽어주면 잠든다.			
	음악을 들으며 혼자서 잠든다.			
	인형 등 애착물을 가지고 잠든다.			
	낮잠 시간에 편안하게 푹 잔다.			
낮잠 후 정리	교사가 깨우면 금방 일어난다.			
	자신의 침구를 정리한다.			
	잠을 깬 후 화장실에 스스로 다녀온다.			

7. 대소변 가리기 · 화장실 다녀오기

보통 2세경이 되면 대소변을 가리기 시작하는데, 배변 훈련 시 영아에게 심리적 압박감을 주는 것은 부정적인 영향을 미칠 수 있으므로 조심스럽게 시도한다. 기저귀를 사용하는 어린 영아들은 개인의 생리적 욕구에 따라 수시로 기저귀를 점검하고, 교사는 기저귀를 갈아 줄 때 영아와 눈을 맞추면서 질적인 상호작용이 일어나도록 한다(양옥승, 2011).

유아들은 영아반에 비해 도움을 받지 않고 화장실을 이용할 수 있으나 완전하게 독립적으로 수행하기는 어려우므로 교사나 다른 성인의 관리가 가능한 위치에 설치되는 것이 바람직하다. 유아들의 화장실 사용 및 손씻기를 위해 유아용 변기와 세면대를 설치하고 일회용 또는 개인 수건, 물비누, 손소독 로션 등을 비치한다(조윤경 · 장지윤 · 유연주, 2013).

다음의 〈표 12-14〉를 활용하여 영유아의 화장실 사용 및 손씻기를 관찰하고 기록해 보자.

❖ 표 12-14 화장실 사용 및 손씻기 관찰 평가표

이름: 생년월일: 년 월 일 성별:

구분	관찰내용	1회 월 일	2회 월 일	3회 월 일
화장실 사용	대소변을 하고 싶다는 의사 표현을 한다.			
	스스로 옷을 내리고 올릴 수 있다.			
	화장실에 스스로 다녀올 수 있다.			
	대소변 후에 사용 후 물을 내린다.			
손씻기	대소변 후에 자발적으로 손을 씻는다.			
	손 씻을 때 차례를 지킨다.			
	비누를 사용하여 손을 깨끗이 닦는다.			
	손을 씻은 후 종이타월(또는 수건)에 물기를 닦는다.			

8. 정리정돈

정리정돈은 대부분의 활동이나 자유놀이의 끝에 꼭 이루어져야 하는 것으로, 놀이가 끝난 다음에는 영유아가 사용하던 놀잇감을 정리정돈할 수 있도록 돕는다. 교사는 영아가 스스로 정리할 수 있도록 교재교구를 낮게 배치하고, 교재교구 밑에 밑그림판을 붙이거나 바구니에 담긴 교재교구들에 사진이나 그림 등을 잘 보이도록 붙여 정리정돈이 용이하도록 한다. 유아반 역시 자유놀이 또는 일과활동을 마무리하면서 유아가 자신이 사용한 놀잇감이나 자료를 제자리에 정리정돈할 수 있도록 한다. 정리정돈하는 과정에서 유아는 같은 종류나 모양의 교구를 분류할 수 있으며, 사물의 이름이나 모양이 표시된 장소에 정리함으로써 언어 및 수학적 개념 형성에도 도움을 받게 된다. 또한 서로 돕고 협동하여 정리정돈하는 시간은 유아들이 활동에 자발적으로 참여하고 협동하는 능력도 기를 수 있게 한다(양옥승 외, 2011).

〈표 12-15〉를 활용하여 놀이를 끝내는 영유아 5명을 선택하여 놀잇감을 어떻게 정리하는지 관찰하여 기록해보자.

❖ 표 12-15 놀잇감 정리 관찰표

관 찰 자:		관찰일시	년 월 일 요일 (오전/오후) 시 분 ~ 시 분
관찰학급	반/ 만 세		
관찰장소			

[관찰 방법]

- 관찰하고자 하는 영유아 이름을 적어놓는다.
- 정리시간에 영유아의 행동을 관찰하여 해당하는 칸에 /표 하기
- '기타'에는 영유아의 행동을 간단하게 서술하기

[관찰 기준]

- 정리하지 않음: 자신이 하던 활동을 계속하거나 정리하지 않고 가만히 있음
- 도움을 받아 정리함: 교사나 또래가 요청하거나 정리를 도와줄 때 정리함
- 스스로 제자리에 정리함: 정리를 해야 하는 상황에서 자발적으로 제자리에 정리함
- 다른 친구가 정리하는 것을 도와줌: 정리하는 도중에 다른 친구가 정리하지 않거나 제자리에 정리하지 못할 때 필요한 도움을 줌
- 기타: 제자리에 정리하지 않거나 친구를 방해하는 등의 다양한 행동

행동 / 영유아	정리하지 않음	도움을 받아 정리함	스스로 제자리에 정리함	다른 친구가 정리하는 것을 도와줌	기타

9. 귀가

영아반 교사는 영아가 귀가하기 전에 배변, 수유 및 이유, 수면, 특별한 전달 사항 등을 일일보고서에 기록하여 부모가 하루 동안 영아의 상태에 대해 알아볼 수 있도록 한다. 부모가 데리러 오면 하루 동안의 영아들 기분과 건강상태, 특이행동 등에 대해 충분한 대화를 나눈 후에 귀가 인사를 나누고 귀가시킨다. 유아반 교사들도 유아의 심리적 상태, 신체적 상태, 피곤함, 병색, 감기 증상, 외상을 철저히 점검하고 유아의 옷차림, 얼굴, 등의 청결도를 점검한다. 또한 부모에게 전할 내용이나 안내문, 투약보고서 등의 보고사항을 준비하고 전달하며 안전에 관한 지도를 하여 귀가시킨다(양옥승 외, 2011).

다음의 〈표 12-16〉을 활용하여 영유아의 귀가 시 자조기술과 사회적 태도에 대해 관찰하고 평가할 수 있다.

❖ 표 12-16 귀가 시의 관찰 평가표

이름: 생년월일: 년 월 일 성별:

구분	관찰내용	1회 월 일	2회 월 일	3회 월 일
자조 기술	자신의 소지품을 챙긴다.			
	자신의 겉옷을 스스로 입는다.			
	혼자 신발을 신을 수 있다.			
귀가 시 태도	부모님을 만나 반갑게 인사한다.			
	선생님께 인사하고 헤어진다.			
	친구들과 인사하고 헤어진다.			

다음의 〈표 12-17〉은 0~1세 영아의 기분 및 상태, 식사(수유) 및 간식, 낮잠 및 휴식, 배변 등의 일상생활과 관련된 관찰기록의 예이다. 이러한 관찰기록을 활용하여 귀가 시에 부모에게 영아의 일상생활에 대한 정보를 제공할 수 있을 것이다.

❖ **표 12-17** 일상생활 관련 관찰기록의 예(0~1세)

관찰 기간: 2010년 11월 1일 ~ 11월 5일

이름		○○○ (남, 여)			반			생년월일		2008. 10. 5		
구분		기분 및 상태			식사(수유) 및 간식			낮잠 및 휴식		배변		
		기분	건강	체온	오전 간식	점심	오후 간식	수면 상태	시간	구분	배변 상태	대변 시간 소변 횟수
월	점검	○	○	36.8	○	○	○	○	12:30~14:00	대변	○	16:00
										소변	○	3회
	내용	기분도 좋고 몸 상태도 좋음			좋아하는 반찬을 먼저 먹고 계속 더 달라고 함. 밥과 함께 먹어보도록 함			교사가 토닥여 주지 않아도 스스로 잠이 듬		대변을 본 후 기저귀를 두드려서 배설했다는 것을 표현함		
화	점검	○	△	36.3	○	○	○	○	12:50~14:50	대변		
										소변		3회
	내용	약간 묽은 콧물이 흐름			혼자서 포크를 사용하여 반찬을 집어 먹음			피곤했는지 교사가 깨워서 일어남		대변을 보지 않음		
수	점검	○	△	37.1	○	△	△	○	12:50~14:20	대변	△	
										소변		4회
	내용	미열이 조금 있음. 콧물이 나서 불편해 함			몸이 안 좋은지 점심과 오후 간식을 조금 먹은 후 남김			잠자면서 땀을 좀 흘림		설사는 아니었으나 묽은 변을 봄		
목	점검	△	×	38.5	X	△		△	10:30~11:00	대변	△	11:30
										소변		1회
	내용	밤에 열이 나서 해열제를 먹고 등원함. 양호실에 있다가 점심 후 열이 많이 올라 귀가함			오전 간식을 먹지 않았고, 점심은 미역국에 밥을 말아서 조금 먹음			양호실에 누워 있다가 30분 정도 잠이 듬		자고 일어나서 약간 무른 변을 봄		
금	점검									대변		
										소변		
	내 용	결석			결석			결석			결석	
주간 평가		화요일에는 콧물이 나고 수요일에는 건강 상태가 좀 좋지 않더니 목요일에 열이 많이 남. 환절기마다 감기에 걸림			선호하는 음식이 있으며, 식사하는 것을 즐김. 숟가락과 포크를 사용하는 것에 관심을 보이고 있으며 적극적으로 시도함. 몸이 안좋아 주 후반에는 음식을 남김			교사의 도움 없이도 비교적 잠이 잘 드는 편이며, 1시간 30분에서 2시간 정도 낮잠을 자고 있음		배변 의사와 배설한 것에 대한 표현을 조금씩 하고 있음. 다른 친구들이 화장실에서 대소변을 볼 때 관심을 보이고 있음		

출처: 중앙보육정보센터(2011). 2011년도 보육시설 운영 서식 및 문서자료집.

13 CHAPTER 자유놀이의 평가

1. 실내놀이
2. 실외놀이

CHAPTER 13

자유놀이의 평가

자유놀이는 어떤 형태의 교육방법보다도 가장 자연스럽게 개인적인 흥미, 요구, 관심을 드러낼 수 있게 하는 자기만족의 수단이 된다. 아울러 자유놀이는 영유아가 편안하고 즐거운 상태에서 자신의 생각과 감정을 스스로 조절하여 선택할 수 있게 해주는 자기 교수의 기회가 되기도 한다. 본 장에서는 자유놀이를 통해 영유아에게 적합한 환경을 제공하고, 영유아의 발달을 평가할 수 있도록 안내하고자 한다.

자유놀이를 위하여 교사는 실내·외 흥미영역별로 진행 중인 주제나 교육목표, 내용, 영유아의 흥미와 발달 정도를 고려한 다양한 활동과 교재교구를 준비한다. 특히 계절이나 영유아교육기관에서 진행 중인 주제와 관련된 교재·교구를 마련하고, 주제의 변화에 따라 수시로 교체하여 유아의 흥미를 지속시켜 주도록 한다(양옥승·최경애·이혜원, 2011). 본 장에서는 자유놀이를 실내와 실외로 나누어 놀이가 이루어지는 각 영역별 환경구성에 대한 평가와 영역별 영유아 발달에 대한 평가가 어떻게 이루어질 수 있는지 살펴보도록 하겠다.

1. 실내놀이

실내놀이가 이루어지는 영역을 언어영역, 수·과학영역, 조작영역, 쌓기영역, 역할영역, 미술영역, 음률영역, 대근육운동영역 등으로 나누어 살펴보면 다음과 같다.

1) 언어영역

언어영역에서는 말하기, 듣기, 읽기, 쓰기의 네 가지 경험이 골고루 이루어질 수 있는 활동을 제공하며, 이 네 가지는 언어교육 안에서 자연스럽게 통합이 이루어져야 한다(양옥승 외, 2011). 언어영역에 구비되어 있는 활동자료를 점검하여 언어영역의 환경구성을 평가할 수 있으며, 영아반과 유아반으로 나누어 언어영역 활동자료 점검표를 살펴보면 〈표 13-1〉, 〈표 13-2〉와 같다.

❖ **표 13-1** 영아반 언어영역 활동자료 점검표

관찰자				관찰일시	년 월 일 요일		
관찰기관	유치원(어린이집)			관찰학급	반/ 만 세		
구분	**영아반 언어영역 활동자료**	**있음**	**없음**	**구분**	**영아반 언어영역 활동자료**	**있음**	**없음**
말하기	손인형			읽기	촉감책(예 헝겊, 비닐 및 스펀지, 딱딱한 재질로 된 책)		
	융판동화 자료				단순한 개념책		
	이야기 꾸미기 자료				까꿍놀이책		
	사진(예 영아, 가족 동물 등)				반복적이고 운율이 있는 그림책		
					편안한 의자나 쿠션		
					깔개		
	기타:				기타:		
듣기	녹음기			쓰기	필기도구(예 크레용, 사인펜, 색연필 등)		
	녹음테이프(예 동화, 빈 테이프, 각종 소리녹음)				전지		
	헤드셋				화이트보드, 보드마카, 지우개		
	마이크						
	기타:				기타:		

출처: 나은숙 외(2014). 발췌 및 수정.

❖ 표 13-2 유아반 언어영역 활동자료 점검표

<table>
<tr><th>관찰자</th><td colspan="3"></td><th>관찰일시</th><td colspan="3">년 월 일 요일</td></tr>
<tr><th>관찰기관</th><td colspan="3">유치원(어린이집)</td><th>관찰학급</th><td colspan="3">반/ 만 세</td></tr>
<tr><th>구분</th><th>유아반 언어영역 활동자료</th><th>있음</th><th>없음</th><th>구분</th><th>유아반 언어영역 활동자료</th><th>있음</th><th>없음</th></tr>
<tr><td rowspan="9">말하기</td><td>융판과 융판자료</td><td></td><td></td><td rowspan="9">읽기</td><td>모양 변별카드</td><td></td><td></td></tr>
<tr><td>자석판과 자석자료</td><td></td><td></td><td>책</td><td></td><td></td></tr>
<tr><td>인형류(예 손가락인형, 손인형, 테이블인형, 막대인형)</td><td></td><td></td><td>글자와 그림 맞추기</td><td></td><td></td></tr>
<tr><td>이야기 꾸미기 자료</td><td></td><td></td><td>첫 글자 카드게임</td><td></td><td></td></tr>
<tr><td>수수께끼 카드와 상자</td><td></td><td></td><td>컴퓨터 상자와 글자카드</td><td></td><td></td></tr>
<tr><td>녹음할 수 있는 자료</td><td></td><td></td><td>깡통을 이용한 단어놀이</td><td></td><td></td></tr>
<tr><td>전화기</td><td></td><td></td><td>수수께끼 그림카드</td><td></td><td></td></tr>
<tr><td>사진 및 그림자료</td><td></td><td></td><td></td><td></td><td></td></tr>
<tr><td colspan="3">기타:</td><td colspan="3">기타:</td></tr>
<tr><td rowspan="2">듣기</td><td>녹음기/CD 플레이어</td><td></td><td></td><td rowspan="2">쓰기</td><td>필기도구(예 크레용, 사인펜, 색연필, 매직펜, 수성펜 등)</td><td></td><td></td></tr>
<tr><td>녹음테이프/CD(예 동화, 빈 테이프, 각종 소리녹음)</td><td></td><td></td><td>종이류(예 다양한 크기와 색깔의 종이, 모양종이)</td><td></td><td></td></tr>
<tr><td rowspan="4">듣기</td><td>헤드셋</td><td></td><td></td><td rowspan="4">쓰기</td><td>화이트보드(예 90×60cm), 보드마카, 지우개</td><td></td><td></td></tr>
<tr><td>마이크</td><td></td><td></td><td>글자카드(예 부직포 글자, 모래종이 글자카드, 장판 글자카드 등)</td><td></td><td></td></tr>
<tr><td></td><td></td><td></td><td>기타 문구류(예 풀, 스테이플러, 지우개, 가위 등)</td><td></td><td></td></tr>
<tr><td colspan="3">기타:</td><td colspan="3">기타:</td></tr>
</table>

출처: 나은숙 외(2014). 발췌 및 수정.

유아의 말하기 · 듣기 발달을 위한 체크리스트의 예는 〈표 13-3〉과 같다. 체크리스트 맨 위에 관찰하는 날의 날짜를 쓰고 해당되는 칸에 체크(✓) 표시만 하거나, 각각의 행동이 관찰된 날짜를 해당란에 표기할 수 있다.

❖ **표 13-3** 말하기 · 듣기 발달 체크리스트

년도 ________ 이름 ________

내용	평가 시기	1회 월 일	2회 월 일	3회 월 일	4회 월 일
말의 명료성	무슨 말을 하는지 알아들을 수 없다.				
	상대방이 알아들을 수 있게 분명히 말할 수 있다.				
태도	상대방을 쳐다보지 않고 말한다.				
	대화하는 상대방을 쳐다보며 말한다.				
언어 구조	일어문				
	이어문				
	삼어문 이상의 문장				
	문법적으로 불완전하나 문장 형태로 말한다.				
	문법적으로 완전한 문장 형태로 말한다.				
의사 소통	진행되는 이야기 주제에 전혀 관계없는 말을 한다.				
	진행되는 주제에 관련 지어 말한다.				
	진행되는 이야기 주제에 관련 지어 상호작용적으로 의사소통한다.				
	요구를 적절히 표현한다.				
	일상적 경험에 대해 말한다.				
	다른 사람이 자신에게 말을 걸면 기꺼이 대답한다.				
	필요시 질문을 한다.				

출처: 이영자(2006).

다음의 〈표 13-4〉 쓰기 개념 체크리스트를 활용하여 유아들의 쓰기 발달 수준을 살펴볼 수 있다.

❖ **표 13-4 쓰기 개념 체크리스트**

- 유아들이 다음과 같은 개념을 이해하는지 관찰한다.
- 관찰된 내용은 빈칸에 V표를 한다.

1. 인쇄글자(point)는 의미를 전달한다. 쓰기는 아이디어를 표현하는 방법이다. _____
2. 방향성 글은 왼쪽에서 오른쪽으로 _____ , 그리고 위에서 아래로 _____ 쓴다.
3. 단어에 대한 개념 단어는 자음과 모음으로 구성된다. _____ 단어와 말은 서로 관련성이 있다. _____ 단어와 단어 사이에는 띄어쓰기를 한다. _____
4. 자음과 모음에 대한 지식 자음과 모음의 이름을 정확하게 사용한다. _____
5. 음운인식 같은 소리로 시작하는 단어들이 있음을 안다. _____
6. 문해 관련 용어 문해와 관련된 용어(단어, 자음, 이야기, 작가)를 사용한다. _____

출처: 이영자 외(2009). 재인용.

2) 수 · 과학영역

수학영역은 수학에 관한 기본 개념 형성을 도울 수 있는 활동이 이루어지는 곳이다. 수 개념, 측정, 도형이나 공간 활동, 분류하기, 순서짓기, 패턴 등의 다양한 내용을 포함하는 활동을 통해 주변 세계에 대해 생각하고 경험을 조직함으로써 문제를 해결하는 조작능력을 기를 수 있다. 과학영역은 유아들의 직접적인 경험을 통해 여러 가지 과학적 개념 형성을 도울 수 있는 활동이 일어나는 곳이다. 이러한 경험을 통해 유아들은 관찰력, 탐구력 및 논리적 사고능력이 발달하게 된다. 수학영역과 과학활동을 별도로 비치할 수도 있으나 공간이 부족한 경우 함께 배치한다. 정적인 분위기에서 탐색과 탐구활동이 이루어질 수 있어야 하므로 공간의 배치나 활동 선정 시 유아들이 집중할 수 있는 분위기를 제공한다(양옥승 외, 2011).

영아반에는 기초 수학활동 및 기초 과학활동이 이루어지는 장소로 탐색영역이 제공되며, 영아반 탐색영역의 활동자료 점검표를 살펴보면 〈표 13-5〉와 같다. 아울러 유아반 수학영역과 과학영역의 활동자료 점검표는 각각〈표 13-6〉과 〈표 13-7〉과 같다.

❖ **표 13-5** 영아반 탐색영역 활동자료 점검표

관찰자				관찰일시	년 월 일 요일		
관찰기관	유치원(어린이집)			관찰학급	반/만 세		
구분	영아반 탐색영역 자료	있음	없음	구분	영아반 탐색영역 활동자료	있음	없음
기초 수학 활동	크기, 모양 등 비교할 수 있는 물체 2~3개			기초 과학 활동	자연물(식물, 나뭇잎, 조개류, 솔방울, 나뭇가지 등)		
	서열하기 자료				동물(금붕어, 올챙이 등)		
	겹끼우기 컵				확대경		
	일대일 대응자료				후각통		
					촉감상자		
					자석		
	기타:				기타:		

출처: 나은숙 외(2014). 발췌 및 수정.

❖ 표 13-6 유아반 수학영역 활동자료 점검표

관찰자		관찰일시	년 월 일 요일
관찰기관	유치원(어린이집)	관찰학급	반/ 만 세

구분	유아반 수학영역 자료	있음	없음	구분	유아반 수학영역 활동자료	있음	없음
분류	분류통과 크기 · 색 · 모양이 다양한 구슬 또는 단추			수의 이해	주사위를 사용한 보드게임과 주사위		
	구멍 뚫린 구슬과 끈				숫자 그림퍼즐		
	플라스틱 패턴블록				숫자 도미노 카드		
	돌				수 막대와 구슬		
	동전				수 카드		
	기타:				기타:		
시간 관계 및 측정하기	시계			서열화	크기가 다양한 물체(병뚜껑 등)		
	달력				넓이 또는 길이가 다른 컵		
	온도계				나뭇잎		
	다양한 크기의 되 또는 비커				기타:		
	평형저울						
	막대			공간 관계	도형퍼즐		
	줄이나 끈				색 입방체 블록과 패턴카드		
	줄자				칠교		
	체중계						
	계량컵과 계량 숟가락						
	기타:				기타:		

출처: 나은숙 외(2014). 발췌 및 수정.

❖ **표 13-7** 유아반 과학영역 활동자료 점검표

<table>
<tr><th>관찰자</th><td colspan="3"></td><th>관찰일시</th><td colspan="3">년 월 일 요일</td></tr>
<tr><th>관찰기관</th><td colspan="3">유치원(어린이집)</td><th>관찰학급</th><td colspan="3">반/ 만 세</td></tr>
<tr><th>구분</th><th>유아반 과학영역 자료</th><th>있음</th><th>없음</th><th>구분</th><th>유아반 과학영역 활동자료</th><th>있음</th><th>없음</th></tr>
<tr><td rowspan="8">관찰과 실험 위한 자료</td><td>동물과 식물</td><td></td><td></td><td rowspan="8">물리적 경험 위한 자료</td><td>바퀴</td><td></td><td></td></tr>
<tr><td>표본</td><td></td><td></td><td>공</td><td></td><td></td></tr>
<tr><td>여러 가지 실물 탐색 자료</td><td></td><td></td><td>자석</td><td></td><td></td></tr>
<tr><td>돋보기</td><td></td><td></td><td>물</td><td></td><td></td></tr>
<tr><td>다양한 용기들</td><td></td><td></td><td>모래</td><td></td><td></td></tr>
<tr><td>비커</td><td></td><td></td><td></td><td></td><td></td></tr>
<tr><td>저울 등의 측정도구</td><td></td><td></td><td></td><td></td><td></td></tr>
<tr><td colspan="3">기타:</td><td colspan="3">기타:</td></tr>
<tr><td rowspan="4">동 식물을 기르기 위한 자료</td><td>교실에서 키울 수 있는 동물 · 식물</td><td></td><td></td><td rowspan="4">과학적 관계 인식 돕는 자료</td><td>과학과 관련된 책</td><td></td><td></td></tr>
<tr><td>먹이</td><td></td><td></td><td>과학적 탐색과 정보를 제공하는 여러가지 교구</td><td></td><td></td></tr>
<tr><td>당번표</td><td></td><td></td><td>게임판</td><td></td><td></td></tr>
<tr><td colspan="3">기타:</td><td colspan="3">기타:</td></tr>
</table>

출처: 김금주 외(2012). 발췌 및 수정.

다음의 〈표 13-8〉은 수학교육 내용 중 '유아의 측정하기 능력'과 관련된 행동목록 평가표이다. 이 표를 활용하여 평가 기록 시기를 정해 관찰함으로써 유아의 수학적 능력이 어떻게 변화하였는지를 평가할 수 있다.

❖ 표 13-8 측정하기 능력과 관련된 행동목록 평가표

내용(항목)		평가 시기	1회 월 일	2회 월 일	3회 월 일	4회 월 일
비교 어휘 사용하기		길이 비교: 더 긴/ 더 짧은				
		높이 비교: 더 높은/ 더 낮은				
		크기 비교: 더 큰/ 더 작은				
		거리 비교: 더 먼/ 더 가까운				
		나이 비교: 더 나이든/ 더 어린				
		무게 비교: 더 무거운/ 더 가벼운				
		온도 비교: 더 뜨거운/ 더 차가운				
		속도 비교: 더 빠른/ 더 느린				
비교하기 및 측정하기	길이 측정	측정도구 없이 물체를 나란히 놓아서 물체의 길이를 비교한다.				
		길이 측정을 위해 임의단위(신체 단위, 구체물)를 사용할 수 있다.				
		같은 임의 단위를 여러 개 사용하여 측정한다(예 연필을 여러 개 늘어놓아 길이를 측정한다).				
		한 가지 임의 단위를 여러 번 사용하여 측정한다(예 연필 한 자루로 반복 사용하여 길이를 측정한다).				
		표준 길이 단위를 사용한다(예 자).				
	넓이 측정	실제 물체의 넓이를 대보아서 비교한다.				
	무게 측정	양손을 사용하여 두 물체의 무게를 비교한다.				
		평형저울을 사용하여 두 물체의 무게를 비교한다.				
		임의 단위를 사용하여 평형저울에 물체의 무게를 잰다.				
	부피 측정	한 용기에서 다른 용기로 내용물을 옮겨 용량을 비교한다.				

출처: 이정욱 · 유연화(2007). 재인용.

다음에 제시한 〈표 13-9〉는 수학교육의 내용 중 유아의 '규칙성 이해'를 평가할 수 있는 5점 평정척도이다.

❖ 표 13-9 유아의 규칙성 이해와 관련한 평정척도

내 용	전혀 아니다 1	약간 아니다 2	보통 이다 3	약간 그렇다 4	매우 그렇다 5
규칙성을 인식하고 그대로 따라해 본다.	1	2	3	4	5
스스로 규칙을 정하여 만들어 본다.	1	2	3	4	5
제시되어 있는 규칙을 언어로 설명한다.	1	2	3	4	5
자신이 새롭게 구성한 규칙을 언어로 설명한다.	1	2	3	4	5
다음에 올 것을 예측한다.	1	2	3	4	5
수와 관련된 패턴을 이해한다.	1	2	3	4	5

출처: 이정욱 · 유연화(2007).

영유아 과학교육의 평가내용은 과학적 태도, 과학적 과정 기술, 과학적 개념을 중심으로 구성될 수 있으며, 다음의 〈표 13-10〉은 영유아의 '과학적 태도'에 대한 평가의 예이다.

❖ 표 13-10 과학적 태도 행동목록표

영유아교육기관명:	평가일자:
영유아 이름: (남/여)	평가자:
영유아 나이: 만 ____ 세	생년월일:
영유아교육기관을 다닌 경험: ____ 년	
평가점수와 기준: 1점-수행하지 못함 2점-어느 정도 수행함 3점-잘 수행함 4점-탁월하게 수행함	

평가요인 \ 평가시기	1차 (__ 월 __ 일)	2차 (__ 월 __ 일)
과학적 태도	총점:	총점:
1. 영유아는 과학적인 주제에 대한 호기심을 말로 표현하거나 관련된 질문을 자주 한다.	1 2 3 4	1 2 3 4
2. 영유아는 과학 영역을 자주 선택한다.	1 2 3 4	1 2 3 4
3. 영유아는 과학과 관련된 새로운 책, 비디오 등을 관심 갖고 본다.	1 2 3 4	1 2 3 4
4. 영유아는 과학활동이나 실험에 적극적으로 참여한다.	1 2 3 4	1 2 3 4
5. 영유아는 과학활동의 과정에서 의문 나는 것이나 잘 모르는 것을 솔직히 표현한다.	1 2 3 4	1 2 3 4
6. 영유아는 자신이 예상한 점이나 관찰한 것을 망설이지 않고 솔직히 표현한다.	1 2 3 4	1 2 3 4
7. 영유아는 실험이 실패했을 때 좌절하거나 의기소침해 하지 않는다.	1 2 3 4	1 2 3 4
8. 영유아는 과학실험이나 활동을 하는 과정에서 잘 안되는 점을 그대로 표현하고 도움을 요청한다.	1 2 3 4	1 2 3 4
9. 영유아는 다른 친구의 의견이 옳고 그른지에 대한 자신의 생각을 말한다.	1 2 3 4	1 2 3 4
10. 영유아는 다른 친구의 의견이나 설명에 대해 증거를 요구하거나 자신의 주장에 대한 증거를 제시한다.	1 2 3 4	1 2 3 4
11. 영유아는 과학활동 과정에서 쉽게 포기하지 않고 지속적으로 문제를 해결하려고 노력한다.	1 2 3 4	1 2 3 4
12. 영유아는 실험 도중 실패했을 때 포기하지 않고 반복해서 실험해 보거나 왜 실패했는지 찾아보려고 시도한다.	1 2 3 4	1 2 3 4
13. 영유아는 과학활동의 과정에서 다른 영유아와 함께 협력하거나 도움을 요청한다.	1 2 3 4	1 2 3 4
14. 영유아는 과학활동을 마친 후에 다른 영유아들과 함께 정리정돈을 같이 한다.	1 2 3 4	1 2 3 4

(기타 참고 사항 및 종합 의견)

출처: 신은수 외(2014). 재인용.

3) 조작영역

조작영역은 영유아들의 소근육 통제능력 및 눈과 손의 협응력을 발달시키기 위한 영역으로 영유아의 감각 및 조작능력을 기르는 놀잇감을 제공하는 영역이다. 주로 블록으로 구성하기, 조작적 놀잇감 끼우기, 일상생활 훈련용 자료 사용하기 등의 활동이 주로 이루어진다(양옥승 외, 2011). 영아반, 유아반으로 나누어 조작영역 활동자료 점검표를 살펴보면 각각 〈표 13-11〉, 〈표 13-12〉와 같다.

❖ **표 13-11** 영아반 조작영역 활동자료 점검표

<table>
<tr><th colspan="2">관찰자</th><td colspan="2"></td><th colspan="2">관찰일시</th><td colspan="2">년 월 일 요일</td></tr>
<tr><th colspan="2">관찰기관</th><td colspan="2">유치원(어린이집)</td><th colspan="2">관찰학급</th><td colspan="2">반/ 만 세</td></tr>
<tr><th>구분</th><th>영아반 조작영역 자료</th><th>있음</th><th>없음</th><th>구분</th><th>영아반 조작영역 활동자료</th><th>있음</th><th>없음</th></tr>
<tr><td rowspan="6">조작적 놀잇감</td><td>끼우고 맞추는 놀이감</td><td></td><td></td><td rowspan="6">블록</td><td>소형블록</td><td></td><td></td></tr>
<tr><td>간단한 퍼즐</td><td></td><td></td><td></td><td></td><td></td></tr>
<tr><td>모양상자</td><td></td><td></td><td></td><td></td><td></td></tr>
<tr><td>소리나는 놀잇감</td><td></td><td></td><td></td><td></td><td></td></tr>
<tr><td>큰 구슬 끼우기</td><td></td><td></td><td></td><td></td><td></td></tr>
<tr><td colspan="3">기타:</td><td colspan="3">기타:</td></tr>
</table>

출처: 양옥승 외(2015). 발췌 및 수정.

❖ **표 13-12** 유아반 조작영역 활동자료 점검표

관찰자				관찰일시	년 월 일 요일		
관찰기관	유치원(어린이집)			관찰학급	반/ 만 세		
구분	유아반 조작영역 자료	있음	없음	구분	유아반 조작영역 활동자료	있음	없음
일상 생활 훈련용 자료	찍찍이 붙이기			조작적 놀잇감	큰 플라스틱 바늘과 실		
	단추 끼우기				두꺼운 종이		
	기타:				헝겊		
블록	다양한 크기와 형태의 레고 블록						
	기타:				기타:		

출처: 양옥승 외(2011). 발췌 및 수정.

다음의 〈표 13-13〉은 영유아의 소근육 발달 평가표이다. 조작영역과 더불어 미술영역에서의 활동을 관찰하여 작성해 보도록 하자.

❖ **표 13-13** 영유아의 소근육 발달 평가표

연령 수준		내 용	평가일자					
1.1	0~1세	토막을 집어 든다.						
1.2		한 손으로 토막을 잡는다.						
1.3		엄지손가락을 사용해서 물건을 잡는다.						
1.4		엄지와 집게손가락을 사용한다.						
1.5		컵에 토막을 넣는다.						
1.6		숟가락으로 푼다.						
2.1	1~2세	크레파스를 잡는다.						
2.2		크레파스로 종이에 낙서를 한다.						
2.3		두꺼운 종이로 된 책의 책장을 넘긴다.						
2.4		블록 2개로 탑을 쌓는다.						

연령 수준		내 용	평가일자					
2.5	1~2세	병에 있는 것을 쏟는다.						
2.6		종이를 잡는다.						
2.7		뚜껑을 돌린다.						
2.8		블록 6개로 탑을 쌓는다.						
3.1	2~3세	얇은 종이로 된 책을 한 장씩 넘긴다.						
3.2		큰 구슬 4개를 실에 꿴다.						
3.3		문의 손잡이나 꼭지를 돌린다.						
3.4		가위로 싹둑 자른다.						
3.5		선 긋기를 한다.						
3.6		원 그리기를 한다.						
3.7		4조각의 퍼즐을 맞춘다.						
3.8		직사각형 레고블록 6개로 탑을 쌓는다.						
3.9		직사각형 레고블록 8개로 탑을 쌓는다.						
4.1	3~4세	작은 구슬 5개를 실에 꿴다.						
4.2		가위로 종이를 두 번 이상 자른다.						
4.3		찰흙으로 2~3개의 모양을 만든다.						
5.1	4~5세	20cm 정도 선따라 자른다.						
5.2		8조각의 퍼즐을 맞춘다.						
5.3		종이로 삼각형을 접는다.						
5.4		연필을 바르게 사용한다.						
5.5		원의 내부를 색칠한다.						
5.6		삼각형을 그린다.						
6.1	5~6세	인물화를 그린다.						
6.2		사각형을 그린다.						
6.3		종이에 있는 단순한 형태를 찢는다.						
6.4		두 가지 색으로 그림을 그린다.						
6.5		종이에 있는 그림을 오려서 붙인다.						

출처: 포테이지 프로젝트(2002). 포테이지 조기교육 프로그램, 조윤경 · 김경혜(2012). 재인용.

〈'포테이지 아동발달 지침서'는?〉

미국 위스콘신 주의 포테이지(Portage) 시에서 장애 아동의 조기교육을 담당한 교사나 부모가 아동들과의 직접적인 경험을 토대로 만든 발달 지침서이다. 부모가 일정 기간 가르치고 기록하여 교사와 같이 평가하는 과정을 계속하는 가정 방문제 프로그램의 일환으로 개발되었다. 관찰에 의해 아동의 발달 수준을 정하고 그 수준에 따라 특정 행동을 가르치도록 되어 있는 교육과정 중심의 평가서이다.

4) 쌓기영역

쌓기영역에서는 영유아가 손으로 블록을 조작함으로써 눈과 손의 협응력, 시·지각적 인식, 대·소근육 협응력 등의 신체발달이 이루어진다. 그리고 역할놀이와 연결하여 블록을 이용한 극놀이가 활발하게 이루어지기도 한다. 따라서 다양한 개념의 발달을 이끌어줄 수 있으며 긍정적 자아개념과 언어능력, 사회·정서 발달을 돕는다(양옥승 외, 2011). 영아반, 유아반으로 나누어 쌓기영역 활동자료 점검표를 살펴보면 각각 〈표 13-14〉, 〈표 13-15〉와 같다.

❖ **표 13-14** 영아반 쌓기영역 활동자료 점검표

<table>
<tr><th>관찰자</th><td colspan="3"></td><th>관찰일시</th><td colspan="3">년 월 일 요일</td></tr>
<tr><th>관찰기관</th><td colspan="3">유치원(어린이집)</td><th>관찰학급</th><td colspan="3">반/만 세</td></tr>
<tr><th>구분</th><th>영아반 쌓기영역 자료</th><th>있음</th><th>없음</th><th>구분</th><th>영아반 쌓기영역 활동자료</th><th>있음</th><th>없음</th></tr>
<tr><td rowspan="6">블록</td><td>스펀지블록</td><td></td><td></td><td rowspan="6">소품</td><td>인형류</td><td></td><td></td></tr>
<tr><td>종이벽돌블록</td><td></td><td></td><td>탈것류</td><td></td><td></td></tr>
<tr><td>헝겊블록</td><td></td><td></td><td></td><td></td><td></td></tr>
<tr><td>우레탄블록</td><td></td><td></td><td></td><td></td><td></td></tr>
<tr><td>플라스틱블록</td><td></td><td></td><td></td><td></td><td></td></tr>
<tr><td colspan="3">기타:</td><td colspan="3">기타:</td></tr>
</table>

출처: 양옥승 외(2015). 발췌 및 수정.

❖ **표 13-15** 유아반 쌓기영역 활동자료 점검표

<table>
<tr><th>관찰자</th><td colspan="3"></td><th>관찰일시</th><td colspan="3">년 월 일 요일</td></tr>
<tr><th>관찰기관</th><td colspan="3">유치원(어린이집)</td><th>관찰학급</th><td colspan="3">반/ 만 세</td></tr>
<tr><th>구분</th><th>유아반 쌓기영역 자료</th><th>있음</th><th>없음</th><th>구분</th><th>유아반 쌓기영역 활동자료</th><th>있음</th><th>없음</th></tr>
<tr><td rowspan="2">블록</td><td>속이 빈 공간블록</td><td></td><td></td><td rowspan="2">소품</td><td rowspan="2">인형류(모형동물, 사람인형, 로봇, 공룡 등)</td><td rowspan="2"></td><td rowspan="2"></td></tr>
<tr><td>우레탄블록</td><td></td><td></td></tr>
<tr><td rowspan="7">블록</td><td>종이벽돌블록</td><td></td><td></td><td rowspan="10">소품</td><td rowspan="2">탈것류(작은 자동차나 배 같은 운송수단 등)</td><td rowspan="2"></td><td rowspan="2"></td></tr>
<tr><td>유니트(단위) 블록</td><td></td><td></td></tr>
<tr><td>자석블록</td><td></td><td></td><td rowspan="7">기타 주제와 관련된 소품들(동물가면, 교통표지판, 신호등, 간판표시물, 운전대, 경찰이나 오토바이용 모자, 소방관 모자, 모형건물이나 집 등)</td><td rowspan="7"></td><td rowspan="7"></td></tr>
<tr><td>와플블록</td><td></td><td></td></tr>
<tr><td>띠블록</td><td></td><td></td></tr>
<tr><td>눈송이블록</td><td></td><td></td></tr>
<tr><td colspan="3">기타:</td></tr>
<tr><td rowspan="3">기타 자료</td><td>쌓기놀이에 도움을 주는 책</td><td></td><td></td></tr>
<tr><td>그림자료</td><td></td><td></td></tr>
<tr><td colspan="3">기타:</td><td colspan="3">기타:</td></tr>
</table>

출처: 황해익 외(2014). 발췌 및 수정.

다음의 〈표 13-16〉을 이용하여 쌓기 영역에서 놀이하는 영유아의 블록 쌓기 단계를 관찰하고 평가해 보자.

❖ **표 13-16** 영유아의 블록 쌓기 단계 체크리스트

년도 ________ 이름 __________

블록 쌓기 단계별 특징 \ 평가 시기			1회 월 일	2회 월 일	3회 월 일	4회 월 일
1단계 블록 나르기	• 블록 나르기, 감각을 통해 탐색하기, 블록들을 함께 부딪치거나 다른 물건에 부딪히기					
2단계 쌓기	• 블록들을 수직으로 쌓고 수평으로도 쌓기	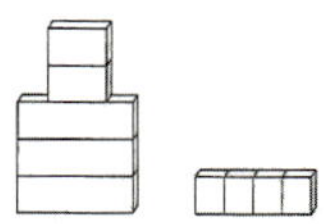				
3단계 다리 만들기	• 수직으로 세운 2개의 블록들 사이의 공간에 3번째 블록을 이용해서 다리 만들기	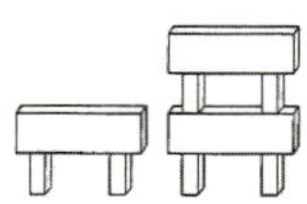				
4단계 울타리 만들기	• 공간을 둘러싸기 위한 목적을 갖고 블록들을 배치하기	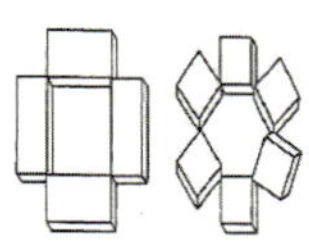				
5단계 장식적 패턴단계	• 균형과 대칭, 장식적인 요소가 있는 구조물 쌓기					
6단계 구조물에 이름 붙이기	• 1~5단계로부터 나온 쌓기 기술들을 결합하고, 구조물을 구성하는 동안 또는 구성 후 만든 구조물에 이름 붙이기	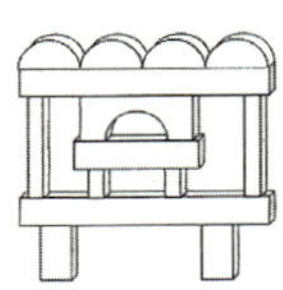				
7단계 표상화 및 역할놀이 하기	• 쌓기를 시작하기 전에 구성물의 이름을 알려주기 • 상상놀이를 위해 블록 소품과 구성물을 사용하여 환경을 구성하기	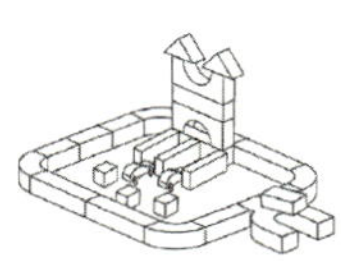				

출처: Johnson, H.(1993, 1996). The art of blockbuilding. In E. Hirsch (Ed.), *The block book* (pp. 9-25), Wellhousen, K.(2004). pp. 66-67에서 재인용.

5) 역할영역

역할영역은 병원이나 음식점, 가게, 공공기관(우체국, 소방서, 경찰서, 은행) 등에서 유아들이 흥미롭게 느꼈던 사건이나 경험을 재현하여 보거나, 자신의 상상이나 생각 등을 행동으로 표현해 보는 다양한 활동을 할 수 있는 곳이다(양옥승 외, 2011). 영아반, 유아반으로 나누어 역할영역 활동자료 점검표를 살펴보면 각각 〈표 13-17〉, 〈표 13-18〉과 같다.

❖ 표 13-17 영아반 역할영역 활동자료 점검표

<table>
<tr><th>관찰자</th><td colspan="3"></td><th>관찰일시</th><td colspan="3">년 월 일 요일</td></tr>
<tr><th>관찰기관</th><td colspan="3">유치원(어린이집)</td><th>관찰학급</th><td colspan="3">반/ 만 세</td></tr>
<tr><th>구분</th><th>영아반 역할영역 자료</th><th>있음</th><th>없음</th><th>구분</th><th>영아반 역할영역 활동자료</th><th>있음</th><th>없음</th></tr>
<tr><td rowspan="8">일상생활 및 가족 관련 자료</td><td>영아사진 및 가족사진</td><td></td><td></td><td rowspan="5">소품</td><td>옷</td><td></td><td></td></tr>
<tr><td>거울</td><td></td><td></td><td>신발</td><td></td><td></td></tr>
<tr><td>다양한 종류의 동물인형과 모자</td><td></td><td></td><td>전화기</td><td></td><td></td></tr>
<tr><td>쿠션</td><td></td><td></td><td>카메라</td><td></td><td></td></tr>
<tr><td>그림책(가족과 관련된 물건, 감정, 일상생활 모습을 담은 책)</td><td></td><td></td><td>기타:</td><td></td><td></td></tr>
<tr><td>음식 및 그릇 모형</td><td></td><td></td><td rowspan="3">극놀이 자료</td><td>목욕놀이(인형, 수건, 샤워기, 비누 등)</td><td></td><td></td></tr>
<tr><td></td><td></td><td></td><td>아기놀이(인형, 유모차, 포대기, 우유병 등)</td><td></td><td></td></tr>
<tr><td colspan="3">기타:</td><td colspan="3">기타:</td></tr>
</table>

출처: 나은숙 외(2014). 발췌 및 수정.

❖ 표 13-18 유아반 역할영역 활동자료 점검표

관찰자				관찰일시	년 월 일 요일		
관찰기관	유치원(어린이집)			관찰학급	반/ 만 세		
구분	유아반 역할영역 자료	있음	없음	구분	유아반 역할영역 활동자료	있음	없음
가족 놀이	• 각 가족이 가정에서 사용할 수 있는 소품: 화장대, 싱크대, 화장실, 공부방, 애완동물 모형 등			우리 동네의 기관과 여러 가지 직업	• 슈퍼마켓 놀이: 계산기, 바구니, 판매용 소품, 영수증, 배달원 복장 등		
	• 각 가족의 직장이나 학교를 상징하는 소품				• 미용실 놀이: 거울, 빗, 핀, 리본, 가운, 여러 가지 헤어스타일의 사진 등		
	• 가족이 공동으로 참여하게 되는 행사, 여행 등을 상징하는 소품				• 병원 놀이: 모형 의료용품, 의사, 간호사 가운, 약봉투와 약병, 처방전, 진료카드, 엑스레이 사진, 의료보험카드 등		
					• 음식점 놀이: 메뉴판, 배달통, 앞치마, 음식 모형, 종이돈, 계산기 등		
	기타:				기타:		
특별한 주제	• 시대나 문화를 다양하게 표현할 수 있는 소품 - 한복, 부뚜막, 가마솥, 광주리, 병풍, 고서 모형 등 전통 생활용품 - 외국인 가족사진, 외국 전통 의상, 가발, 외국 음식 메뉴판 등			대본이 있는 극놀이	• 동극용 소품을 사용하거나 더 필요한 것은 미술영역 등에서 제작하고 역할영역을 극의 분위기에 어울리게 유아와 함께 구성		
	기타:				기타:		

출처: 양옥승 외(2011). 발췌 및 수정.

다음의 〈표 13-19〉를 활용하여 역할영역에서 놀이하는 영유아를 대상으로 상상놀이의 가작화 수준을 관찰하여 기록해 보자.

❖ **표 13-19** 상상놀이 가작화 수준 관찰

관찰자		관찰일시	년 월 일 요일
관찰기관	유치원(어린이집)	관찰학급	반/ 만 세
흥미영역	영역		

[관찰 방법]

1. '상징놀이의 가작화 수준'의 정의에 익숙해진 후 관찰할 유아를 5명 선정한다.

   〈상징놀이의 가작화 수준〉
   - 자신을 향한 가작화: 자신이 어떤 행동을 하는 것을 가작화하는 것
     (예) 자신이 밥 먹는 흉내 내기, 자신이 머리 빗는 흉내 내기)
   - 대상을 향한 가작화: 자신이 다른 대상에게 어떤 행동을 하는 것을 가작화하는 것
     (예) 자신이 인형밥 먹여 주는 흉내 내기, 자신이 인형머리 머리 빗기는 흉내 내기)
   - 대상으로 하여금 행동을 수행하도록 하는 가작화: 대상에게 어떤 행동을 수행하도록 가작화하는 것
     (예) 인형이 스스로 밥 먹는 흉내 내기, 인형이 다른 인형 머리 빗기는 흉내 내기)
   - 기타: 그 밖의 것이 관찰되면 기록하고 이유를 제시한다.

2. 관찰용지에 처음 적혀 있는 유아를 10초간 관찰하여 기록한다.
3. 각 행동이 나타날 때마다 그 빈도를 세기표(/)로 표시한다.
4. 두 번째 유아를 10초간 관찰하여 기록한다.
   이름이 적힌 순서대로 돌아가며 관찰을 한다.
5. 각 유아당 5회의 관찰을 한다.
6. 가능하면 비슷한 수의 남아와 여아를 관찰한다

(계속)

영유아 \ 가작화 수준		자신을 향한 가작화	대상을 향한 가작화	대상으로 하여금 행동을 수행하도록 하는 가작화	기타
영유아 1	1회				
	2회				
	3회				
	4회				
	5회				
	총빈도				
영유아 2	1회				
	2회				
	3회				
	4회				
	5회				
	총빈도				
영유아 3	1회				
	2회				
	3회				
	4회				
	5회				
	총빈도				
영유아 4	1회				
	2회				
	3회				
	4회				
	5회				
	총빈도				

〈분석시 유의점〉

- 영유아의 행동이 성 또는 연령에 따라 다른지 살펴보고, 다르거나 같다면 각각 그 이유를 생각해 봅시다.
- 한 명을 여러 번 관찰한 경우, 각 영유아의 행동 유형이 다른지 살펴보고, 다르다면 그 이유를 생각해 봅시다.

출처: 김희진 · 박은혜 · 이지현(2011). 발췌 및 수정.

6) 미술영역

미술영역은 그리기뿐 아니라 만들기, 꾸미기 등과 평면 및 입체 조형을 통한 창의적 표현 활동이 이루어지는 곳이므로, 2차원적인 평면 조형활동과 3차원적인 입체 조형활동을 할 수 있게 준비하도록 한다(양옥승 외, 2011). 영아반, 유아반으로 나누어 미술영역 활동자료 점검표를 살펴보면 각각 〈표 13-20〉, 〈표 13-21〉과 같다.

❖ **표 13-20** 영아반 미술영역 활동자료 점검표

관찰자				관찰일시	년 월 일 요일		
관찰기관	유치원(어린이집)			관찰학급	반/ 만 세		
구분	유아반 미술영역 자료	있음	없음	구분	유아반 미술영역 활동자료	있음	없음
종이류	흰 종이			그리기 도구	색연필		
	모양종이				크레파스		
	색종이				핑거페인트		
	기타:				기타:		
주무를 수 있는 자료	밀가루 반죽, 쌀 반죽 등			붙이기 자료	스티커		
					모양시트지		
					색 테이프		
	기타:				기타:		

출처: 나은숙 외(2014). 발췌 및 수정.

❖ **표 13-21** 유아반 미술영역 활동자료 점검표

관찰자		관찰일시	년 월 일 요일
관찰기관	유치원(어린이집)	관찰학급	반/ 만 세

구분	유아반 미술영역 자료	있음	없음	구분	유아반 미술영역 활동자료	있음	없음
기본 설비	작업용 책상			종이류	흰 종이		
	이젤				모양종이		
	자료정리장				색도화지		
	게시판 및 전시대				작은 종이		
	작품건조대				색종이		
	작업복 및 옷걸이				기름종이		
	작품보관장				셀로판지		
	청소도구장						
	기타:				기타:		
그리기 도구	색연필			물감 활동 도구	붓		
	연필				물감		
	볼펜				물통		
	사인펜				팔레트		
	크레파스				핑거페인트		
	파스텔						
	수성 · 유성매직						
	기타:				기타:		
주무를 수 있는 자료	클레이점토			구성하거나 붙일 때 사용하는 도구	풀		
	지점토				본드		
	밀가루 반죽				스테이플러		
					테이프		
	기타:				기타:		

구분	유아반 미술영역 자료	있음	없음
자르거나 뚫을 때 사용하는 도구	가위		
	펀치		
	기타:		
바느질 자료	바느질 천		
	바늘과 실		
	단추		
	구멍 뚫린 구슬		
	빨대 자른 것		
	기타:		
시청각 기기	카메라		
	OHP 또는 슬라이드		
	컴퓨터		
	기타:		

구분	유아반 미술영역 활동자료	있음	없음
감상 자료	동서양의 다양한 조형 작품(그림, 조각품, 건축물, 공예품 등) 세계 여러 나라의 그림책, 의상, 화보, 사진 등		
기타:			
평면 활동 혹은 입체 활동의 다양한 재료	천조각		
	자연물(나뭇잎, 나뭇가지, 꽃잎, 도토리, 솔방울, 조개껍데기, 돌멩이, 마른 콩 등)		
	폐품자료(요구르트병, 요플레통, 우유갑, 계란판, 휴지속심, 병뚜껑, 아이스크림 막대, 다양한 종류의 용기 등)		
	건축 자료(금속조각, 타일, 벽지, 철사 등)		
	기타:		

출처: 나은숙 외(2014). 발췌 및 수정.

다음의 〈표 13-22〉는 슈마허(Schirrmacher, 1988)의 미술평가 항목으로, 평가내용이 전인적인 발달을 포함하고 있다.

❖ **표 13-22** 미술평가 항목

구분	내 용	그렇지 않다	보통이다	그렇다
신체 발달 영역	대근육을 잘 조절하는가?			
	소근육을 잘 조절하는가?			
	미술도구들을 적절히 사용하는가? (가위, 풀, 붓, 크레용, 사인펜, 점토 도구, 그림물감)			
	미술활동에 집중하고, 지속적으로 참여하는가?			
	미술작품을 완성하는가?			

구분	내 용	그렇지 않다	보통이다	그렇다
사회성 발달 영역	혼자서 미술활동을 할 수 있는가?			
	책임감이 있는가? (물건 제자리 정돈, 정리, 규칙지키기)			
	다른 사람을 모방하지 않고 자기의 생각대로 활동하는가?			
	다른 친구들과 함께 협동해서 활동할 수 있는가?			
	다른 사람의 생각이나 작품, 표현방법에 대해 수용적인가?			
정서 발달 영역	작업이 잘 안되었거나 실수한 것을 수용하는가?			
	미술활동을 두려워하지 않고 자신감을 가지고 있는가?			
	미술활동에 자신의 기분이나 느낌, 성격 등을 표현하는가?			
	자신의 미술활동을 만족스러워하고, 즐거워하는가?			
	정서적으로 의미 있는 부분들에 대해 과장, 생략, 변형, 확장하는 표현이 나타나는가?			
인지 발달 영역	오랜 옛날부터 사람들이 미술활동을 계속적으로 해왔고, 현재에도 미술활동을 하는 이유를 이해하는가?			
	자신의 작품에 제목을 붙이거나 설명하고 이야기하는 데 흥미를 보이는가?			
	미술 관련 어휘를 알고 있거나, 혹은 사용하는가?			
	그림표현 내용은 어떠한가? (자신만의 독특한 표현을 주로 하는가, 다른 사람들이 쉽게 인식하는 일반적인 표현을 하는가?)			
	색과 색의 혼합에 대해서 알고 있는가?			
	도형에 대해 알고 있는가? (원, 네모, 세모, 선, 도형과 선의 혼합, 기타 형태)			
	자신의 경험이나 주변 사람들, 물체들을 그림에 표현하는가?			
	사람의 모습을 그리는가?			
창의성	다양한 매체를 이용하여 탐색, 발견, 경험하려 하는가?			
	다양한 매체나 폐품, 자료 등을 창의적으로 사용하는가?			
	세부적인 사항이나 장식 등을 정교하게 표현하는가?			
	독창성, 상상력, 창의성이 나타나는가?			
	개별적이고 독특한 미술적 진술을 하는가?			

<table>
<tr><th>구분</th><th>내 용</th><th>그렇지 않다</th><th>보통이다</th><th>그렇다</th></tr>
<tr><td rowspan="10">심미감</td><td>미술활동시 즐거움을 표현하는가?</td><td></td><td></td><td></td></tr>
<tr><td>과정을 즐거워하는가?</td><td></td><td></td><td></td></tr>
<tr><td>결과를 즐거워하는가?</td><td></td><td></td><td></td></tr>
<tr><td>다양한 매체를 사용하는가?
(이차원적 미술매체, 삼차원적 미술매체)</td><td></td><td></td><td></td></tr>
<tr><td>감각적으로 민감성을 나타내는가?
(시각, 촉각, 청각, 후각, 미각)</td><td></td><td></td><td></td></tr>
<tr><td>주위에 대해 민감하게 반응하는가?(이웃, 주변 환경, 자연)</td><td></td><td></td><td></td></tr>
<tr><td>미적 스타일의 유사성과 차이점을 인식하는가?</td><td></td><td></td><td></td></tr>
<tr><td>다양한 스타일의 예술가 작품을 감상하는가?</td><td></td><td></td><td></td></tr>
<tr><td>미적 요소를 인식하는가?(색, 선, 볼륨, 패턴, 형태, 공간, 질감)</td><td></td><td></td><td></td></tr>
<tr><td>다음과 같은 내용을 감상할 때 미적 요소를 인식하는가?
(자연, 이웃, 환경, 자기 작품, 다른 사람 작품)</td><td></td><td></td><td></td></tr>
<tr><td rowspan="2">개인적 선호</td><td>이차원 미술활동에서 가장 좋아하는 것 세 가지 고르기</td><td colspan="3">그리기, 칠하기, 본뜨기, 물감으로 그리기, 인쇄하기, 오리기, 콜라주</td></tr>
<tr><td>삼차원 미술활동에서 가장 좋아하는 것 세 가지 고르기</td><td colspan="3">조각하기, 찰흙놀이, 종이찰흙놀이, 구성하기, 가면 만들기, 모빌 만들기, 바느질, 직조</td></tr>
</table>

출처: 정문자 외(2003). pp. 117-118 재인용 및 수정.

7) 음률영역

음률영역은 영유아들이 노래 부르고 음악을 감상하며, 여러 가지 악기를 자유롭게 다루고 실험하여 보고, 음악이나 악기 연주에 맞추어 율동을 경험해 볼 수 있는 곳이다. 듣기 및 소리 탐색하기, 노래 부르기, 악기 다루기, 음악 감상하기, 신체 표현하기 등의 음악 및 동작 활동이 모두 일어날 수 있도록 활동을 계획하도록 한다

(양옥승 외, 2011). 영아반, 유아반으로 나누어 음률영역 활동자료 점검표를 살펴보면 각각 〈표 13-23〉, 〈표 13-24〉와 같다.

❖ **표 13-23** 영아반 음률영역 활동자료 점검표

관찰자				관찰일시	년 월 일 요일		
관찰기관	유치원(어린이집)			관찰학급	반/ 만 세		
구분	유아반 역할영역 자료	있음	없음	구분	유아반 역할영역 활동자료	있음	없음
소리 탐색 및 소리 만들기	여러 종류의 딸랑이			음악과 관련된 책	영아를 대상으로 한 음악과 관련된 그림책		
	기타:				기타:		
리듬 악기	영아용 탬버린과 캐스터넷츠			신체 표현 자료	스카프		
	트라이앵글				손목・발목 방울		
	방울				리본막대		
	마라카스				주제와 관련된 의상소품		
	기타:				기타:		

출처: 나은숙 외(2014). 발췌 및 수정.

❖ **표 13-24** 유아반 음률영역 활동자료 점검표

관찰자					관찰일시	년 월 일 요일		
관찰기관		유치원(어린이집)			관찰학급	반/ 만 세		
구분		유아반 ㅁ 술영역 자료	있음	없음	구분	유아반 미술영역 활동자료	있음	없음
악기	리듬 악기류	탬버린			음악 관련 그림 및 사진 자료	악기들의 사진과 악기를 연주하는 모습 오케스트라, 오페라, 음악가들의 사진, 음악회 포스터,		
		캐스터네츠						
		트라이앵글						
		리듬막대						
		방울						

구분		유아반 미술영역 자료	있음	없음
악기		투톤블록		
		우드블럭		
		핸드벨		
		마라카스		
		기로		
		손가락 심벌즈		
		롤리팝 드럼		
	멜로디 악기류	실로폰		
		스텝벨		
		피아노		
	현악기류	우클렐레		
		오토하프		
	우리 나라 전통 악기류	소고		
		장구		
		북		
		징		
		꽹과리		
		기타:		
시청각 설비 및 자료		녹음기		
		CD플레이어		
		음악테이프 및 CD		
		비디오테이프		
		기타:		

구분	유아반 미술영역 활동자료	있음	없음
	옛날 악기들의 그림이나 사진, 세계 여러 나라 악기 사진이나 그림 등		
	기타:		
음악과 관련된 책	악기나 음악가에 대한 그림책 유아들이 즐겨 부르는 노래를 그림과 함께 제시한 노래책 다른 나라의 악기를 소개한 그림책		
	기타:		
신체 표현 자료	스카프		
	리본막대		
	탄력밴드		
	한삼		
	날개		
	머리띠		
	무용의상(한복, 캉캉치마 등)		
	기타:		

출처: 나은숙 외(2014). 발췌 및 수정.

음률영역에서 나타나는 영유아의 음악적 태도에 대해 관찰하고 다음의 〈표 13-25〉를 작성해 보자.

❖ 표 13-25 음악적 태도 검사도구

학급명: ________ 이름: ________ 생년월일: ________ 성별: _____

구분	내 용	전혀 아니다	조금 그렇다	그저 그렇다	거의 그렇다	항상 그렇다
탐색	1. 소리 나는 곳으로 몸을 움직인다.					
	2. 악기소리를 듣고 악기의 종류를 구별한다.					
	3. 음악소리가 나면 주의를 기울여 듣는다.					
	4. 높은 소리와 낮은 소리를 구별한다.					
	5. 노랫말에 흥미를 갖고 관심을 보인다.					
표현	6. 목소리나 신체를 이용하여 다양한 소리를 낸다.					
	7. 신체기관을 이용하여 리듬치기를 한다.					
	8. 소리를 만들고 듣는 과정에 적극 참여한다.					
	9. 간단한 노랫말을 만든다.					
	10. 새노래를 듣고 잘 따라 부른다.					
	11. 노래를 부르며 자신의 감정을 자연스럽게 표현한다.					
	12. 여러 가지 노래를 즐겨 부른다.					
	13. 노래에 맞추어 리듬악기를 연주한다.					
	14. 리듬악기 연주를 즐겨하며 적극 참여한다.					
	15. 노래를 듣고 몸으로 표현하는 것을 즐거워한다.					
	16. 자신의 생각을 자유롭게 표현한다.					
	17. 신체를 이용하여 주변의 여러 가지 모양과 움직임을 창의적으로 표현한다.					
	18. 간단한 손동작을 따라한다.					
	19. 기본동작을 이용하여 창의적인 동작표현을 한다.					
	20. 다양한 소재(음악이야기, 경험 등)에 대한 생각과 느낌을 음악과 동작으로 표현한다.					

구분	내 용	전혀 아니다	조금 그렇다	그저 그렇다	거의 그렇다	항상 그렇다
감상	21. 다양한 소리와 악기 연주소리에 관심을 갖고 즐겨 듣는다.					
	22. 다양한 종류의 음악을 듣고 생각과 느낌을 이야기한다.					
	23. 다양한 종류의 율동에 대하여 흥미를 갖고 감상한다.					
	24. 다양한 종류의 율동을 보고 생각과 느낌을 이야기한다.					
	25. 다른 사람의 노래를 흥미 있게 듣는다.					
	26. 우리나라의 전통가락을 흥미 있게 듣는다.					
	27. 우리나라의 전통가락에 관심을 기울인다.					
	28. 노래를 듣고 몸을 움직여 표현하는 것에 관심을 갖고 감상한다.					

출처: 이상미(2012).

8) 대근육 운동영역(신체영역)

3세 이하의 영유아 프로그램에서는 실내에서도 대근육 운동을 위한 활동영역이 요구되며, 낮은 오르기 기구, 미끄럼, 계단, 흔들 배, 평균대, 터널, 밀고 당기는 놀이 기구 등이 이 영역에 배치될 수 있다. 이러한 활동 기구들은 한 번에 다 제공하지 않고 교대적으로 제공하도록 한다(이영자 외, 2008).

2세 이하의 영아반에서는 영아들의 자연스러운 대근육 활동 욕구에 따라 마음껏 움직일 수 있는 공간이 보육실 내 또는 인접 공간에 배치되는 것이 좋다(양옥승 외, 2011). 만 0세의 영아는 기기, 걷기의 과업을 수행하는 시기로 한 보육실 안에 기어 다니는 아이, 걸음마를 연습하는 아이, 걸어 다니는 아이가 함께 생활한다. 따라서 이들의 개별 발달을 고려한 대근육 운동영역을 설치해 주어야 한다. 바닥이 단단하여 기거나 배밀이를 할 수 있는 평평한 공간, 기어 올라가고 내려오기를 할 수 있는 경사와 몇 개의 계단이 있는 공간, 잡고 서기와 잡고 걷기를 할 수 있는 공간을 마련해 준다. 만 1세의 영아는 걷기 시작하여 계단을 오르는 등 새로운 운동 기술을 연습하고 환경에 도전한다. 따라서 신체적 기술을 연습하고 적극적으로 움직일 수 있으며 안전한 모험이 이루어질 수 있는 신체움직임 영역을 마련한다. 작은 미끄럼틀, 오를 수 있는 계단이나 박스를 구성해 주고 탈 수 있는 자동차, 말, 끌고 다닐 수 있는 장난감 등을 이용할 수 있는 평평하고 넓은 공간도 필요하다.

영아반, 유아반(만 3세)으로 나누어 대근육영역 활동자료 점검표를 살펴보면 각각 〈표 13-26〉, 〈표 13-27〉과 같다.

❖ 표 13-26 영아반 대근육영역 활동자료 점검표

관찰자			관찰일시	년 월 일 요일	
관찰기관	유치원(어린이집)		관찰학급	반/ 만 세	
영아반 대근육영역 자료	있음	없음	영아반 대근육영역 활동자료	있음	없음
공			낮은 계단		
원통모양 징검다리			낮은 비탈길		
매트 블록					
기타:			기타:		

출처: 나은숙 외(2014). 발췌 및 수정.

❖ 표 13-27 유아반(만 3세) 대근육영역 활동자료 점검표

관찰자			관찰일시	년 월 일 요일	
관찰기관	유치원(어린이집)		관찰학급	반/ 만 세	
유아반 대근육영역 자료	있음	없음	유아반 대근육영역 활동자료	있음	없음
낮은 오르기 기구			평균대		
미끄럼틀			터널		
계단			밀고 당기는 놀이 기구		
흔들 배					
기타:			기타:		

출처: 이영자 · 이기숙 · 이정욱(2008). 발췌 및 수정.

다음의 〈표 13-28〉 영유아의 대근육 발달 평가표를 활용하여 실내의 대근육영역 뿐 아니라 실외놀이 환경에서 이루어지는 영유아의 대근육 활동을 관찰하고 작성해 보자.

❖ 표 13-28 영유아의 대근육 발달 평가표

연령 수준		내 용	평가일자					
1.1	0~1세	누운 자세에서 옆으로 구른다.						
1.2		머리를 고정시키고 턱은 아래로 밀어넣은 자세로 앉아 있는다.						
1.3		누운 자세에서 엎드린 자세로 구른다.						
1.4		엎드린 자세에서 팔을 뻗쳐서 버틴다.						
1.5		360°로 한 바퀴 구른다.						
1.6		앉은 자세에서 완전히 균형을 잡는다(유지시간).						
2.1	1~2세	도움 없이 무릎을 꿇는다.						
2.2		앉아서 공을 던진다.						
2.3		팔을 편안한 자세로 하여 혼자 걷는다.						
2.4		바퀴 달린 장난감의 줄을 끌어당긴다.						
2.5		바닥에 시선을 고정한 채 뛴다.						
2.6		큰 공을 발로 찬다.						
2.7		도와주면 두 발로 모아서 뛴다.						
3.1	2~3세	직경 30cm의 큰 물건을 들고 걷는다.						
3.2		장애물을 넘어서 걸어간다.						
3.3		30cm 간격의 평행선 사이를 걷는다.						
3.4		뒤로 걷는다.						
3.5		발끝으로 서 있는다.						
3.6		3초 동안 한 발로 서 있는다.						
3.7		도움 없이 블록 위를 올라간다.						
3.8		도움 없이 블록에서 내려온다.						

연령 수준		내 용	평가일자					
3.9		미끄럼대를 올라가서 타고 내려온다.						
3.10		가까운 거리에 있는 바구니에 작은 공을 던져 넣는다.						
3.11		공을 위로 올려서 작은 공을 던진다.						
3.12		뛰어와서 공을 찬다.						
3.13		제자리에서 도움 없이 깡총 뛴다.						
3.14		도움을 받아 앞으로 재주넘기를 한다.						
3.15		곧은길에서 세 발 자전거를 탄다.						
4.1	3~4세	장애물을 피하여 달린다.						
4.2		도움 없이 팔을 번갈아가며 계단을 올라간다.						
4.3		난간을 잡고 발을 번갈아가며 계단을 내려온다.						
4.4		원의 내부를 색칠한다.						
4.5		밀어주면 그네를 탄다.						
4.6		4cm 높이의 줄을 뛰어넘는다.						
4.7		30cm 넓이의 판을 뛰어넘는다.						
4.8		20cm 높이에서 도움 없이 뛰어내린다.						
4.9		옆, 뒤로 두 발을 모아서 뛴다.						
5.1	4~5세	발뒤꿈치로 걷는다.						
5.2		방향을 바꾸어 뛴다.						
5.3		10cm 폭의 평균대 위를 걸어간다.						
5.4		몸을 움직이지 않고 눈을 감고 한 발로 서 있을 수 있다.						
5.5		앞으로 10번 깡총 뛰기를 한다.						
5.6		30cm 높이에서 뛰어내린다.						
5.7		혼자서 그네를 탄다.						
5.8		지시에 따라 공을 계속 친다.						
5.9		허리 높이인 수영장 안을 걸어다닌다.						
5.10		달리면서 공을 찬다.						
5.11		철봉대에 10초 정도 매달린다.						

출처: 조윤경 · 김경혜(2012). 재인용.

2. 실외놀이

실외놀이는 유아의 일과에서 꼭 필요한 활동 중 하나로 유아들에게 자유로움과 신체운동을 통한 긴장감 해소의 대·소근육 발달의 기회를 제공해 준다. 실외놀이터는 놀이의 특성에 따라 대근육 활동 영역, 극놀이영역, 물·모래놀이영역, 개방공간, 동식물영역, 탈것 영역, 창고 등으로 구분하여 배치할 수 있다. 영아반, 유아반으로 나누어 실외환경 활동자료 점검표를 살펴보면 각각 〈표 13-29〉, 〈표 13-30〉과 같다.

❖ **표 13-29** 영아반 실외환경 활동자료 점검표

관찰자				관찰일시	년 월 일 요일		
관찰기관	유치원(어린이집)			관찰학급	반/ 만 세		
구분	**영아반 실외환경 활동자료**	**있음**	**없음**	**구분**	**영아반 실외환경 활동자료**	**있음**	**없음**
대근육 활동 영역	영아용 미끄럼틀			극놀이 영역	식탁		
	덮개가 있는 미끄럼틀				의자		
	밀고 당기는 장난감				간이침대		
	훌라후프				여러 종류의 그릇		
	완만한 경사가 있는 오르기 기구				인형과 인형놀이 도구들		
	타이어				유모차		
	공				놀이집		
	블록						
	매트						
	걷기판						
	농구골대						
	기타:				기타:		

구분	영아반 실외환경 활동자료	있음	없음
휴식 영역	텐트		
	정자		
	그늘막		
	베개		
	큰 모포		
	동물인형		
	카세트와 조용한 음악테이프		
	기타:		
물놀이 영역	조그만 주전자		
	크기와 모양이 다른 그릇		
	계량컵		
	스펀지		
	물에 뜨는 장난감		
	튜브		
	물로 닦아줄 수 있는 인형		
	탁구공		
	깔대기		
	빈 샴푸병		
	기타:		
바퀴 장난감 영역	바퀴있는 탈 것들		
	안전한 자전거		
	기타:		

구분	영아반 실외환경 활동자료		있음	없음
다목적 영역	테이블			
	이젤			
	여러 가지 미술재료			
	작품 건조대			
	게시대			
	기타:			
모래놀이 영역	구멍 크기가 다른 여러 가지 채			
	여러 모양의 그릇(양동이, 계량컵 등)			
	숟가락			
	여러 가지 장난감(트럭, 지프차, 불도저)			
	삽			
	갈퀴			
	깔대기			
	기타:			
동식물 영역	동물사육장	감염 위험이 적고 관리가 쉬운 동물		
	식물재배장	식물		
	기타:			

출처: 양옥승 외(2015). 발췌 및 수정.

❖ 표 13-30 유아반 실외환경 활동자료 점검표

관찰자		관찰일시	년 월 일 요일
관찰기관	유치원(어린이집)	관찰학급	반/ 만 세

구분	유아반 실외환경 활동자료	있음	없음	구분	유아반 실외환경 활동자료	있음	없음
대근육 활동 영역	복합놀이기구			극놀이 영역	놀이집		
	미끄럼틀				모형 자동차		
	그네				테이블과 의자		
					소꿉놀이 용품		
					구성물 만들 수 있는 큰 블록		
					역할 모자		
					모래와 물		
	기타:				기타:		
휴식 영역	텐트			다목적 영역	테이블		
	정자				이젤		
	그늘막				여러 가지 미술재료		
	돗자리				CD 플레이어와 음악CD		
	동화책						
	기타:				기타:		
물놀이 영역	투명한 플라스틱 그릇			모래 놀이 영역	모래		
	깔대기				모래를 담고 파는 기구들		
	고무호스				다양한 모양 만드는 기구들		
	구멍 뚫린 플라스틱 통				모래에 숨길 수 있는 모형		
	물이 흡수되거나 물에 뜨는 것 또는 그 반대의 성질을 가진 물체				자동차 비닐		
	스펀지						
	여벌 옷						
	수건						
	기타:				기타:		

구분	유아반 실외환경 활동자료	있음	없음	구분	유아반 실외환경 활동자료		있음	없음
바퀴 장난감 영역	자전거			동식물 영역	동물사육장	감염 위험 적고 관리가 쉬운 동물		
	스쿠터							
	자동차				식물재배장	식물		
	기타:				기타:			

출처: 양옥승 외(2011). 발췌 및 수정.

다음의 〈표 13-31〉은 실외놀이를 하는 영유아를 대상으로 실시할 수 있는 체크리스트의 예이다.

❖ 표 13-31 실외놀이를 위한 체크리스트

영유아 이름 : ____________ 날짜: ____________

아래 항목에 표시하라. D=(특정행동을) 보인다, ND=보이지 않는다

기 술	D	ND
기준 1. 여러 가지 움직임에서 뛰어나고 몇 가지 부분에서는 특히 우수하다.		
1-1. 다양한 운동기기를 사용하여 앞으로 혹은 옆으로 갈 줄 알고, 신호에 빠르게 대응하여 방향을 전환할 수 있다.		
1-2. 움직이면서 느린 동작과 빠른 동작 간에 분명한 차이점을 보인다.		
1-3. 능숙한 자세로 걷고 뛴다.		
1-4. 망설이거나 멈추지 않고 옆으로 잘 구른다.		
1-5. 공이 두 번 튀기 전에 잘 주고 잘 받는다.		
1-6. 달리면서 자연스럽게 공을 찰 줄 안다.		
1-7. 신체의 다양한 부분에 무게중심을 두고 잠시 멈춰서 있을 수 있다.		
기준 2. 다양한 움직임을 운동신경의 학습 및 발달에 적용한다.		
2-1. 앞으로 혹은 옆으로 걷고, 뛰고, 점프하고, 신호에 따라 빠르게 방향을 전환한다.		
2-2. 물체와 다양한 관계를 규명하고 사용한다(위/아래, 뒤, 옆, 속).		
2-3. 뛰어서 내릴 때 충격을 완화하는 기술들을 활용할 줄 안다(다리의 반동을 이용해서).		

기 술	D	ND
기준 3. 신체적으로 활동적인 모습을 보인다.		
3-1. 활발한 신체활동에 정기적으로 참여한다.		
3-2. 신체활동이 개인의 행동에 좋다는 것을 안다.		
3-3. 신체활동에 참여할 때 어떤 기분이 드는지에 대해 안다.		
기준 4. 건강을 증진시키는 수준의 신체활동을 꾸준히 한다.		
4-1. 가벼운 운동에서 힘이 드는 신체적 활동을 유지한다.		
4-2. 심장 박동이 빠르게 될 정도의 강한 신체운동을 한다.		
기준 5. 신체활동 장소에서 책임 있는 행동 모습을 보인다.		
5-1. 체육관이나 운동장에서 운동에 참여할 때 관련 규칙을 잘 안다.		
5-2. 그룹 활동을 할 때 다른 사람을 방해하지 않는다.		
5-3. 교사가 집중을 요할 때 집중할 줄 안다.		
5-4. 규칙을 어겼다고 말할 때 시정할 줄 안다.		
5-5. 학급활동 시에 정해진 규칙을 따른다.		
5-6. 놀이기구를 사용하지 않을 때 잘 치워 둠으로써 안전하게 사용할 줄 안다.		
5-7. 특정 놀이기구를 사용할 때 순서를 기다릴 줄 안다.		
5-8. 체육관에서의 규칙을 운동장에 나가서도 알맞게 적용할 줄 안다.		
기준 6. 신체활동에 참여하는 다양한 사람들의 차이점을 이해하고 존중한다.		
6-1. 혼자 하는 놀이와 같이 하는 놀이에 모두 적극 참여한다.		
6-2. 개인적 차이에 상관없이 다양한 또래와 어울린다(인종, 성별, 장애 여부와 상관없이).		
기준 7. 신체활동이 즐거움, 도전, 자기 표현, 사회적 교류의 기회를 제공한다는 것을 이해한다.		
7-1. 혼자 혹은 같이 어울려 놀이하는 것 모두를 즐긴다.		
7-2. 신체활동에 참여할 때 느끼는 기분을 안다.		
7-3. 신체활동에 대해 즐거움과 기대감을 갖는다.		

From NASPE. (1995). Moving into the Future: National Standards for Physical Education. St. Louis, MO: Mosby-Year Book. The checklist is based on national professional standards published-by the National Association for Sport and Physical Education(NASPE). Compiled, Designed, and reprinted with permission from Dr. Sanders, Tennessee Technological University.

출처: Wellhousen, K.(2011).

05 PART

영유아 관찰의 활용

CONTENT

14

CHAPTER

학부모 상담

1. 부모상담의 이해
2. 부모상담의 유형
3. 상황별 상담사례
4. 교사의 역할과 자세
5. 부모상담의 실제

14 CHAPTER 학부모상담

유아교육기관에서 실시하는 부모상담은 가정과 유아교육기관이 영유아에 대한 정보를 서로 공유함으로써 영유아의 전인적 성장과 발달을 촉진하는 데 기반이 된다. 상담을 통해 교사는 영유아의 행동이나 성장과정에 대해 보다 폭넓게 이해할 수 있으며, 자녀에 대한 부모의 양육방식 및 태도, 영유아에게 영향을 주는 가정환경에 대한 전반적인 정보를 얻을 수 있다. 동시에 부모는 자녀에 대한 구체적인 정보를 얻고 자녀에게 적합한 양육태도를 가질 수 있고 유아교육기관의 교육방법이나 철학에 대한 신뢰감을 형성하여 자녀양육에 대한 동반적 협력관계를 유지하게 한다. 본 장에서는 부모 상담에 대한 이해를 돕고, 부모상담을 적절하게 계획하고 실행, 평가할 수 있도록 상담의 실제를 안내하고자 한다.

1. 부모상담의 이해

1) 부모상담의 개념 및 의의

유아교육기관과 부모와의 의사소통을 위해 알림장, 가정통신문, 교육계획안, 전화, 게시판 등 다양한 방법이 있고, 최근에는 SNS를 이용한 의사소통도 활발해지고 있다. 부모상담은 가정과 유아교육의 효과적인 의사소통방법 중 하나로 다양한 의사소통방법 중 가장 효율적이고 적극적인 방법으로 활용되고 있다. 일반적인 의미에서 상담은 상담자가 도움을 필요로 하는 사람에게 전문적 지식과 기능을 가지고 내담자 자신과 환경에 대한 이해를 높이며, 합리적이고 현실적이며 효율적인 행동양식을 증진시키거나 의사결정을 내릴 수 있도록 원조하는 활동이다(서울대학교 교육연구소, 1994). 그러나 유아교육기관의 부모상담은 상담자인 교사와 내담자인 부모 모두 자신과 영유아에 대한 이해를 높이고, 영유아 심신의 건강, 전인적 발달, 행복한 삶을 위해 행동양식을 변화시키며, 합리적인 의사결정을 내릴 수 있도록 지원한다. 이러한 의미에서 부모상담은 유아교육기관과 가정 간의 가장 적극적인 의사소통 수단이자 동반자적 협력관계를 형성하는 데 가장 유용한 수단이 된다.

학부모상담을 통해 교사는 영유아의 행동이나 성장과정에 대해 보다 폭넓게 이해할 수 있으며, 영유아의 가족관계, 자녀에 대한 부모의 양육방식 및 태도, 유아에 대한 개인적인 기본생활 습관과 기호 등 영유아에게 영향을 주는 전반적인 정보를 얻을 수 있다. 동시에 부모는 자녀에 대한 구체적인 정보를 얻고 자녀에게 적합한 양육태도를 가질 수 있고 유아교육기관의 철학과 철학에 대해 신뢰감을 형성할 수 있다. 또한 유아교육기관 내에서 적응을 잘 못하는 영유아나 생활습관 등에 문제가 있을 때는 상담을 통하여 부모와 교사가 합리적이고 효과적인 해결책을 모색할 수 있는 방법으로 또한 존차 서로간의 신뢰감을 증진시킬 수 있는 협력관계를 구축하여 문제해결을 위한 동반자로서의 관계형성을 할 수 있다. 부모상담의 가장 큰 장점은 교사와 부모의 개별적인 접촉으로 이루어지기 때문에 각 부모들의 요구에 민감하게 반응할 수 있으며, 상호친밀감 및 신뢰성을 형성할 수 있는 것이다. 따라서 교사는 부모상담을 통해 영유아에 대한 정보를 얻기도 하고 또한 부모에게 정보를 제공함으로써 영유아 지도의 방향을 정하고, 유아교육기관과 가정에서 일관성 있게 지도할 수 있는 계기를 마련할 수 있다.

요약하면, 부모상담은 영유아의 전인적 발달과 성장을 돕기 위해 교사와 부모 모두에게 필요한 것으로, 교사는 영유아와 부모 그리고 유아교육기관의 상황과 환경적인 여건을 고려하여 다양한 목적과 유형의 부모상담을 적절하게 계획하고 실행, 평가할 수 있어야 한다.

❖ 표 14-1 대상에 따른 부모상담의 의의

구분	내 용
영유아	• 몸과 마음의 건강 증진 • 전인적 발달과 성장을 도모 • 행복한 생활 영유
부모	• 자녀에 대한 구체적인 정보 습득 • 자녀를 양육하는 데 필요한 지식 및 기술을 습득 • 부모 자신과 자신의 양육태도를 통찰하여 적합한 양육태도 가짐 • 유아교육기관과 교사의 교육방법이나 철학에 대한 신뢰감을 형성
교사	• 영유아의 행동이나 성장과정에 대해 보다 폭넓은 이해 가능 • 자녀에 대한 부모의 양육방식 및 태도, 영유아에게 영향을 주는 가정환경에대한 전반적인 정보 습득 • 영유아의 개별적인 교수계획 및 전략 수립 및 운영 • 가정과 연계한 일관적인 생활지도

2) 부모상담의 목적

일반적으로 부모상담은 교육적 목적과 치료적 목적으로 실시된다. 유아교육기관에서는 부모상담 시 부모에게 전문적인 지식만을 전달하거나 양육태도에 대해서 가르치려 하기보다는 자녀양육의 어려움에 대한 공감, 가정환경에 대한 깊은 이해를 바탕으로 교육적 목적과 치료적 목적 모두 달성될 수 있도록 균형을 이루도록 노력해야 한다.

❖ 표 14-2 부모상담의 목적

구분	내용
교육적 목적	• 영유아의 문제행동과 원인에 대한 지식 전달 • 부모가 자녀의 문제행동에 대처할 수 있는 전략을 지도 • 적절한 부모역할에 대한 방법을 전달
치료적 목적	• 부모심리치료: 부모의 양육에 대한 방법이나 심리적 어려움 해소 • 가족치료: 가족 문제 및 역기능 해소 및 부모-자녀 간 관계 개선

상담의 특징을 살펴보면 모든 행동변화나 의사결정은 내담자가 원하는 것이어야 하고, 자발적 변화가 일어날 수 있는 조건을 제공하는 것이어야 하며, 개인이 선택하고 결정할 권리를 존중해야 된다는 것이다. 많은 부모들은 상담을 통해 자녀가 유아교육기관에 잘 적응하고 있는지, 또래관계는 어떤지, 양육과 관련된 지식, 기술, 태도에 대한 전문적인 정보를 얻기 원한다.

또한, 부모 자신과 자녀에 대한 특성을 발견하고 부모의 양육태도에 대해 존중받고 칭찬 받기를 원한다. 유아교육기관에서는 부모상담 시 부모에 따라 어떤 것을 기대하고 왔으며, 지금 현재 원하는 것은 무엇인지 민감하게 살펴서 부모의 기대와 요구에 맞는 맞춤형 상담을 진행하고 부모의 의사결정을 존중한다면 상담에 대한 만족도를 높일 수 있다.

2. 부모상담의 유형

부모상담의 유형은 시기, 매체유형, 집단크기 등에 따라 구분할 수 있다. 시기에 따라서는 정기상담(연 2회)과 비정기(수시) 상담으로 나누어진다. 매체에 의해서는 직접 만나서 하는 대면상담과 알림장 및 대화수첩, 메모, 편지 등으로 실시하는 서면상담, 유선(전화) 상담으로 구분될 수 있다. 집단 크기에 따라 개별, 집단(반별), 소집단으로 구분될 수 있다.

1) 시기에 따른 상담

시기에 따른 상담은 일 년에 상 · 하반기로 구분하여 2회 진행되는 정기상담과 부모의 요청이나 유아교육기관의 필요에 의해 이루어지는 비정기(수시)상담으로 구분된다. 정기상담의 경우, 상반기에는 부모와 교사가 서로의 의사소통체제를 형성하는 만남이자 신뢰로운 관계 형성의 기반이 되는 만남이어야 한다. 먼저, 부모와 교사가 인사하고 교사가 영유아에 대해 잘 이해하기 위해 영유아에 대한 정보(특성, 가정에서의 생활, 가족관계, 식습관, 성격, 좋아하는 놀이, 친구, 장점, 육아의 어려움 등)와 유아교육기관과 교사에게 기대하는 사항을 부모로부터 듣는다. 그 후, 교사가 유아교육기관에서의 적응과 생활, 또래관계, 영유아의 특성에 따른 교수전략 등에 대해 정보를 교환한다.

하반기에는 영유아의 그동안의 유아교육기관에서의 생활과 활동에 대한 의견을 교환하고 영유아의 발달과 유아교육기관에 대한 부모의 이해를 돕는 만남이 되어야 하며 다음 연령으로 진급하기 위한 내용이 포함된 상담으로 진행된다.

❖ **표 14-3** 유아교육기관 정기상담의 특성

구분	상반기 면담	하반기 면담
목적	• 유아교육기관: 영유아 초기 적응 과정 안내 및 부모로부터 받은 정보를 통해 영유아에 대한 이해를 높이고 부모의 요구에 대한 파악 가능 • 부모: 자녀의 유아교육기관 생활의 적응을 위해 성장 · 발달 특이사항 및 부모 요구 등에 대한 정보 제공	• 영유아의 발달 변화 부모에게 안내 • 유아교육기관과 가정 간에 협조사항 점검
효과	• 성공적인 면담: 유아교육기관과 교사에 대한 부모의 신뢰 증대 • 실패한 면담: 유아교육기관에 대한 부정적인 시각과 의심 증대	• 영유아의 지도 방향에 대한 점검 및 수정할 수 있는 기회 가능 • 부모에게 자녀 발달과정을 객관적으로 인식시킬 수 있는 기회 제공
시기	• 주로 4월~5월 초	• 주로 10월 말~11월
준비	• 학기 초 상담은 상담 자료 준비보다 경청하려는 자세가 더 필요 • 영유아 초기 적응기 관찰 자료 준비 · 상담결과를 기록할 양식 준비	• 영유아 관찰기록, 체크리스트, 활동작품(미술, 언어활동 등), 포트폴리오 작성 등 여러 가지 방법을 토대로 사전에 면담 내용을 준비하여 교사의 전문적 역량을 부모에게 인식시킴

구분	상반기 면담	하반기 면담
유의 사항	• 장점에 대한 이야기를 먼저 나누어 부모에게 심리적인 안정감 제공 • 그동안 관찰한 영유아 적응 상태 및 또래관계 등에 대해 안내 • 학기 초 상담에서는 부모로부터 영유아에 대한 정보를 최대한 얻도록 노력 • 담임교사의 전문성을 확인하는 부모를 대비하여 전문가로서의 철저한 준비 필요	• 해당 영유아의 긍정적인 면을 우선 안내하고, 상반기 면담 이후의 변화된 사항을 안내 • 영유아의 장점 혹은 강점을 확인할 수 있는 자료를 함께 제시하여 부모의 신뢰감을 증진시킴 • 문제점은 장점을 이야기한 후 준비 자료를 가지고 함께 대화를 나눔
방법	• 면담 일정 가정통신문으로 발송 • 가능한 면담 요일과 시간을 표시하여 부모가 체크하도록 안내 • 면담시간 : 20~30분 정도가 적당	
평가	• 교사 자율 평가나 교직원 회의 등을 통해 평가 간담회 실시	

출처: 한국보육진흥원(2014).

비정기(수시) 상담은 주로 부모의 요청이나 유아교육기관의 필요, 우연한 만남(등하원시), 알림장에 의해 이루어지며 개별 또는 집단 모두의 형식으로 진행될 수 있다. 상담 내용은 정기상담과 같이 영유아의 발달과 부적응 행동, 유아교육기관에서의 생활, 가정환경 등 모든 내용이 포함될 수 있다. 비정기 상담의 경우 상황에 따라서는 정기상담보다 면담내용이 더 신중해야 하거나 전문적인 내용이 필요할 수 있기에 간단하게 생각하기보다는 준비를 철저하게 해야 한다.

2) 매체에 따른 상담

매체에 의해서는 직접 만나서 하는 대면상담과 알림장 및 대화수첩, 메모, 편지 등으로 실시하는 서면상담, 전화상담으로 구분될 수 있다. 알림장과 전화상담에 대해 조금 더 자세히 살펴보면 다음과 같다.

(1) 알림장

알림장은 유아교육기관과 가정 간 많이 사용되는 양방향 의사소통 매체이다. 교사는 부모와의 정보교환을 목적으로 서로의 감정, 생각, 태도, 느낌 등을 포함한 형식적, 비형식적 정보를 전달하며, 영유아의 건강, 기분, 생활 경험에 대한 정보를 알림장을 통해 학부모와 공유한다.

알림장은 자기 표현력이 미숙하고 자기중심적인 사고와 대화를 많이 하며, 자신의 경험과 요구를 전달하는 데 어려움이 있는 영유아의 발달적 특성으로 인해 유아교육기관과 가정과의 원활한 의사소통을 위해 필요하다. 또한, 영유아들이 유아교육기관에서 지내는 시간이 점점 많아지고, 상대적으로 부모와 자녀와 함께 보내는 시간은 점점 줄어들고 있기에 알림장을 통해 가정에서의 자녀의 발달 및 양육 문제에 대해 서로 소통함으로 협력과 연계의 성과를 얻을 수 있다. 교사는 알림장을 통해서 영유아의 가정에서의 생활 경험과 건강상태에 대한 정보를 얻어 영유아에게 적합한 교육 · 보육과정을 계획하고 실행하는데 도움을 얻을 수 있다. 나아가 알림장을 통해서 유아교육기관 생활을 돕기 위한 부모의 지원을 요청하는데 효과적인 의사소통의 통로를 확보하고, 자녀에 관한 정보 이외에도 유아교육기관과 반 운영에 대한 정보를 부모에게 직접 전달하여 가정에서의 협력과 지원 체계를 구축할 수 있다(강정원 · 김승옥, 2015).

(2) 전화상담

전화 상담은 주로 급작스럽게 어떤 일이 발생하여 빠른 시간 내에 전해야 하는 이야기가 있거나 유아교육기관에 방문하여 정기상담에 참여할 수 없는 부모와의 상담 대체수단으로 사용된다. 여러 부모들은 유아교육기관에서 전화가 오면 '무슨 일이 있지 않을까?', '아이가 다쳤나?' 등 기분 좋은 감정보다는 불안함이 앞선다고 말한다. 이러한 불안을 불식시키기 위해 정기적으로 행복한 전화상담을 진행할 것을 추천한다. 한 달에 한 번이라도 정기적으로 전화를 걸어서 안부를 묻고, 즐거운 뉴스, 감사인사 등을 전하거나 영유아에 대한 정보(발달, 교육관계, 기본생활습관, 생활지도 등)를 교환하여 유아교육기관과 가정 간의 원활한 의사소통이 되도록 한다. 전화는 가급적 짧은 시간 동안 진행하고, 심도 깊은 이야기가 필요할 때에는 부모와 얼굴을 맞대고 이야기한다.

전화상담은 표정과 몸짓 없이 수화기를 통해 목소리만으로 내용을 전달해야 하기에 부모가 오해하지 않도록 목소리의 톤, 억양 등에 유의해야 한다. 전화가 연결되면 교사는 간단한 인사와 자기소개를 하고, 부모가 현재 통화 가능한 상황인지 확인한다. 그후, 오늘 있었던 에피소드와 전화한 용건에 대해 부모와 간단하게 이야기하고 마지막 인사를 하는 순서로 진행되는데 전화를 끊기 전 상황에 따라 영유아의 목소리를 듣고 끊는다.

❖ **표 14-4** 전화상담 순서 예시

구분	내용
1. 인사	안녕하세요? ○○어머님~. 저는 △△ 유아교육기관 ○○반 담임입니다.
2. 통화 가능 여부 확인	어머님 한 3분 정도 통화 가능하세요?
3. 용건 전하기	오늘 ○○가 벽돌블록으로 기차길을 만들더니 친구들의 손을 잡고 그 길을 가도록 도와주는 것을 보고 깜짝 놀랐어요. 우리 ○○가 친구들과 잘 지내고 협력하는 모습이 감동스러워서 어머님께 전해드리려고 연락드렸어요.
4. 부모의 의견 듣기	집에서는 요즘 어떻게 지내나요? 혹시 유아교육기관에서의 일을 이야기하던가요?
5. 영유아와 통화	어머님, ○○ 옆에 있나요? ○○ 목소리 듣고 싶어서요. (유아와 통화 후) ○○야, 엄마 다시 바꿔줄래?
6. 끝인사	○○ 어머님, 내일 유아교육기관에서 ○○ 만날게요. 안녕히 계세요.

3) 집단에 따른 상담

부모상담은 집단 크기에 따라서는 개별상담, 집단(반별)상담으로 구분될 수 있다. 집단상담은 주로 학기 초 영유아들의 적응이 거의 마무리될 시기에 이루어지지만 부모의 요청에 의해 불특정시기에 이루어질 수도 있다. 이때에는 각 반별로 모여 부모 소개를 하고 연령별 발달특징, 반 운영상황과 교육 및 보육과정, 중점 프로그램에 대해 정보를 교환한 후에 학급운영 및 유아교육기관에 궁금한 사항에 대해 의견을 나눈다. 개별 상담은 주로 정기상담과 비정기 상담 시에 진행되며 프라이버시가 보장되어야 하는 내용이 있을 경우에도 실시된다.

3. 상황별 상담사례

1) 등 · 하원 상황

등 · 하원 시 부모와 잠깐 얘기하는 것이 부모와의 친밀한 관계형성에 도움이 된다. 등 · 하원을 할 때에 보육교사는 짧은 시간동안 많은 부모와 만남을 갖는다. 그러나 많은 부모는 등 · 하원시 담임교사에게 아이에 대한 이야기를 많이 듣고 싶어하고 본인도 많이 하고 싶어 한다. 아이들이 아직 교실에 남아 있는 상황에서 긴 대화는 다른 아이들에게 피해를 줄 수 있다. 따라서 등 · 하원 시 부모와 짧은 대화를 할 수 밖에 없는 이유를 학부모 오리엔테이션 때 미리 알려서 부모로 하여금 오해가 없도록 한다. 등원 시에는 부모와 가급적 짧은 대화를 하고, 이야기가 길어질 경우 하원시간을 이용하거나 별도로 상담시간을 정하여 상담을 진행한다.

교사는 등원 시에 전날 가정에서의 일화, 영유아의 기분, 건강상태, 수면과 식사 등에 대해 간단한 대화를 한다. 하원 시에는 영유아가 유아교육기관에서 지내는 동안의 심신의 건강상태, 식사(수유, 이유), 낮잠, 배변, 행동변화, 특이사항에 대해 부모와 대화를 나눈다. 때로는 영유아를 곁에 두고 칭찬받을만한 행동에 대해 부모에게 전하고 '오늘 ○○가 ~했어요. 어머니께서도 ○○를 칭찬해주세요' 말하는 것은 아이에게는 긍정적 자존감을 갖도록 하고, 부모에게는 보육교사가 자신의 자녀에게 충분히 관심을 기울이고 있음을 느끼게 한다.

2) 식습관

식습관 문제는 영유아기 부모들이 자주 요청하는 상담주제이다. 다음 내용을 참고하여 식습관 문제의 원인이 무엇인지 이해하고 상담에 임해보자.

(1) 편식

❖ **표 14-5** 편식의 원인 및 지도방안

구분	내용
원인	• 새로운 음식을 먹으려 하지 않는 것은 자연스러운 발달 특성임 - 아기는 미뢰*를 대략 1만 개(성인의 3배) 정도 가지고 태어남. 미뢰로 인해 맛을 더욱 강렬히 느끼게 되는데, 8세 이후 미뢰 수가 줄어듦 (* 미뢰: 혀, 연구개 등 구강에 있는 세포. 맛을 느끼는 역할을 하는 맛봉오리) - 낯선 음식에 대한 두려움을 의미하는 '음식 네오포비아'도 2~5세경에 두드러지게 나타남 • 부모의 편식과 양육태도가 아이들의 편식에 영향을 미침 • 새로운 것을 받아들이는 것에 대한 기질적인 어려움 • 음식에 대한 부정적인 경험
부모 지도방안	• 절대 억지로 먹이지 않기 / 재촉 대신 격려와 칭찬하기 • 식습관 관찰하기 • 식욕부진의 원인 찾기 • 스스로 먹고 싶은 것 먹기(음식 종류, 양) • 새로운 음식 시도하기 • 즐거운 식사 분위기 만들기
유의사항	• 음식을 먹이기 위하여 보상, 처벌, 위협을 사용하지 않기 • 가능한 천연재료로 만든 음식을 준비해 주기

구분	내용
참고자료	• 식품의약품안전처 영양표시정보 (http://www.mfds.go.kr/nutrition) • 식품나라 (http://www.foodnara.go.kr) • 서울특별시 식생활 정보센터 (www.seoulnutri.co.kr) • EBS '다큐프라임 아이의 밥상' (http://www.ebs.co.kr) • 광주시 서구보건소 '신나는 야채송, 건강쏭' (http://seogu.gwangju.kr/health/) • 대구광역시 교육청 '아동건강체조' (http://dge.go.kr)

출처: 보건복지부 · 육아정책연구소(2013).

(2) 식사 시 자리이탈

❖ **표 14-6** 식사 자리이탈의 원인 및 지도방안

구분	내용
원인	• 부모가 쫓아 다니며 먹여 주었던 행동으로 인해 생긴 습관 • 식사에 집중하지 못하도록 하는 식사 분위기 • 다른 흥밋거리를 찾아 돌아다니기
부모 지도방안	• 식사시간과 다른 일과(놀이시간, TV 시청 등)를 구분하기 • 자신이 먹을 음식은 아이 스스로 떠먹을 수 있도록 하기 • 식사 준비와 마무리에 아이에게 역할 주기 - 식사 준비 역할: 숟가락과 젓가락 놓기, 간단한 반찬 놓기 - 식사 마무리 역할: 마실 물 따르기, 다 먹은 그릇 가져다 놓기 • 부모와 아이가 한 자리에 둘러앉아 함께 식사를 하는 경험 갖기
유의사항	• 식사시간에는 아이뿐 아니라 모든 가족 구성원이 다른 활동(TV 시청, 스마트폰 조작, 책 보기 등)을 하지 말고 식사에만 집중하는 분위기를 만들기 • 아이 스스로 먹게 하면 부모가 먹여주는 것보다 적은 양을 먹을 수 있으나 조바심을 내지 말고 편안하게 먹을 수 있도록 격려하기
참고자료	EBS '샤샤와 함께하는 유아교육(식사예절)' (http://www.ebs.co.kr)

출처: 보건복지부 · 육아정책연구소(2013).

Tip

영유아의 연령에 따른 식습관 발달

연령	식습관 발달
0~1세	• 모유나 인공우를 먹던 영아가 6개월부터 반유동식을 맛볼 수 있게 되며 일정 시간에 이유식을 먹을 수 있음 • 8개월 이후부터 고형식을 맛볼 수 있게 되며, 수저를 이용해 스스로 먹어보려 함
1~3세	• 소근육이 발달되면서 점차 혼자서도 숟가락이나 포크를 잡고 음식을 먹을 수 있게 됨 • 음식을 스스로 먹는 것에 즐거움을 느끼지만 아직 음식을 먹다 흘리는 경우가 종종 있음 • 다양한 맛을 즐기고 먹을 수 있는 음식이 많아지며 맛이나 음식에 대한 선호도가 생김
3~4세	• 신체활동량이 많아지고 신진대사와 소화흡수기능이 좋아지면서 식욕이 증가하고 식사량도 늘어남 • 숟가락, 포크, 컵 등의 식사도구를 스스로 사용할 수 있음 • 자리에 앉아서 바른 태도로 식사에 임할 수 있음
4~5세	• 다양한 식사재료나 음식에 대한 관심이 점차 많아지고, 골고루 먹는 것이 건강에 미치는 긍정적인 영향에 대해 알게 됨 • 식사도구 사용도 능숙해지고 다양한 맛과 음식에 익숙해지면서 식사시간을 보다 편안하게 즐기게 됨 • 젓가락을 사용할 수 있지만 아직 능숙하지는 않음 • 식사 규칙이나 예절을 구체적으로 배우고 익힐 수 있음

출처: 보건복지부 · 육아정책연구소(2013).

3) 어린이집 적응

부모와 교사는 영유아가 유아교육기관에 적응하러 오기 전에 사전에 충분히 영아에 대한 소통이 이루어져야 한다. 영아의 정보를 가지고 부모와 교사가 지속적인 상호관계를 맺으며 긴밀한 관계를 형성하고 부모가 교사에 대해 신뢰할 수 있는 전문성과 부모를 감쌀 수 있는 포용력 또한 필요하다(사전정보지의 세밀화, 등원 전 환경에 친숙해질 수 있는 방문기회 제공, 부모와의 긴밀한 의사소통체계마련, 정확한 전달체계 구축, 오리엔테이션 실시).

교사는 부모에게 초기적응의 중요성, 부모 역할(안전지대), 적응기 영유아들의 마음 상태, 적응 시 나타날 수 있는 행동(울음, 떼쓰기 등), 영유아의 개별적인 차이로 적응기간과 행동이 아이마다 다를 수 있음을 안내해야 한다. 또한 이를 뒷받침하는 신뢰감 있는 자료 등을 제공해 주어 말로만 부모에게 전달하는 것이 아닌 신뢰도가 있는 자료를 통해 부모가 좀 더 전문적인 서비스를 지원받고 있음을 느낄 수 있게 지원해 주어야 할 것이다(육아정보지원).

Tip

교사가 생각하는 초기적응

◇ **적응을 알아볼 수 있는 행동**

순위	적응 증상	부적응 증상
1	기분 좋게 부모와 헤어짐	유아교육기관 등원 거부
2	불안한 표정이 줄고 잘 웃음	유아교육기관 도착하면 울기 시작함
3	놀잇감을 가지고 다른 영유아들과 잘 놈	일과 중 울음이 잦고 칭얼댐
4	낮잠을 잘 잠	잠을 안자거나 자주 깸
5	울고 보채지 않음	표정이 어둡고 시무룩함
6	주 애착 대상 교사를 잘 따름	교사에게 반응을 보이지 않음
7	간식과 급식을 잘 먹게 됨	간식과 점심을 잘 안 먹음
8	놀잇감을 가지고 혼자서도 잘 놈	또래와 어울리지 않음
9	교사에게 안아달라고 하거나 매달리지 않음	퇴행이 일어남
10	-	신체적 증상 없이 아프다고 함

◇ **부모에게 협조를 구하는 사항**

순위	내용
1	가정에서 전날 상황에 대한 정보 제공
2	자녀와 다정히 인사 나누고 떠나기
3	귀가시간에 늦지 않기
4	부모-교사의 관계가 친밀하게 보이도록 함
5	담임교사에게 자녀 직접 인계하기
6	잠깐 함께 놀아주거나 기저귀 갈아 주기

◇ **걱정하는 부모를 위한 배려**

순위	내용
1	귀가 시 하루 일과에 대한 정보 제공
2	적응의 모습임을 강조하며 안심시킴
3	적응관련 부모 오리엔테이션 실시
4	자녀 관찰이나 함께 지내도록 개방
5	기타

◇ 초기적응을 어렵게 하는 요인

순위	내용
1	부모와의 협력 부족
2	영유아의 정보(예: 기질, 성격, 습관) 부족
3	초기적응지원 전략에 대한 교사 이해 부족
4	높은 영아 대 교사 비율
5	교육 및 보육시간의 점진적인 증가 불가
6	적응을 촉진하는 물리적 환경의 미비
7	교사 간의 협동 부족
8	영유아발달에 대한 지식 부족
9	작년 담임과의 협력 미비

◇ 적응을 위해 부모로부터 얻는 정보

순위	내용
1	영유아의 기질 또는 성격
2	영유아의 일상생활 습관 또는 패턴
3	현 유아교육기관 입소 전 기관 경험
4	영유아의 건강상태
5	가정에서의 주 양육자
6	가정환경 및 가족 관계

출처: 김희진 · 김영애(2008).

4) 낮잠

부모들이 유아교육기관에서 낮잠을 재우면 밤잠을 방해한다고 낮잠시간에 대해 불만을 표현하는 경우들이 있다. 그러나 영유아는 낮잠(휴식)을 자야 피로가 풀리고 면역력을 높여주어 신체적으로 건강하게 생활할 수 있다.

교사는 개별 영유아의 체질 및 생활리듬이나 수면습관을 잘 알고 개별적인 배려를 통해 융통성 있게 적용해야 한다. 충분한 낮잠시간이 필요한 영유아에게는 좀 더 오랜 시간 낮잠을 취하도록 배려하고, 일찍 일어난 영유아들에게는 친구들이 깰 때까지 누워있거나 더 자라고 강요하지 않는다. 다른 유아에게 방해가 되지 않도록 조용히 책을 읽거나 그림을 그리면서 쉬도록 하는 것이 바람직하다.

Tip

연령에 따른 휴게 및 낮잠시간

연령	전체 휴식시간	낮잠 특징	낮잠시간
2개월 이전	18~20시간	• 개인 수면 욕구에 따라 낮잠을 잠	1시간 30분 ~ 2시간
2~6개월	16~18시간		
6~12개월	14~16시간	• 낮잠준비에 대해서 익숙해지나 아직 월령에 따른 수면의 개인차가 큼	
1~2세	12~14시간	• 낮잠준비 및 정리에 대한 패턴 인식함 • 전체 낮잠 준비 패턴과 개인 패턴이 일치함 • 잠자는 중간에 깨서 이유 없이 울거나 보채기도 함	
3~4세	10~12시간	• 낮잠시간이 안정화되기는 하지만 유아의 상태에 따라 조금씩 달라질 수 있음	1시간 ~ 1시간 30분
5세	10시간	• 낮잠을 자지 않으려고 함	30분 ~ 1시간

출처: 보건복지부 · 육아정책연구소(2013).

5) 배변 훈련

배변 훈련은 영아의 발달과업 중 하나로 주요한 상담주제이다. 기저귀를 떼기와 잦은 소변 실수는 단지 하나의 문제행동이 아니라 실패했을 경우 영유아들의 정서적 · 사회적 문제를 초래함으로 주의깊게 살펴보아야 한다.

(1) 배변을 못가림

❖ **표 14-7** 배변 문제 시 원인 및 지도방안

구분	내용
원인	• 가족력 - 유전적인 방광통제 능력 - 남자아이가 여자아이에 비해 2배 정도 발생률이 높음 • 준비가 되지 않았는데 성급하게 배변 훈련을 시작 - 처음에는 배변 훈련에 성공해서 잘 가리다가 다시 실패하는 경우 - 엄격하게 배변 가리기를 강요하게 되면 무의식적으로 실수를 함 • 배변 훈련에 대한 관심과 연습 부족 • 환경적 변화로 인한 심리적 스트레스(동생의 출생, 유아교육기관 입학, 부모의 불화, 이사, 가족의 사망 등) • 방광이나 항문, 대장의 구조나 기능에 문제가 있는 경우
부모 지도방안	• 부모 스스로 여유로운 마음을 갖기 • 아이가 배변을 보아 옷을 더럽히더라도 야단을 치거나 화를 내기보다는 누구나 실수할 수 있다고 다독이기 • 아이의 배설물을 더럽다고 말하지 말기 • 아이가 실수하지 않고 변기에 성공적으로 배변을 본 것에 대해서는 아낌없이 적극적으로 칭찬해주기 • 동생이 태어나서 일시적으로 배변을 가리지 못하게 되는 경우에는 아이를 따뜻하게 수용해주고 안아 주기 • 규칙적으로 배변을 보도록 지도 - 낮에는 2~3시간 간격으로 규칙적으로 화장실에 가기 - 잠을 자기 전에 반드시 화장실에 다녀오기 - 잠을 자기 전에 물이나 수분이 많이 포함된 음식을 먹기 • 화장실을 친근하게 느낄 수 있도록 환경 만들기 • 계속해서 배변 문제가 발생하는 경우 전문가의 진단을 받기
유의사항	• 배변의 문제는 대부분 심리적인 요인에 의해서 생김. 따라서 무엇보다 아이가 배변활동에 스트레스를 받지 않고 실수를 하더라도 편안하게 느낄 수 있도록 도와주는 것이 가장 중요함 • 보통 생후 3년이 되면 대부분은 배변을 가릴 수 있지만 그 이후에도 실수하는 경우가 있으므로 4~5세까지는 가끔 실수함 • 배변 관련 문제행동이 나타나지 않도록 하기 위해서는 무엇보다 발달적으로 준비가 된 시기에 바람직한 방향으로 배변 훈련을 실시하는 것이 중요함

출처: 보건복지부 · 육아정책연구소(2013).

Tip

영아의 월령에 따른 배설기능 발달

월령	배설기능 발달
0~6개월	• 방광에 소변이 쌓이면 반사적으로 소변을 배설하지만, 소변 보는 간격은 점차 1~2시간 정도 길어짐
6~10개월	• 영아의 방광은 점차 커져서 어느 정도 소변을 참을 수 있음
10~18개월	• 신경 및 뇌가 발달하여 방광의 감각을 느낄 수 있음 • 한두 마디 말을 할 수 있고, 걸을 수 있어서 대소변 훈련을 준비할 수 있는 시기임 • 젖은 기저귀나 옷을 가리키거나 만지며 불편함을 표현함 • 변기에 배설하는 것을 싫어할 수 있음
18~24개월	• 방광이 좀 더 커져서 보다 많은 양의 소변을 모을 수 있음 • 대변이 나오는 느낌을 지각할 수 있어서 대소변 훈련을 시작할 수 있는 적절한 시기로 대소변과 관련된 간단한 용어를 이해하여 사용할 수 있음
24~30개월	• 소변이 마려워도 어느 정도 참을 수 있을 만큼 방광의 조절능력이 발달하여 스스로 화장실 변기에 가서 소변을 볼 수 있음
30~36개월	• 배설 의사를 표현하고 화장실에 가고 싶음을 말할 수 있으며, 밤에도 소변을 보지 않을 정도의 통제 능력이 생김

출처: 조운주 · 최일선(2013).

Tip

가정에서 배변훈련 방법

◇ 배설 관련 문제행동 예방을 위한 바람직한 배변훈련 방법

- 혼자서도 쉽게 입고 벗을 수 있는 간단한 옷을 입혀요.
- 아이가 배설의사를 밝히면 즉시 배변을 볼 수 있도록 해주세요.
- 배변이 이루어지는 동안 약속된 의사소통 기제를 적절하게 사용해요. 옆에서 '쉬'라고 발음해 주거나, 함께 힘을 주는 흉내를 내며 '응가'라고 말하는 것은 배변을 쉽게 보도록 하는데 도움이 되요.
- 아이의 시도와 노력에 대해 항상 긍정적인 반응과 격려를 해요. 실수를 했을 지라도 다음번에는 잘 할 수 있을 거라며 격려를 해주어야 하며 벌을 주어서는 안 돼요. 벌을 주게 되면 아이에게 심리적 상처가 되어 이후 강박신경증의 원인이 될 수 있어요.

- 유아용 변기 및 깔개를 마련해 주고 밝고 쾌적하며 아늑한 화장실 분위기 조성을 통해 아이가 배변을 보는 것을 즐거운 활동으로 여길 수 있게 해요.
- 배변을 보는 시간을 규칙적으로, 충분히 제공하여 배변에 대해 긍정적인 태도를 갖도록 해요. 거실과 화장실 사이를 개방시켜 놓아서 아이들이 화장실에 있는 동안에 거실의 활동을 보고 들음으로써 안도감을 느낄 수 있도록 해요.
- 아이가 좋아하는 캐릭터나 색깔의 팬티를 사주어 기대감을 가질 수 있도록 해요.

출처: 보건복지부 · 육아정책연구소(2013).

(2) 잦은 소변 실수

❖ 표 14-8 잦은 소변 실수 시 원인 및 지도방안

구분	내용
원인	• 소변이 찰 때까지 참았다가 싸는 경우 • 만 3~5세경에 일어나는 경우가 많음 • 가장 주된 이유는 놀이에 집중하기 • 아이의 부주의에서 오는 실패
부모 지도방안	• 소변을 마려워하는 징후 파악하기(예 평소보다 빠르거나 느리게 말하기, 말 더듬기, 발 동동 구르기, 다리 꼬기, 앉았다 일어났다 하기, 성기 주변에 손을 대거나 잡고 있기) • 아이가 소변이 마려운 것을 느끼면서도 놀던 것을 중단하지 못하는 모습이 보이면 화장실에 다녀오도록 안내하기 • 실수를 하더라도 아이를 혼내지 말고 안심시키기 • 아이의 자존심을 지켜주기 - 아이가 빨리 그 일을 잊도록 반복해서 말하지 않기 - 반복해서 실수를 하게 되더라도 형제자매나 또래친구들이 없는 곳에서 옷을 갈아입혀 주고 조그만 소리로 소변이 마려우면 참지 말고 화장실을 가는 것이 좋다는 것을 설명하기 • 급할 때 실수를 줄일 수 있도록 허리 부분이 고무줄로 된 바지 등 스스로 입고 벗기 편한 옷을 입히기
유의사항	• 소변을 참다가 옷에 실수를 하는 것은 문제행동이기보다는 발달 특성상 자연스럽게 나타날 수 있는 현상임 • 오히려 아이가 화장실에 가고 싶지 않을 정도로 열중하는 놀이가 있다는 매우 긍정적인 모습임 • 옷에 실수를 하게 되면 아이가 수치스러워할 수 있으므로 가능한 실수를 하지 않도록 도와줄 필요 있음

출처: 보건복지부 · 육아정책연구소(2013).

Tip

문제행동지도 참고자료

- 보건복지부, 육아정책연구소(2014). 영유아 문제행동 지도를 위한 어린이집 보육교사 지침서.
- 보건복지부, 육아정책연구소(2014). 영유아 문제행동 지도를 위한 부모용 지침서.

⇒ 영유아의 기본생활, 사회성, 신체운동, 언어, 인지, 정서의 발달과정을 소개하고 있으며, 문제행동에 대한 원인분석, 지도방안, 유의사항 등을 참고할 수 있다.

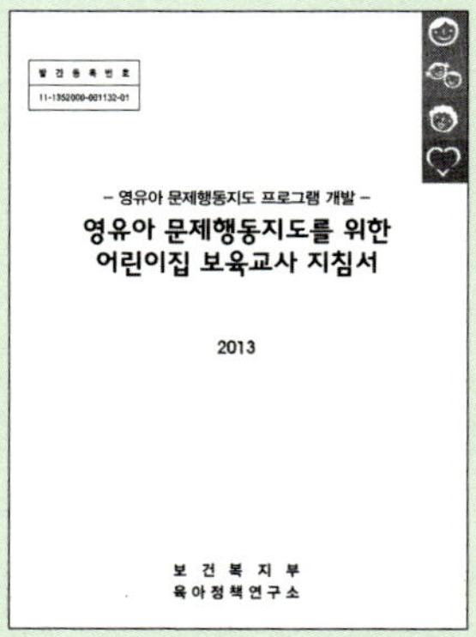

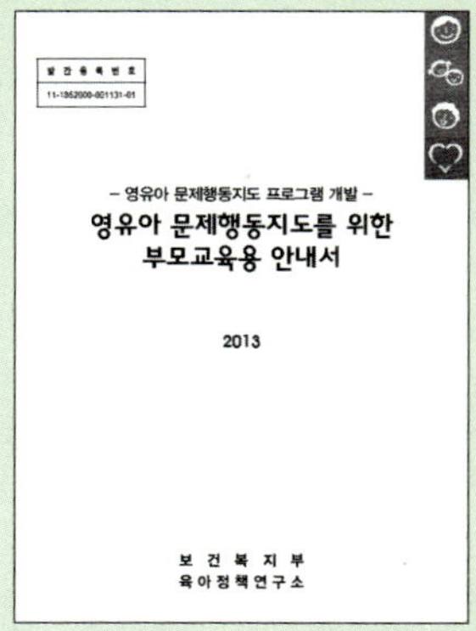

자료수집경로: 육아정책연구소 홈페이지〉발간문〉연구보고서〉수탁연구보고서.

4. 교사의 역할과 자세

교사의 태도와 자세는 부모의 협조와 신뢰를 이끄는 가장 중요한 요인이다. 교사로써의 품위를 잃지 않는 범위 내에서 친절하고 상냥하게 이야기 나눔은 물론, 교사를 대하는 부모가 마음의 벽을 느끼지 않고 편하게 다가올 수 있게 대해 주는 것은 매우 중요하다.

이에 교사의 태도와 자세에 대해 알아보고자 한다.

① 공감적으로 경청하고 수용한다.

상담을 할 때 범하기 쉬운 실수는 교사가 일방적으로 '말을 하는 것'이다. 그러다 보니 부모의 기대나 욕구를 알 수가 없고, 부모들이 만족해 할만한 정보를 제공하기 힘들다. 상담을 잘하려면 '잘 듣는 것', 즉 경청하는 것이 중요하다. 경청은 다른 사람의 말을 주의 깊게 들으며 공감하는 능력이며, 신뢰를 쌓을 수 있는 최고의 방법이다. 경청을 하면 상대는 좋은 인상과 무의적인 믿음을 갖게 되고, 더 집중하게 된다. 상담을 할 때 교사가 부모에게 경청하고 있다는 것을 전달해야 한다. 팔짱을 끼거나 다리를 꼬고 있는 자세는 좋은 인상을 주지 못하므로 열린 자세를 취하고 말하는 사람을 향해 몸을 돌리거나 몸을 약간 앞으로 기울이는 것이 좋다. 교사가 자주 시선을 다른 데로 돌리는 것은 부모에게 함께 있기가 꺼려지거나 교사가 불안함을 나타내는 것으로 보일 수 있으므로 자연스럽게 눈을 맞추거나 상대편의 턱선 쯤에 시선을 두는 것이 편안하다. 전체적으로 교사는 긴장을 풀고 자신의 언어적 비언어적 행동이 어떤지를 스스로 파악하면서 자연스럽게 부모에게 초점을 두는 자세를 취한다.

❖ **표 14-9** 경청방법: Egan의 SOLER

S(Squarely)	당신과 나의 어깨는 네모
O(Open)	가슴을 열고
L(Leaning)	몸을 기울이고
E(Eye contact)	시선을 맞추고
R(Relaxed)	편안하고 자연스럽게

교사는 경청을 통해서 부모와 아동에 관한 자료를 수집할 수 있고, 부모가 당면한 상황과 관련된 경험, 생각, 행동을 구체적으로 자세히 설명하게 됨으로써 부모의 기대와 욕구, 문제상황 등이 명료해질 수 있다. 상담시 교사 자신의 사회문화적 배경과 교육이 편견으로 작용하거나 교사의 건강상태, 개인적 어려움, 개인적 욕구, 신

념의 차이 등이 영향을 줄 수 있음에도 주의해야 한다.

상담에 임하는 교사는 학부모가 하는 이야기는 일단 잘 들어 주고 많은 부분을 수용해 주는 너그러움이나 여유가 필요하다. 상담을 하다보면 교육 방침이나 가치관에 있어서 의견이 다른 부모를 만나게 된다. 교사로서는 부모의 의견에 동의하지 않지만 무시하거나 거부하지 않고 인격체로서 존중을 표현해야 한다. 예를 들면, "어머니께서는 그렇게 하는 것이 좋다고 생각하시는군요. 저희 생각으로는 이렇게 하는 것이 더 낫겠다고 생각하고 있습니다만 어머니의 의견을 다시 한 번 고려해 보도록 하겠습니다."

② 존중하는 자세와 솔직함으로 응대한다.

상담 중에 교사가 범하기 쉬운 오류는 부모가 영유아에게 취하는 행동이나 교육, 양육 방식에서 잘못된 점이 발견되었을 때 마치 탓하듯이 이를 지적하는 것이다. 잘못을 하였을 때라도 공격적인 지적을 받으면 사람은 누구나 기분이 불쾌하고 상대방에 대해 불만을 갖게 된다. 특히 부모들은 아이를 잘 키웠다고 인정받고 싶어 하는 마음으로 상담을 오는 분이 많으므로 이를 건드리는 것은 좋지 않다. 부모에게 조언이나 충고를 하더라도 상대를 존중하는 마음을 가지고 해야 된다. 상담을 할 때 아무리 부모가 엉뚱한 소리나 요구를 한다고 해도 이를 무시하지 않고 하나의 의견으로 수용하고 받아들여야 한다. 그렇게 되면, 부모는 기꺼이 속 이야기를 하게 되고 편안함, 존중받는다는 느낌, 그리고 나아가 교사에 대한 믿음을 느끼게 된다. 상담 시 상대에게 존중을 구체적으로 표현하는 방법으로는 상담시간을 정확히 지키는 것, 상담이 다른 일로 인해 방해받지 않도록 하는 것, 부드러운 목소리와 친절한 얼굴 표정, 자세, 눈맞춤, 제스처, 적당한 거리(70㎝ 정도) 등으로 따뜻한 태도가 전달되도록 하는 것이 될 수 있다.

또한, 교사는 상담 중에 기관의 현황, 시설, 교육방법과 내용, 교사의 경력 등에 대해 거짓없이 솔직하게 알려주는 것이 좋다. 만일 알리기 곤란한 사항이 있다면 '말씀드리기 어려운 사항이다'라고 말하고 양해를 구하는 것이 거짓된 정보를 주는 것보다 낫다. 예를 들어, 신입 교사에게 교사 경력이 얼마나 되느냐는 질문을 부모가 한다면, "올해가 첫해입니다. 아직 경험은 부족하지만 아이들을 돌보고 교육하는 데 필요한 지식을 충분히 배웠으며, 필요할 때는 이곳에 있는 경험이 많은 원장님과 교사들의 도움을 언제든지 받을 수 있습니다."라고 이야기하는 것이 좋다. 이렇게 솔직한 것이 궁극적으로는 기관이나 교사에 대한 신뢰를 향상시킨다.

③ 잘잘못을 따지지 않는 태도를 가진다.

사람들은 누군가가 자신의 언행에 대해 옳고 그름, 혹은 잘잘못을 판단할 때 말하기 싫어지고 솔직하지 않게 된다. 특히 거의 모든 부모들은 자기 자식을 잘 키우고 싶어 하며 나름대로 최선을 다하고 있다. 이 점을 교사는 간과해서는 안 된다. 부모가 어떤 요구를 하든, 자녀에게 어떤 행동을 취하든 교사는 그런 요구와 행동의 내면에 깔려 있는 부모의 기대와 욕구를 이해하려고 하는 것이 필요하다. 간혹 아이에게 문제가 생겼을 때 부모가 기관의 잘못을 탓하는 경우도 있는데, 이때 교사는 이에 응수해서 부모 탓이라고 되받아치는 것은 바람직하지 못하다. 책임을 서로에게 전가시키는 것은 문제 해결에 아무런 도움도 되지 않는다. 교사와 기관은 문제 해결을 위해 최선을 다할 것이고, 보호자의 도움이 필요할 때 이를 요청할 것이며, 보호자가 도움을 원할 때에도 도움을 제공할 것이라고 알려주는 것이 현명하다.

④ 질문을 적절히 한다.

상담을 할 때 질문을 많이 하면 부모가 마치 취조를 받는 듯한 느낌을 들게 할 수 있다. 그러나 부모의 생각과 기대를 정확히 알고 영유아의 교육 · 보육에 필요한 정보를 구하기 위해서는 질문을 하지 않을 수는 없다. 질문의 기능들을 살펴보면 다음과 같다.

- 과거 경험, 현재, 미래 계획 등에 관한 정보를 수집한다.
- 진행되는 이야기를 분명하게 하기 위해 설명해 줄 것을 요청한다.

- 이야기의 방향을 제시해 주는 의도로서 초점을 맞춘다.
- 생각, 기대, 행동이 타당하고 현실적인지를 검토하도록 한다.

5. 부모상담의 실제

1) 부모상담 전 준비

(1) 상담자료 준비하기

① 영유아 발달보고서 작성하기

유아교육기관마다 부모상담 준비를 위한 자료의 양식은 차이가 있을 수 있지만, 개별 영유아의 관찰기록을 토대로 교사와 부모 간의 상담을 원활히 할 수 있는 방법을 모색하는 것은 반드시 고려해야 할 사항이다. 이를 위해서는 영유아에 대한 세심한 관찰과 기록을 토대로 한 객관적인 자료 준비가 필요하며, 영유아의 자료를 개별적으로 모아 정리해 두는 포트폴리오 방식이 바람직하다. 영유아의 포트폴리오에는 관찰기록자료, 작품, 활동사진, 생활기록부, 건강기록부, 가정환경조사서, 이전 상담 내용 등의 자료가 포함될 수 있다. 교사는 면담 전에 이러한 다양한 자료 중에 의미 있는 자료를 포스트잇이나 색깔 펜으로 미리 표시해 두고 영유아에 대한 정보를 체계적으로 정리한다. 그리고 개별 영유아의 발달 영역별 혹은 표준보육과정 영역별로 발달보고서를 작성하고 이를 부모상담 시 기초자료로 활용할 수 있다.

❖ **표 14-10** 발달 영역별 발달보고서의 예

<table>
<tr><th colspan="3">이름</th><td>김유성</td><th>연령</th><td>만 1세</td></tr>
<tr><th colspan="3">기간</th><td colspan="3">2017. 03. 10. ~ 03. 17, 약 1주일 간</td></tr>
<tr><th rowspan="2">영역별 발달</th><th rowspan="2">신체</th><th>대근육</th><td colspan="3">• 스텝박스 경사로 위에서 걸어내려 오거나, 자동차를 밀며 오르내릴 수 있음
• 무릎 굽히고 펴기를 반복하며, 책상이나 의자 위에 올라갈 수 있음
• 공을 손으로 잡아 던질 수 있음
• 대근육을 사용하여 활발히 끊임없이 탐색하며 움직임</td></tr>
<tr><th>소근육</th><td colspan="3">• 페그보드에 페그모형을 꽂을 수 있음
• 능숙하지는 않지만, 모래놀이기구를 이용하여 모래를 옮겨 담을 수 있음
• 양손 모두를 사용하여 크레파스를 쥐고 끼적거림
• 컵으로 우유를 마실 수 있음</td></tr>
<tr><th rowspan="3">영역별 발달</th><th colspan="2">언어</th><td colspan="3">• 자신의 이름에 반응하고 '엄마', '아빠', '응' 등 친숙한 대상이나 행위를 지칭하는 의미 있는 2~3 단어를 언어로 표현할 수 있음
• 기본적인 단어나 교사의 간단한 말을 알아듣고 좋고 싫음에 대한 반응을 나타냄
• 주로 자신의 감정이나 하고자 하는 욕구를 음성화나 표정, 몸짓으로 표현하지만 점점 표현언어에 관심이 많아지고 교사와 상호작용할 때 상대방을 집중하여 바라봄</td></tr>
<tr><th colspan="2">인지</th><td colspan="3">• 상징놀이 이전의 단계로 음식모형이나 컵, 숟가락, 칼 등의 놀잇감에 관심을 표현하고 입에 넣음
• 모래놀이를 즐기며 오랫동안 가지고 놀이하나 어떠한 목표물을 계획하기 보다는 목적 없이 탐색하는 단계임
• 자아개념을 형성하는 기초단계이며, 소유에 대한 관심이 높음
• 적극적인 탐색활동을 하며 호기심이 왕성함. 좋아하는 놀이에 집중을 잘하고, 자아개념과 소유개념이 발달하고 있음(발달상 자연스런 현상이지만 소유욕이 아주 강한 편임)</td></tr>
<tr><th colspan="2">사회
정서</th><td colspan="3">• 밝고 활발한 성격을 가지고 있으며, 교사에게 달려와 안기거나 까꿍놀이를 좋아함
• 좋고 싫음에 대한 구분이 명확하고 고집이 센 편이며, 감정의 전이가 빠른 편임
• 친구를 때리는 자체를 놀이로 인식하여 재미있어 하고 친구를 때리는 일이 잦고, 또래와의 갈등 상황에서도 친구를 할퀴거나 때리는 일이 빈번함</td></tr>
<tr><th colspan="3">놀이</th><td colspan="3">• 신체놀이, 탐색놀이를 주로 즐겨하며, 단독놀이가 일어나는 단계임
• 왕성한 호기심을 바탕으로 놀이에 대한 집중력이 높은 편임</td></tr>
<tr><th colspan="3">기본
생활
습관</th><td colspan="3">〈배변〉
• '쉬'나 '응가'의 표현에 익숙해지고 있으나, 기저귀를 가는 시간을 참지 못할 때도 있음
• 아직 배변의사를 표현하는 단계는 아님
〈식습관〉
• 대부분의 식사와 간식, 새로운 음식에 호기심을 가지고 접근하고 잘 먹는 편임
• 주로 교사의 도움을 받아먹었으나 최근 스스로 숟가락질을 해 보려고 시도함
• 간식을 먹다가 포크를 들고 돌아다니는 습관이 있음
〈낮잠〉
• 손가락을 빨면서 잠이 듦(잠든 후 손가락을 입에서 빼 주고 있음)
• 잠이 들 때 교사가 옆에 있지 않으면 일어서거나 돌아다님
• 편안히 숙면을 취하는 편이며 굴러다니며 자는 잠버릇을 가지고 있음(평균낮잠시간: 1시간 반~2시간 정도)</td></tr>
</table>

종합 평가	• 전반적으로 월령에 적절한 발달 정도를 보이고 있으며, 인지발달이 빠른 편이다. 왕성한 호기심을 바탕으로 움직이는 사물에 대해 끊임없이 탐색하고, 집중하여 놀이를 즐기며 대근육을 활발히 사용한다. • 최근 표현언어가 시도되고 있고 이에 따른 교사와의 언어적 상호작용이 많은 편이다. 이에 유성이의 결정적 시기를 놓치지 않도록 충분한 언어적인 자극을 제공하고, 유성이의 표현언어 발달과 관련된 활동을 계획하는 것이 필요하다. • 수아의 장난기와 공격적인 성향이 발달적으로 바람직한 방향으로 전환되도록 지도하고 있으며, 숟가락과 포크의 사용 및 칫솔을 직접 쥐어보고 움직여 보는 등 다양한 탐색과 놀이화를 통해 기본생활습관 형성 및 즐거운 생활이 지속될 수 있도록 돕는다.

출처: 김지은(2008).

② 영유아의 목표행동과 지원전략 구체화하기

영유아의 유아교육기관 생활을 단순해 전해 주는 것이 부모상담의 목표가 아니라 영유아의 어떠한 부분(꼭 문제행동이 아니라 전인적 발달의 측면에서 좀 더 나아지길 원하는 부분)이 좀 더 나아지도록 돕는 것이 부모상담의 목표가 되어야 한다. 이미 교사와 부모는 어느 정도 영유아의 어떠한 행동(문제행동일 수도 있고 아닐 수도 있는)에 대해 함께 고민하고 있는 경우가 대부분이므로, 영유아에 대한 세심한 관찰과 기록을 토대로 달성할 수 있는 목표행동을 설정하고 이에 대해 유아교육기관과 교사가 어떻게 하고 있는지, 그리고 가정에서는 어떻게 도와주어야 하는지 구체화하는 준비를 부모상담 전에 미리 해 두는 것이 좋다.

❖ 표 14-11 영유아의 목표행동과 지원전략

영유아 이름	조수아
문제행동 인식 및 목표세우기	• 부끄러움이 많아 앞에 나와서 이야기 하는 것을 싫어함 • 앞에 나와서도 자신의 생각과 느낌, 경험 등을 친구들과 자유롭게 이야기 나눌 수 있도록 목표설정
유아교육기관에서 하고 있는 일	• 앞에 나오지 않고 자리에 앉아 이야기하는 활동으로 시작하여 아이가 말을 할 때 적극적으로 칭찬해 주고 교사와 생각이 비슷하다고 격려해 주고 있음. 그리고 개인적으로도 잘했다고 칭찬하고 있음 • 차츰 앞에 나와서 이야기할 수 있는 기회를 늘려나갈 계획

영유아 이름	조수아
가정에서의 지도전략 제시	• 주말 동안 놀러 갔던 곳에서의 기념품이나 물건을 유아교육기관으로 보낼 것 • 물건에 대한 충분한 이야기를 가정에서 미리 나누면 정보가 많아져 이야기하는 즐거움을 더욱 크게 느낄 것으로 기대

(2) 상담시간과 장소 정하기

① 상담일정과 시간

정기상담 일정은 부모들이 일정을 조정할 수 있도록 신학기 오리엔테이션 시 예정 기간을 안내한다. 그 후, 직장을 다니는 부모를 위하여 부모상담 한 달 전에 공고하여 일정을 맞추도록 배려해야 한다.

상담시간은 가능한 부모가 상담을 하기에 편리한 시간을 배려(직장여부, 부모성향, 집과의 거리, 신입 · 재원생, 동생여부 등)하여 상담시간표를 작성하고, 사정에 따라 사전에 조정할 수 있도록 한다. 첫 번째 상담은 담임이 대화하기에 마음 편한 부모로 배정한다. 기관과 가정의 거리를 볼 때, 도보-영유아의 부모나 통원거리가 먼 부모는 되도록 가장 앞 시간으로 배정하는 것이 편하다. 신입 엄마를 먼저 배정하면 편하다. 퇴근시간이 늦은 직장 모에 대한 배려 차원에서 직장 모는 가장 뒷 시간으로 배정하거나 토요일 추후상담을 계획할 수도 있다. 중간에 상담시간이 지연되는 것을 막기 위해 질문이 많을 것 같은 부모는 뒷 시간으로 배정하여 다음 상담으로 인해 촉박하거나 쫓기지 않도록 한다.

부모상담의 참여율을 높이기 위하여 상담 일정이 전날이나, 당일 오전에 문자나 전화로 다시 한 번 일정을 알려준다. 각 개인당 상담 소요 시간은 20~30분 내외로 너무 길어지지 않도록 하고 사전에 부모들에 안내하여 양해를 구해야 한다. 교사가 끝나지 않은 상담을 종료하고 다음 상담 준비를 위한 여유가 있도록 상담과 상담 사이에 10분 정도의 시간을 둔다.

② 장소

조용하고 편안한 분위기에서 이야기할 수 있도록 소음이 적고 환기가 잘되고 밝은 장소를 마련한다. 상담실이 별도로 없는 유아교육기관의 경우 교실을 활용하게 되므로 교실의 청결상태를 점검한다. 교사와 부모는 동일한 자리(의자, 카펫)에 앉는다. 절대, 교사는 성인용 의자에 부모는 아동용 의자에 앉지 않도록 주의한다. 교사는 학부모가 문을 바라보지 않고 등을 지고 앉아 상담에 집중할 수 있도록 자리 선정을 하고, 시간을 잘 체크할 수 있도록 시계가 보이는 자리에 앉는다. 부모상담 동안에 영유아는 다른 반 교사가 다른 공간에서 함께 놀이하고 상담하는 공간에 함께 있지 않도록 한다.

일찍 도착하여 기다리는 학부모를 위해 대기하는 장소를 마련한다. 그곳에 육아 관련 잡지나 유아교육기관의 활동사진, 영유아들의 작품 등을 전시하고 간단한 음료수를 준비하여 기다리는 시간이 무료하거나 지루하지 않도록 한다.

(3) 부모상담을 위한 부모의견 조사

① 부모상담 가정통신문

가정통신문을 통해 유아교육기관 부모상담에 관한 상세한 내용(상담일시, 장소, 협조사항 등)을 안내하고, 부모가 희망하는 상담시간을 조사하여 상담일정을 정한다.

부모상담 안내문

안녕하십니까?
어느덧 따스한 햇살이 가득한 봄이 다가왔습니다.
각 가정에서도 포근한 사랑이 가득하시길 바랍니다.
이번 저희 ○○어린이집에서는 아이들의 행복한 원 생활을 위해 부모님과 교사가 함께 이야기를 나누고 연계성 있게 지도할 수 있도록 학부모 면담을 준비하고 있습니다. 바쁘시더라도 많이 참여하셔서 의미있는 시간으로 만들어 주시기 부탁드립니다. 아울러 언제나 변함없이 어린이집에 보내주시는 성원에 깊은 감사를 드립니다.

◈ 상 담 일 정 ◈

1. 상담 기간 : 2018년 월 일(월) ~ 월 일 (금) (1주간)
2. 상담 장소: 교실
3. 상담시간

시간	4/19	4/20	4/21	4/22
① 6:00~6:20				
② 6:30~6:50				
③ 7:00~7:20				
④ 7:30~7:50				

4. 협조사항
   - 위의 시간표 중에 빈칸으로 표시되어 있는 시간 중에 상담을 원하시는 날짜와 시간을 정확하게 기입하여 월 일 요일까지 제출하여 주시기 바랍니다.
   - 희망하는 면담시간이 중복될 경우에는 답변을 먼저 주신 부모님부터 선착순으로 정할 예정이오니 양해하여 주시기 바랍니다.
   - 상담시간은 20분씩 이루어집니다. 상담시간이 약 20분 정도 밖에 되지 않아 좀더 효율적으로 진행하기 위하여 담임선생님과 나눌 이야기를 적어오시거나 생각해 오시면 좋겠습니다.

부모면담 신청서

반		자녀 이름		보호자 성명	
참석희망여부	참석합니다( ), 참석하지 못합니다( )				
참석희망시간					
참석자	아버님( ), 어머님( ), 기타( )				

② 부모상담 사전 조사서

부모의 기대와 요구에 부응하는 효과적인 부모상담을 위해 영유아 발달에 대한 부모의견, 상담을 원하는 내용, 부모 건의사항(유아교육기관과 반 운영, 영유아 지도) 등에 대한 조사문항이 담긴 부모상담 사전 조사서를 상담 일정 3~4주 전에 부모상담 안내문과 함께 발송한다(별첨 참조). 가정에서는 해당 사항에 대한 내용을 기록하고 유아교육기관에 보냄으로써 교사가 해당 영유아의 개인 상담에 적극적으로 활용할 수 있다. 정해진 양식은 없으므로, 유아교육기관의 상황에 맞추어 면담에 필요한 정보를 얻을 수 있도록 내용을 조정하도록 한다. 그 후, 자녀의 전반적인 상태에 대한 부모의 의견을 받아 부모면담에 참조하도록 한다.

부모상담 사전 조사지

이름		성별	남, 여	연령		기록자	

영유아의 행동과 사고에 대한 이해를 넓혀 효과적인 상담이 될 수 있도록 가정에서의 자녀 발달상황과 행동양식에 대해 기재해 주시기 바랍니다.

구분		부모의견
발달 수준	놀이, 언어, 신체 등	
대인 관계	어른, 또래, 형제 등	
생활 습관	낮잠, 휴식, 식습관 등	
기타	특이사항	
희망 면담사항		
부모 건의사항		

(4) 상담을 위한 동료 코칭

부모상담은 부모에게 보육전문가로 선보일 수 있는 시간이자 부모가 유아교육기관과 교사를 신뢰할 수 있도록 만드는 가장 좋은 기회이다. 따라서 유아교육기관에서는 교사가 전문가로서 부모 앞에 당당히 설 수 있도록 다양한 방법을 통해 준비해야 한다. 준비해야 할 내용은 다음과 같다.

- 다양한 상황에서의 영유아 관찰 훈련: 영유아가 선호하는 놀이 형태, 친구관계, 장점을 다양한 상황에서 관찰하고 상담 일지에 기록한다. 이러한 관찰 자료는 상담 시 구체적인 에피소드로 활용하여 유아에 관한 이야기를 나눌 때 유용하다.
- 상담 진행 방법 지침자료 검토: 상담진행방법에 대한 원내 지침 자료를 나눠주고 각자 자료를 살펴보면서 상담 방법, 경청 중 교사의 반응, 예상 질문에 대한 답변 등에 대해 생각해본다.
- 1학기 상담일지를 꼼꼼히 체크하고 상담일지 작성하기: 부모가 기술한 유아에 대한 정보, 고려사항, 요구사항 등을 상담 일지에 요약정리한다. 부모의 학기 초 상담 시 요구 사항, 친구관계 등 상담일지에 기록한다. 같은 연령을 담당하는 동료 간 각자 작성한 상담일지를 보며 추가해야 할 것은 없는지 서로 점검한다.
- 연령별 예측되는 문제 상황 및 대처법: 다양한 문제 상황을 질문지로 만들어 모든 교사들이 나누어 갖고, 각자 성실하게 작성해 온 답안지를 공유하며 최상의 답안지를 만든 다음 예상답안을 작성한다. 또한 교사가 부모에게 질문할 내용도 미리 사전에 생각하여 기록해 둔다.
- 상담 상황 역할극: 경력 교사가 부모가 되고, 초임교사가 교사가 되어 상담 역할극을 진행한다. 과정 중 표정, 말투, 몸짓, 예상 질문에 대한 대답 등의 측면에서 피드백을 제공한 후 수정하여 다시 해 본다.
- 신입교사의 경력고사반 상담참관: 초임교사는 상담을 하기 전 선배 교사가 상담하는 것을 몇 번 참관한 후 실제로 부모와 상담을 진행한다. 이때 처음 부모를

맞이할 땐 밝은 목소리, 유아에 대한 얘기를 할 땐 확신에 찬 목소리, 걱정하는 부모에겐 그 부모의 고민을 함께 공유하는 목소리 톤과 표정 등 부모를 대하는 법에 초점을 두어 참관한다.

Tip

상황에 따른 교사의 대처반응 예상목록 예시

◇ 아이의 단점을 말할 경우

- 어머니, 아이의 행동 때문에 걱정되시죠. 괜찮아요. 아이들이 성장하는 과정에 있기 때문에 친구들과의 관계에서도 시행착오를 겪으면서 어떻게 하면 잘 지낼 수 있을지 알아가는 거죠. 아마도 ○○가 친구들에게 의젓하게 보이고 싶었나 봐요.

◇ 엄마가 너무 걱정하는 경우

- 그렇게 걱정되시는데 진작 전화주시지 그러셨어요? 저도 어머니 말씀 들으니 마음이 아프네요. 너무 걱정 마세요. (너무 걱정하는 경우) 원장 선생님께 말씀드려서 상담시간을 만들어 드릴게요. 그리고 저도 ○○에게 도움이 되도록 노력할게요. 앞으로 너무 걱정되시거나 급하게 도움이 필요하실 땐 수업 끝난 후에 전화해 주세요. ○○에 대해 많이 알고 있어야 제가 ○○와 상호작용할 때 도움이 되어요.

◇ 친구를 못 사귄다고 하는 경우

- 학기 초는 아이들이 '누굴 친구로 할까?' 탐색하는 기간이에요. 우리 반에서 누가 좋다고 어머니께 말하던가요? 유아교육기관에 다닌 지 얼마 되지 않아 친구 이름을 이야기하기가 어려운 점도 있을 거예요. 제가 ○○가 어떤 친구를 좋아하는지 파악해서 친구 사귀는 데 도움을 줄게요. 혹시 아이가 어머니께 어떤 친구가 좋다고 이야기하면 제게 전화로 살짝 이야기해 주세요.

◇ 유아교육기관에서 지낸 이야기를 안 하는 경우

- (만 3, 4세 경우) 7살 아이들도 집에서 엄마가 물어보면 '재미있어. 응' 그렇게만 이야기하는 경우가 많아요. 아직은 스스로 하루 종일 유아교육기관에서 지낸 일을 자세하게 이야기하기엔 조금 일러요. 조금 지나면 무엇을 하고 지냈는지 잘 이야기할 수 있을 거예요. 가능하면 유아교육기관에서 무엇을 하고 지냈는지는 귀가하자마자 물어보시거나 '누구랑 놀았어? 어떤 활동이 가장 재미있었어? 어떤 동화 들었어?' 등 구체적으로 물어보시면 대답을 잘할 거예요. 제가 집에 가서 유아교육기관 이야기를 잘 전달하도록 ○○랑 이야기 나눠 볼게요.

◇ 뜻밖의 이야기를 들었을 경우

- 어머! 우리 ○○가 유아교육기관에서 그렇게 지냈다고 해요? 유아교육기관에서 생활하는 것을 보면 특이한 사항은 없었는데 왜 그렇다고 하던가요? 내일 오면 꼭 ○○와 이야기해 볼게요.

출처: 김승옥(2017).

부모상담 계획안

담당	원장

일 시	2017년 1월 9일(월) ~ 1월 13일(금)	구 분	원내 행사
장 소	유희실 또는 교실	대상인원	• 만 0, 1, 2, 3세 영유아 총 39명 • 교직원: 7명
면담시간	아동 당 약 20분		
목 표	• 부모상담을 통하여 영유아의 발달에 긍정적인 영향을 줄 수 있다. • 부모와 신뢰로운 동반자적 관계를 형성한다.		

사 전 준비사항	
12월 21일 수요일	• 학부모상담에 논의 및 상담 기간 결정
1월 27일 화요일	• 학부모 통신 안내문 및 사전 조사서 발부 • 상담기간 1월 9일(월) ~ 1월 13일(금)
1월 3일 화요일	• 각반 사전 조사서 확인 및 각반 일정 및 명단확인
1월 4일 수요일	• 각반 사전 조사서 최종 확인 • 학부모상담에 대한 논의 • 내용: 각반 일정, 교사 업무 분담, 교사 복장, 교실청결 유지, 학부모 예상 질문지 두 가지 준비 • 부모상담 일정 및 명단 현관 계시 및 키즈노트 공지
1월 6일 금요일	• 학부모상담 일정에 대한 논의 • 내용: 각반 교사 업무 분담, 예상 질문 제출 및 논의

참여인원	학부모: 39명
준 비 물	학부모상담일지

역할분담

• ○○○ 교사: 학부모 통신 안내문 및 사전 조사서 발부
• 학부모상담 일정 및 담당

	월요일	안내담당	화요일	안내담당	수요일	안내담당	목요일	안내담당
5:00~5:20	이태정 하지우	최은혜	김정욱 ☎ 김태준 강예준	장수진	정윤우 김민율 서은혜	한민희	조해준 ☎ 이지헌	권정아
5:20~5:40	박라온				유정원		양재우	
5:30~5:50	하유주		송예원☎	장수진	심윤석		김용훈 김희훈 김신욱 ☎	
5:40~6:00							김정우	
6:00~6:20			천세용	장수진	심 현 조유빈	한민희	박지율 권순재 ☎	김은비
6:20~6:40					심가연	한민희	소윤성	김은비
6:30~6:50							박민준	김은비
7:00~7:20	조 국	장수진	통합보육 장수진, 최은혜 (행복한반)		통합보육 정나나, 임지혜 (늘사랑반)		통합보육 임지혜, 한민희 (놀이교실)	
7:30~7:50	남윤서							
	통합보육 권정아, 장수진 (놀이교실)							

2) 부모상담 실행

학기 초 정기 상담은 가능한 한 안부전화나 등·하원 시 현관에서 면대면 만남을 가진 후에 형식적 상담을 하게 되면 훨씬 유연하게 이루어진다. 부모상담은 부모와 교사의 공식적인 만남의 장이다. 따라서 교사는 상대방이 불편하지 않도록 무늬나 색이 화려하지 않은 옷, 교사에게 어울려 편안하고, 안정된 의상으로 행동하기 편한 옷을 선택한다. 갖춰 입지 않은 복장은 상대방이 나를 어떻게 생각하는지 의문을 가지게 할 수 있고, 교사의 첫인상을 결정하는 데 오해의 소지가 있다.

부모상담 전 아이에 대한 객관적인 상담자료(관찰기록, 포트폴리오, 사전조사서, 가정환경 내용 등)를 세밀하게 검토하고 이를 기초로 상담을 진행한다. 상반기 상담에서는 교사가 이야기를 주로 하기보다 부모로부터 영유아에 대한 정보를 많이 들어서 영유아를 이해하는 데 도움이 되어야 한다. 이에 반해, 그 후에 진행되는 하반기에는 영유아의 발달, 문제행동 및 대처 전략, 부모의 궁금한 점에 대해 이야기를 나눈다.

상담의 순서는 상반기와 하반기에 따라 약간 차이가 있다. 상반기에는 일반적으로 자리에 앉기, 인사 나누기, 유아교육기관 생활에 대한 의견 나누기, 아이에 대한 정보 요청, 자녀에 대한 부모의 정보 제공, 질의응답, 끝맺음, 인사 순으로 약 20분간 이루어진다. 하반기에는 아이에 대한 정보 요청과 부모의 정보 제공보다는 교사가 영유아에 대해 발달 상황, 문제행동 및 대처 전략 등을 전달하고 부모와 의견을 나누는 시간이 포함되어야 한다.

❖ **표 14-12** 상담의 순서

구분	내용
1. 교사와 학부모 자리에 앉기	• 상담 장소는 조용하고 밝은 분위기의 장소에서 진행되어야 하며, 왕래가 없는 장소를 선택해야 한다.

구분	내용
2. 인사 나누기 (날씨, 건강, 에피소드 와 연결하여)	• 인사란 마주 대할 때 하는 예로서, 매일 보던 부모님이더라도 인사를 나누어 예를 다한다. 또한 날씨, 오실 때 어려움 등에 대해 긴장을 풀고 편안한 분위기가 될 수 있도록 한다. - 오시는데 춥지 않으셨어요? - 어린집 앞의 진달래를 보니 이제 완연한 봄이네요. - 지난 주 몸이 안 좋으셨는데 지금은 어떠세요?
3. 유아교육기관 생활에 대한 전반적인 소감	• 신입생 부모에게는 기관에 대한 적응하는 상황, 경험에 대해 물어볼 수 있으며, 재원생에게는 현재 일상생활에 대해 물어볼 수 있다. - (신입생 부모) 두 주 정도 유아교육기관에 보내 보시니까 어떠세요? ○○가 유아교육기관이 재미있다고 하던가요? - (재원생 부모) 어머니, ○○가 큰반으로 오더니 좋아하나요?
4. 에피소드 토대로 전반적 소감에 대한 반응 보이기	• 영유아가 기관에서 재미있어 한 놀이, 일과 속 에피소드를 이야기하여 자연스럽게 관찰 내용과 접목시켜 이야기한다. 먼저 영유아의 장점을 몇 가지 사례를 곁들어 교사의 소감을 이야기한다. - 저도 ○○가 우리 반에 와서 더 의젓해진 것 같아요. 친구들에게 장난감도 양보하고, 도움이 필요한 친구들을 돕기도 하고요. 아주 많이 달라졌어요.
5. 영유아에 대한 정보 요청	• 학기 초에는 특히 부모로 하여금 영유아에 대한 정보를 많이 듣고, 영유아를 이해할 수 있도록 노력한다. - 어머니, 학기 초엔 어머님께서 제게 ○○에 대해 많이 말씀해 주셔야 해요. 그동안 제가 ○○를 보고 발견한 점도 약간 있지만 그래도 어머니께서 ○○에 대해서는 더 많이 아시니까 많이 말씀해 주세요. 어머니께서 말씀해 주신 것이 제가 ○○와 1년을 함께 지내면서 더 키워줘야 할 점에 대해 지도하는데 도움이 됩니다. - 어머님, 이때 놓치시면 말씀하시기 힘드실 테니 제가 ○○를 이해할 수 있도록 많이 얘기해주세요. 더 말씀해 주실 것은요? - 어머니께서 지금 말씀해 주신 것은 내일부터 바로 ○○와 이야기해 볼게요.
6. 자녀에 대한 일반적 정보 제공	• 한 한기 동안 관찰된 내용 또는 결과물을 근거로 면담을 진행하고, 중간 중간 이해를 돕기 위해 결과물을 보면서 이야기한다. • 집에서의 생활과 어떻게 다른지 부모님의 의견을 들어보고, 교사의 궁금한 내용과 부모님의 궁금한 사항에 대해 질문을 받고 답변을 줄 수 있다. • 면담 시 영유아에 문제점에 대해 긍정적인 느낌을 가지고 해결할 수 있도록 제시한다.
7. 질의응답	• 제가 ○○를 위해 무엇을 하면 좋을까요? ○○의 어떤 면을 더 키워주면 좋을까요? 부족하다고 생각되시는 것 있으신가요? 말씀해 주세요. • 어머니 혹시 이외에 더 궁금하신 사항 있으세요?

구분	내용
8. 끝맺음 (유아교육기관 수업현황, 앞으로의 협조부탁)	• 어머니께서 많이 말씀해 주신 것을 토대로 해서 1년 동안 ○○를 잘 지도할게요. 다음 상담 땐 어떤 활동에서 얼마나 잘 했는지 포트폴리오와 관찰일지를 보여드리며 자세히 말씀드릴게요. 제가 알아야할 정보가 있다면 수시로 전화해 주시고 집에서도 많이 도와주세요. 저도 ○○를 위해 최선을 다할게요.
9. 인사	• (제자리에서 일어나서) 어머니 바쁘신데도 이렇게 와 주셔서 감사드립니다. 오늘 우리 엄마가 왜 선생님을 만나서 무슨 이야기를 했을까? 무척 궁금해할 거예요. 칭찬 많이 해주세요. 조심히 돌아가세요. 안녕히 가세요. (교실 문이나 현관문까지 나와 배웅한다.)

출처: 김승옥(2017).

상담 시작 전 날씨나 계절에 관한 내용이나 당일 영유아의 기분 상태 등에 관한 이야기를 먼저함으로써, 긴장 또는 서먹한 분위기를 완화하여 부모와 편안하게 라포를 형성할 수 있도록 한다.

부모가 면담 도중 면담 내용과 관계가 적은 내용을 말할 경우에는 부모의 의견에 공감한다는 말과 함께 주제에서 벗어나고 있음을 인지하고, 파악하고자 하는 바를 다시 강조하되 부모의 마음이 상하지 않도록 주의하며 유연하게 대화의 방향을 바꾸도록 한다.

부모의 다양한 욕구를 수용하는 태도를 갖추고, 교사는 권위적인 분위기를 느끼게 할 수 있는 태도(예 손이나 다리를 꼬거나 턱을 고이거나 팔짱을 끼는 등의 자세)를 삼간다. 친근감 있는 태도로 대하는 것이 필요하다. 진지하면서도 유쾌하며 긴장을 푼 자세로 임하되, 형식적이고 권위적인 태도를 버리고 진솔하면서도 정직하게 부모를 대하도록 한다. 그러나 부모를 치면서 이야기하는 등의 스킨십은 조심해야 한다. '왜'라는 질문은 질책을 당하는 느낌을 주므로 주의할 필요가 있으며, '왜'라고 묻기보다는 '어떻게'로 바꾸어 질문한다.

부모의 의견을 듣는 시간과 교사가 말하는 시간을 균형 있게 배분하되, 부모의 말을 주의 깊게 듣고 확인하는 질문을 적절히 하여 대화의 주도권은 교사에게 있도록 한다. 상담 중에 교사는 부모가 자녀에게 어떠한 걱정이 있으며 실제 고민은 무엇인지에 대해 끊임없이 사고를 해야 하며, 교사가 하고 있는 말이 적절한 지도를 계속 생각하며 교사가 말하는 의도대로 부모가 잘 이해하고 있는지 계속 판단하며 이야기를 나누어야 한다.

공식적인 전문용어를 사용할 수도 있지만 지나치게 전문적인 어휘 사용으로 부모가 잘 알아듣지 못하는 경우가 발생하지 않도록 알아듣기 쉬운 말을 사용하도록 한다.

상담을 할 때 교사는 그 내용을 가능한 한 기록해 두거나, 기록이 어려울 경우 짧은 메모라도 하였다가 정리하도록 한다. 부모상담의 분위기가 어느 정도 조성되었다고 판단되면 영유아의 발달적인 특성 및 놀이 상황에 대한 전반적인 내용을 전달하고, 부모와 논의하기 위해 미리 계획해 두었던 내용에 대해 심층적으로 이야기를 전개해 나간다. 이때 교사는 부모의 성향 및 각기 다른 생활환경, 직업, 학력 등의 요소를 고려하고 논의사항에 대한 대화내용을 조절하여 활발하게 의견을 교환하는 것이 중요하다.

영유아의 문제에 대하여 이야기를 꺼내기 전에 바람직한 행동이나 좋은 점에 대해 먼저 말한다. 영유아의 문제행동에 대해 지나치게 부각시켜 표현하기보다는 영유아의 행동에 대한 원인을 부모와 함께 모색해 보고 가정과 유아교육기관이 연계하여 도움을 줄 수 있는 방법적인 측면에 비중을 두도록 한다.

상담 중에는 부모가 반감을 느끼지 않도록 부정적인 어휘보다는 긍정적인 어휘를 사용하도록 하며, 영유아의 행복한 삶을 돕기 위해 부모와 교사가 같은 입장임을 느끼도록 돕는다. 영유아의 문제 행동에 대한 질문이나 궁금한 점에 대하여 이야기 나눌 때는 언제, 어디서 그러한 행동을 보였는지에 대해 자세히 물어봄으로써 보다 종합적으로 접근하여 상담이 이루어질 수 있도록 한다. 영유아에 대한 중요한 결정은 부모의 몫임을 명심하여 부모 대신 앞선 결정을 내리지 않도록 한다.

상담을 마무리할 대에는 부모가 이야기했던 생각과 기대를 간결하게 정리해 주고, 언제든지 의견교환이 이루어질 수 있는 가능성을 열어두어야 하며 지속적인 대화와 소통의 메시지를 전달해 주어야 한다. 서두른다는 인상을 주지 않도록 하고,

적당한 시간(약 20~30분 정도) 후에 자연스럽게 끝나도록 한다.

3) 부모상담 후 마무리

부모와의 신뢰적인 관계형성을 위한 부모상담 후의 마무리 단계에서는 다음 사항이 필요하다.

(1) 가정통신문 발송

부모상담이 끝난 후 유아교육기관에서는 부모상담의 적극적인 참여와 협조에 대해 감사의 마음이 담긴 가정통신문을 작성하여 가정으로 발송한다. 이때, 부모상담 시 논의되었던 여러 가지 사항을 유아교육기관과 반 운영에 지속적으로 반영하도록 노력하겠다는 내용과 영유아들의 건강과 행복을 지키기 위해 최선을 다하겠다는 내용도 함께 전한다.

이를 통해 부모상담이 영유아들의 발달에 대한 정보 및 의사 교환을 실시된 것뿐 아니라 부모를 유아교육기관 운영의 신뢰적인 동반자적 협력자로서 인정하고 부모의 의견을 존중하고 있다는 것을 전할 수 있다. 또한, 부모 자신도 부모가 유아교육기관 운영 주체의 일원임을 인지하고, 바람직한 유아교육기관을 만들기 위한 협력적 태도와 책임감을 가져야 한다는 것을 전달할 수 있다.

(2) 상담일지 정리 및 사후 관리

상담시 부모와 함께 나누었던 내용을 상담일지에 기록하여 정리한다. 상담은 '상담–반영–평가–피드백'의 지속적이고 순환적인 과정이다. 상담이 영유아의 발달을 돕고 부모와 신뢰로운 관계형성을 위한 통로가 되기 위해서는 상담이 일회성 행사에 머물러서는 안 된다.

부모상담 내용을 토대로 영·유아마다 개별적인 교수목표와 전략을 세부적으로 설정하고 영유아의 생활전반에 걸쳐 반영되도록 노력해야 한다. 그리고 상담 중에 부모로부터 알게 된 영유아의 문제 상황이 있다면 주의 깊게 관찰하고, 필요시 관찰한 내용을 부모에게 전달한다. 부모의 입장에서 내 의견이 유아교육기관에 잘 수렴되어 교사가 그에 대해 노력하고 있다는 확신을 받는 게 중요하다.

상담 후 학부모로부터 나온 요구사항을 즉각적으로 해결해야 할 것부터 아이에게 수행해야 한다. 그리고 변화된 점을 학부모에게 때맞게 알리어 교사가 애쓰고 있음을 알려야 한다. 이러한 피드백이 정확히 오고 가면 보육전문가로서의 교사의 입지가 확고해지고 신뢰감이 높아진다. 좀 더 전문적인 정보를 문서로 출력하거나 관련 서적을 부모에게 추천해 주는 것도 바람직하다. 부모가 내용에 대해 관심을 보이거나 교사가 필요하다면 차후 상담 일정을 계획하여 비정기(수시) 상담으로 진행할 수 있다.

또한, 부모상담 중에 부모와 함께 약속했던 사항 등이 있다면 전화하기, 알림장 작성, 등원 및 귀가 시간에 일상적인 대화 등으로 면담 시 나누었던 사안들이 어떻게 유아교육기관과 영유아들의 생활에 반영되고 있는지 전달하고 대화들을 자연스럽게 확장시켜 나가도록 한다.

이러한 지속적인 사후관리를 통해 유아교육기관과 교사에 대한 부모의 신뢰감을 증진시켜 갈 수 있다.

부모면담 일지

<table>
<tr><td>면담일시</td><td></td><td>면담교사</td><td></td></tr>
<tr><td>영유아 이름</td><td></td><td>생년월일</td><td>201 년 월 일(만 세)</td></tr>
<tr><td>면담 참여자</td><td></td><td>면담형태</td><td>방문( ) / 전화( )</td></tr>
<tr><td>구분</td><td colspan="3">면 담 내 용</td></tr>
<tr><td>부모의견</td><td colspan="3"></td></tr>
<tr><td>교사의견</td><td colspan="3"></td></tr>
<tr><td>기타사항</td><td colspan="3"></td></tr>
</table>

(3) 교사 평가회의

부모상담이 마무리된 후, 유아교육기관에서는 교사 평가회의를 통해 각 반 부모들에게서 나온 반응들을 동료교사들과 이야기를 나눈다. 상담에서 부모가 언급한 유아에 대한 고려사항, 유아교육기관에 바라는 요구사항 등을 토대로 이후 교실에서 어떻게 유아를 지도해야 하는지 방법에 대해 이야기한다. 이때, 영유아 상담 평가문항 예시를 참조하여 유아교육기관 교사 스스로가 자기평가를 한 후, 그렇지 않은 이유에 대해 항목별로 함께 이야기를 나누도록 한다.

교사 평가회의는 함께 상담이라는 과정을 경험했다는 공동체 의식 속에 서로의 강점을 마주하면서 스스로 부족했던 점에 대해 느끼고 차후 반영하는 개선과정에 매우 유익함을 명심하도록 한다(한국보육진흥원, 2014).

부모상담 자기 평가

평가내용		매우 그렇다	아니다	그렇지 않다	매우 그렇지 않다	그렇지 않은 이유 적어보기
면담진행과정	면담 내용을 서면으로 준비하였는가?					
	부모에게 상담일지에 적은 영유아 관련 내용을 안내하였는가?					
	부모에게 포트폴리오 결과물 등을 보여주었는가?					
	계획한 면담시간은 적절하였는가?					
	영유아의 문제행동보다 장점이나 강점에 대해 먼저 안내하였는가?					
	부모가 궁금해 하는 사항을 충분히 듣고 안내하였는가?					
	부모에게 직접적인 충고보다 함께 해결책을 찾도록 노력하였는가?					
	면담하고자 하는 내용을 모두 면담하였는가?					
	면담과정에서 언급된 내용을 기록하였는가?					
환경	면담장소가 적절하였는가?					
	다과 등 준비물이 갖추어졌는가?					
교사자세	면담 시작 시 부모에게 감사의 말씀과 시작 인사를 하였는가?					
	면담 후 부모에게 감사의 말씀과 시작 인사를 하였는가?					
	면담 복장은 적절하였는가?					
면담에서 잘했다고 생각하는 점						
면담에서 부족했다고 생각하는 점						
교사 회의 의논사항						

Workshop 14-1

- 모의 부모상담(2인 1조로 역할 바꾸기)

- 부모상담 상황별 사례를 참고하거나 유아교육기관에 자주 들어오는 상담내용을 선정하여 1인은 부모, 1인은 상담자가 되어 상담하기

구분	상황별 사례
사례 1	안전사고
사례 2	배변문제(배변훈련, 잦은 소변)
사례 3	식습관(편식, 자리 이탈)
사례 4	낮잠
사례 5	초기적응

참/고/문/헌

강은진, 이미화, 예한나 (2019). 누리과정 효과성 분석 연구(II): 누리과정 개정에 따른 KICCE 유아관찰척도 개발 및 시범적용. 육아정책연구소. 연구보고 2019-21.

경기도유아교육진흥원 (2013. 7). 3-5세 연령별 누리과정 유아평가 예시문.

고문숙, 김수향, 김춘경, 이경하, 이용주, 임영심 (2013). 아동관찰 및 행동연구. 서울: 동문사.

교육부, 보건복지부 (2020). 2019 개정 누리과정 해설서.

곽덕영 (1986). 유아연구. 서울: 형설출판사.

권영례, 이영자, 이정욱 (1998). 3, 4, 5세 유아를 위한 수학교육과정 모델개발의 준거. 서울: 창지사.

김금주, 유윤영, 오진희, 김은정, 박형신 (2012). 유아교사를 위한 일과 운영 방법. 서울: 학지사.

김영태 (2003). 영・유아 언어발달 검사. 서울: 특수교육.

김지은, 김진숙 (2006). 유아 관찰 및 평가. 파주: 양서원.

김희진, 박은혜, 이지현 (2011). 영유아교육기관에서의 관찰. 서울: 창지사.

나은숙, 윤희경, 안경숙, 오애순, 김승옥 (2014). 영유아 교과교육론. 고양: 공동체.

보건복지부 (2013). 어린이집 표준보육과정에 기초한 영아보육프로그램 운영의 이해.

보건복지부 (2020). 제4차 표준보육과정 해설서.

보건복지부, 교육과학기술부 (2012). 3~5세 누리과정 고시문.

보건복지부, 교육과학기술부 (2013). 3~5세 연령별 누리과정 해설서.

송일섭, 김정원, 정미경, 김혜숙, 신은영, 박소연 (2001). 아동연구방법. 서울: 학지사.

신은수, 안경숙, 김은정, 안부금 (2014). 생활과 환경중심의 영유아과학교육. 파주: 양서원.

안경숙 (2003). 유아과학활동과 통합된 과학능력 평가도구의 개발: 과학적 태도, 탐구능력, 과학적 개념에 대한 평가. 덕성여자대학교 대학원 박사학위논문.

안선희, 문혁준, 김양은, 김영심, 안효진, 이경옥, 신혜원 (2015). 아동관찰 및 행동연구. 서

울: 창지사.

양옥승 (1997). 유아교육 연구방법. 파주: 양서원.

양옥승 (2003). 자유선택활동에서 유아의 선택의 의미. 유아교육연구, 23(3), 131-152.

양옥승 (2011). 유아 때부터 시작하는 자유선택교육. 서울: 학지사.

양옥승, 조유나, 나은숙, 김호인, 손복영 (2015). 영아의 발달과 보육. 서울: 신정.

양옥승, 최경애, 이혜원 (2011). 영유아교육과정. 서울: 학지사.

여성가족부 (2007). 2세 보육프로그램. 서울: 여성가족부.

오영희, 이성희 (2011). (영유아교육기관에서의) 현장관찰 및 참여. 파주: 양서원.

원계선, 김수진, 오아름 (2015). 2세 학급 준서의 공격적인문제행동 지도 실행연구. 한국보육지원학회지, 11(1), 23-42.

이기숙 (2000). 유아교육과정. 파주: 교문사.

이미화 (2013). 5세 누리과정 유아평가척도 개발. 육아정책포럼, 제35호.

이미화, 이정림, 여종일, 김경미, 김명순, 이경옥, 이완정, 이정욱, 최일선, 최혜영 (2012). 5세 누리과정 운영에 따른 유아평가 연구 - 평가척도 개발. 육아정책연구소.

이미화, 정주영, 엄지원, 김희정, 김명순, 이경옥, 이완정, 이정욱, 최일선, 최혜영 (2013). 3, 4세 누리과정 유아관찰척도 개발. 육아정책연구소.

이미화, 이정림, 여종일, 김경미, 김명순, 이경옥, 이완정, 이정욱, 최일선, 최혜영 (2012). 「5세 누리과정」 운영에 따른 유아평가 연구: 평가척도 개발. 육아정책연구소. 연구보고 2012-31.

이미화, 정주영, 엄지원, 김희정, 김명순, 이경옥, 이완정, 이정욱, 최일선, 최혜영 (2013). 3, 4세 누리과정 유아관찰척도 개발. 육아정책연구소, 연구보고 2013-36.

이상미 (2012). 미술감상을 통한 포괄적 유아음악교육 프로그램 구성 및 적용 효과. 중앙대학교 대학원 박사학위논문.

이영자 (2006). 유아 언어발달과 지도. 파주: 양서원

이영자, 김재숙, 김금주, 박미라, 정주원, 권세경 (2009). 영유아 언어교육. 서울: 창지사

이영자, 이기숙, 이정욱 (2008). 유아 교수·학습 방법. 서울: 창지사.

이정욱, 유연화 (2007). 유아수학교육. 파주: 정민사.

이정환, 박은혜 (1995). 교사들을 위한 교사관찰 워크북. 서울: 한국어린이육영회.

임승렬, 남연정, 김정림 (2014). 유아 의사소통능력 측정척도의 개발 및 타당화 연구. 유아교육학논집, 18(5), 53-77.

장우주 (2011). 유치원 실내 자유놀이 시간에 나타나는 유아의 거친 신체놀이와 사회적 행동 특성. 연세대학교 교육대학원 석사학위논문.

정문자, 지혜련, 이숙재, 김온기 (2003). 창의적 유아미술교육. 서울: 신광출판사.

조윤경, 김경혜 (2010). 아동관찰 및 행동연구. 고양: 공동체.

조윤경, 장지윤, 유연주 (2013). 유아교육과정 내의 장애영유아를 위한 개별화교육프로그램. 고양: 공동체.

중앙보육정보센터 (2011). 2011년도 보육시설 운영 서식 및 문서자료집.

중앙육아종합지원센터 (2015). 어린이집 운영 문서 및 서식 자료집.

홍성훈 (2013). 교사용 유아 주의집중력 척도 개발 및 타당화. 열린유아교육연구, 18(1), 1-18.

홍순정, 최석란 (2012). 아동관찰 및 행동연구. 서울: 한국방송통신대학교출판문화원.

황정규 (1999). 대학 교수와 성적평가.

황해익, 송연숙, 정혜영 (2011). 유치원 교육과정에 따른 유아 행동 관찰법(개정판). 서울: 창지사.

황해익, 송연숙, 정혜영 (2008). 유아 행동 관찰법. 서울: 창지사.

황해익, 송연숙, 정혜영, 유수경 (2013). 영유아 행동 관찰법. 서울: 창지사.

황해익, 송연숙, 정혜영, 유수경 (2015). 영유아 행동 관찰법. 서울: 창지사.

황해익, 최혜진, 정혜영, 권유선 (2014). 아동관찰 및 행동연구. 고양: 공동체.

Arrington, R. E. (1943). Time sampling in studies of social behavior: a critical review of techniques and results with research suggestions. *Psychological Bulletin*, *40*(2), 81.

Bell, D. R., & Low, R. M. (1977). *Observing and recording children's behavior*. Richland, WA: Performance Associates.

Brandit, R. M. (1972). *Studying behavior in natural settings*. New York Holt, Rinehart and Winstion, Inc.

Dawe, H. C. (1934). An analysis of two hundred quarrels of preschool children. *Child Development*, *5*(2), 139-157.

Essa, E. L., Hilton, J. M., & Murray, C. I. (1990). The relationship between weather and preschoolers' behavior. *Children's Environments Quarterly*, 32-36.

Gober, S. Y. (2001). *Six simple ways to assess young children*. Delmar Thomson Learning.

Horn, E. (1915). Distribution of opportunity for participation among the various pupils in class-room recitations (No. 67). Teachers college, Columbia university.

Irwin, D. M., & Bushnell, M. M. (1980). *Observational strategies for child study*. Holt, Rinehart, and Winston.

Johnson, H. (1993, 1996). The art of blockbuilding. In E. Hirsch (Ed.), *The block book* (pp. 9-25). Washington, DC: National Association for the Education of Young Children.

Parten, M. B. (1932). Social participation among pre-school children. *The Journal of Abnormal and Social Psychology, 27*(3), 243.

Piaget, J. (1962). Play, dreams and imitation in children.

Portage Project (2002). **포테이지 조기교육 프로그램**. 조용태, 김미실 공역. 서울: 도서출판 특수교육.

Rubin, K. H., Fein, G. G., & Vandenberg, B. (1983). Play. *Handbook of child psychology*, *4*, 693-774.

Ryan, R. M., & Grolnick, W. S. (1986). Origins and pawns in the classroom: Self-report and projective assessments of individual differences in children's perceptions. *Journal of personality and social psychology*, *50*(3), 550.

Schirrmacher, R. (1998). *Art and creative development for young children*. Albany, New York: Delmar publishers.

Smilansky, S. (1986). *The effects of sociodramatic play on disadvantaged preschool children*. New York: Wiley.

Strickland, S. D., & Schickedanz, A. J. (2009). *Learning about print in preschool: Working with letters, words, and beginning links with phonemic awareness*(2nd. ed. p.33). Newark, DE.: International Reading Association, Inc.

Wellhousen, K. (2004). 블록놀이: 구성주의적 접근. 오은순 역. 서울: 다음세대.

Wellhousen, K. (2011). 실외놀이. 신화식, 이상화, 이희경 공역. 서울: Cengage Learning.

국립국어원 표준국어대사전(http://stdweb2.korean.go.kr/main.jsp)

저/자/약/력

양옥승
미국 남가주대학교 대학원 교육학과 철학박사
현) 덕성여자대학교 유아교육과 명예교수

김승옥
덕성여자대학교 대학원 유아교육과 교육학 박사
현) 연성대학교 아동보육과 교수

류은미
덕성여자대학교 대학원 유아교육과 교육학 박사
현) 고려사이버대학교 아동학과 외래교수

윤지영
덕성여자대학교 대학원 유아교육과 교육학 박사
현) 창원대학교 유아교육학과 교수

영유아 관찰 및 실습(2판)

초판발행 2018년 3월 10일 **1판 1쇄 발행** | 2019년 3월 10일 **1판 2쇄 발행**
2판발행 2021년 3월 10일 **2판 1쇄 발행** | 2022년 9월 10일 **2판 2쇄 발행**

지은이 양옥승 김승옥 류은미 윤지영
펴낸이 최용구 | **펴낸곳** **도서출판** **신정**
주소 (04316) 서울시 용산구 원효로 89길 19 (원효로1가)
전화 02)3211-4782, 0266(영업부), 3211-4783(편집부), 3211-4784(팩스)
이메일 shinjeong72@naver.com | **홈페이지** www.sjbook.co.kr
등록 2001년 5월 11일 제13-702호
기획마케팅 최용구 장만동 최충구 진소희 | **책임편집** 석기은 황가연

ISBN 978-89-5912-757-3 93370
정가 18,000원